OVNIS :
50 ANS DE SECRET

DU MÊME AUTEUR

Enquête sur l'existence d'êtres célestes et cosmiques, Filipacchi, Paris, 1994.

Sont-ils déjà là ? Extraterrestres : l'affaire Roswell, Presses du Châtelet, Paris, 1995.

GILDAS BOURDAIS

OVNIS : 50 ANS DE SECRET

PRESSES DU CHÂTELET

Si vous souhaitez recevoir notre catalogue et être tenu au courant de nos publications, envoyez vos nom et adresse, en citant ce livre, aux Presses du Châtelet,
4, rue Chapon, 75003 Paris.
Et, pour le Canada, à
Édipresse Inc., 945, avenue Beaumont,
Montréal, Québec, H3N 1W3.

ISBN 2-911217-22-5

Sommaire

Avant-propos

Depuis cinquante ans, des dizaines de milliers de témoignages sur les ovnis ont été recueillis à travers le monde. Bon nombre proviennent de pilotes chevronnés, civils ou militaires, de policiers, de gendarmes – on lira même dans ce livre des témoignages d'astronautes –, corporations peu enclines à la galéjade ou à la mythomanie. Pourtant les autorités s'obstinent à feindre d'ignorer la question ou à nier l'authenticité de ces observations.

Pourquoi ce silence et ces dénégations face à une telle montagne d'observations ? Militaires et responsables politiques tiendraient-ils à garder pour eux de lourds secrets ? Se pourrait-il que l'on nous dissimule à dessein les preuves de la présence dans l'univers d'autres êtres intelligents ? Autant de questions qu'il est légitime de se poser.

C'est en juin 1947 que se produit, aux États-Unis, la première vague d'observations de « soucoupes volantes ». Le phénomène se répand à travers le monde au cours des années suivantes. Assez rapidement, cependant, les récits des témoins sont mis en doute par les autorités militaires, qui s'emploient à calmer les esprits. En 1969, après la publication aux États-Unis du rapport de la commission Condon, qui conclut à la non-existence des ovnis et des extraterrestres, l'intérêt du public faiblit sensiblement.

En 1972, l'astronome Allen Hynek ranime les passions : après avoir mis en doute pendant près de vingt ans les récits des témoins les plus fiables, un ancien conseiller scientifique de l'US Air Force proclamait la réalité des ovnis ! Le dossier s'obscurcit de nouveau quelques années plus tard, lorsque de nombreux ufologues (de l'anglais *unidentified flying object* ou *UFO*) se montrent de plus en plus sceptiques à l'égard de témoignages étranges, souvent absurdes, parfois grotesques, qui ne cessent de se multiplier. L'hypothèse de départ – la présence sur notre planète d'astronautes venus d'autres mondes – paraît de plus en plus difficile à soutenir.

C'est alors que tout bascule. D'abord aux États-Unis, puis en Europe et dans les autres pays du monde. La loi sur la liberté de l'information (Freedom of Information Act, ou FOIA), entrée en vigueur en 1974 aux États-Unis, oblige les administrations à divulguer peu à peu, souvent à l'issue de terribles batailles juridiques, un grand nombre de documents. Près de trente mille pages sont aujourd'hui accessibles au public. Elles proviennent des archives de l'armée américaine, du FBI, de la CIA, du ministère des Affaires étrangères. On se doute que tout n'est pas déballé sur la place publique. Les documents divulgués sont triés, voire censurés avec soin. Pourtant, l'étude attentive de ces milliers de rapports, de lettres et de mémoires laisse apparaître de façon claire que les autorités savent, depuis 1947 au moins, à quoi s'en tenir sur la réalité des ovnis. Elle permet également de mettre en évidence la politique du secret appliquée depuis toujours à ces questions par les services de renseignements et les militaires.

Au moment où cette masse de documents sans équivalent au monde commence à être divulguée, de nouveaux témoignages redonnent vie à d'anciennes rumeurs sur la récupération, en grand secret, à la fin des années 40, d'ovnis accidentés. Le cas le plus connu, encore controversé, demeure l'affaire Roswell, à laquelle un chapitre de cet ouvrage est consacré.

Mais ce n'est pas tout. Au cours des dernières années sont apparus deux nouveaux aspects du problème posé par l'existence des ovnis et la présence d'extraterrestres sur notre planète. Il s'agit, d'une part, des témoignages, de plus en plus nombreux, d'hommes et de femmes victimes d'enlèvements à bord d'étranges vaisseaux spatiaux ; d'autre part, de la découverte d'animaux atrocement mutilés, vidés de leur sang et découpés avec une précision chirurgicale, sans que la moindre trace au sol permette d'expliquer ces incidents, et alors que des ovnis ont été observés dans les environs.

Le présent livre ne propose ni analyse définitive ni certitudes. Son ambition se limite à mettre à la disposition des lecteurs des informations méconnues parce que dispersées et souvent difficilement accessibles, qu'il s'agisse des premières vagues d'observations américaines ou des rebondissements les plus récents intervenus dans le domaine de l'ufologie.

Les temps modernes ont commencé, au XVIe siècle, avec un choc culturel sans précédent, celui produit par la théorie héliocentrique de Copernic et Galilée : la Terre ne se situait plus au centre du monde, elle n'était plus qu'un petit objet dans l'espace infini. La confirmation de l'existence de civilisations non humaines, jusqu'à présent soigneusement occultée, pourrait bien constituer un choc plus considérable encore. Peut-être sommes-nous sur le point de tourner une nouvelle page de l'histoire de l'humanité...

1

DES VISITEURS DE L'ESPACE PARMI NOUS ?

Le 9 août 1995, l'« énigme des objets volants non identifiés » fait la une du journal *Le Monde* :

> *Les facéties d'un ovni auraient profondément perturbé le trafic de l'aéroport de San Carlos de Bariloche, une station de sports d'hiver située sur les premiers contreforts de la cordillère des Andes, à 1 800 kilomètres au sud-ouest de Buenos Aires. Le phénomène, qui a duré une quinzaine de minutes dans la nuit du 1er au 2 août, a été observé et décrit avec précision par une dizaine de témoins, dont Jorge Polanco, pilote de la compagnie Aerolineas Argentinas, qui s'apprêtait à atterrir.*

Le journaliste s'empresse de relativiser l'information pour conclure que la question de la nature des ovnis ne sera « probablement pas tranchée "scientifiquement" avant longtemps », laissant place à l'imagination fertile des « amateurs d'autres mondes ».

Sur cette même affaire, l'AFP livre cependant plus de détails que *Le Monde*. L'incident s'est en fait produit dans la soirée du 31 juillet, à partir de 20 h 10, heure locale :

> *Tout a débuté,* note la dépêche, *alors que le vol 674 de la compagnie Aerolineas Argentinas, en provenance*

de Buenos Aires avec cent deux passagers et trois membres d'équipage, terminait ses manœuvres d'approche pour se poser sur la piste de Bariloche, une station de sports d'hiver à la mode dans les premiers contreforts de la cordillère des Andes [...]. « Le pilote de l'avion a dû faire une manœuvre désespérée pour ne pas entrer en collision avec un objet volant non identifié », affirment plusieurs membres des forces aériennes militaires argentines. Des témoignages confirmés par le major Jorge Oviedo qui, lui aussi, a « vu un ovni » et selon lequel, « au même moment, une coupure de courant s'est produite dans toute la ville et les appareils de mesure de l'aéroport sont devenus fous ». Plusieurs habitants déclarent eux aussi avoir aperçu l'ovni, juste avant la coupure de courant.

L'AFP cite encore le pilote Jorge Polanco :

Au moment où j'entamais la dernière descente, j'ai vu soudain une lumière blanche qui venait directement sur nous à toute vitesse, avant de s'arrêter d'un coup à une centaine de mètres. Quand j'ai repris les manœuvres, l'objet a accompagné notre virage de descente, puis il a volé parallèlement à notre route. Au bout d'un moment, la soucoupe, qui avait la taille d'un avion de ligne, a changé de couleur, deux lumières vertes sont apparues aux extrémités et une autre, orange, au centre, qui s'allumait par intermittence. Au moment où j'amorçais ma dernière approche, les lumières de la piste se sont éteintes d'un coup. J'ai dû remonter à trois miles, toujours accompagné par l'ovni qui, lui, est remonté à une vitesse extraordinaire. Je n'en croyais pas mes yeux. Cet ovni ne se déplaçait pas selon les lois physiques et naturelles connues. Quand la lumière est revenue au sol, j'ai amorcé de nouveau ma descente. L'ovni a alors disparu à grande vitesse...

Les ovnis ne seraient-ils qu'un serpent de mer ressortant chaque été pour faire la une de journaux avides de copie ? D'ailleurs, voit-on encore des ovnis de nos jours ? Les sceptiques de tout poil, acharnés à nier la réalité d'un phénomène qui dépasse le cadre étroit du « raisonnable », voudraient faire croire que les « soucoupes volantes » sont passées de mode. Hélas pour eux, la réalité est bien différente, comme le montre une série d'incidents récents. Non seulement on voit toujours des ovnis un peu partout dans le monde, mais ces observations sont en outre fréquemment le fait de professionnels avertis, tels des pilotes de ligne ou des officiers des forces aériennes de quelques-unes des nations les plus avancées.

Vu le nombre et la qualité des témoins, l'authenticité de l'incident du 31 juillet 1995 ne fait guère de doute. Le

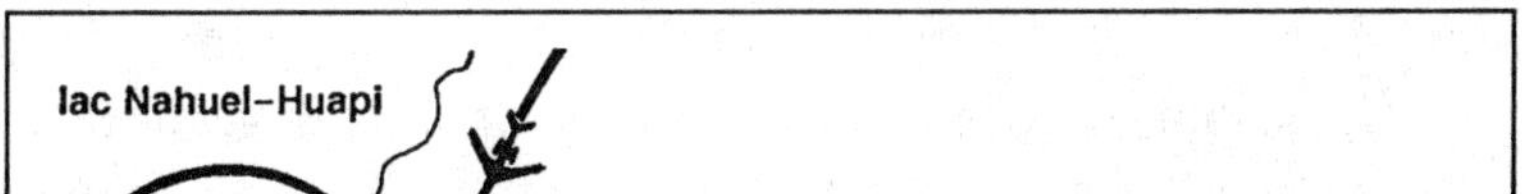

Croquis de la rencontre de l'avion de ligne argentin avec un ovni, au-dessus de l'aéroport de Bariloche. (Joël Mesnard, revue *Lumières dans la nuit*.)

major Oviedo, responsable de l'aéroport, confirme le témoignage du pilote, notamment en ce qui concerne la panne de courant au sol : « ... les liaisons radio furent coupées en même temps que l'électricité. Il y eut un "black-out" sur toute la ville. » L'incident dure 15 minutes, mais retarde le Boeing 727 d'une heure au total. Comptant parmi les passagers, le journaliste Mariano de Vedia, du quotidien *La Nación*, raconte qu'il a parfaitement ressenti la manœuvre brutale du pilote, mais qu'il a dû d'abord se contenter des explications de l'équipage évoquant une panne d'électricité sur l'aéroport. La cabine étant trop éclairée, les passagers n'ont pas aperçu l'ovni. Les pilotes, en revanche, ont pu le décrire avec une relative précision. Jorge Polanco parle d'une « soucoupe volante inversée, aussi grande qu'un Boeing 727, émettant une lumière puissante qui nous aveuglait ». Témoignage confirmé par le copilote Carlos Dortona et l'ingénieur de vol Jorge Allende. Roberto Benavente, lui aussi pilote de la compagnie Aerolineas Argentinas, ce jour-là simple passager du vol, mais présent avec ses collègues dans le poste de pilotage, apporte également quelques précisions sur l'incident : « Les trois membres de l'équipage et moi-même avons vu distinctement un objet semblable à un avion qui paraissait voler parallèlement à notre 727. Il y avait trois lumières : une verte à chaque extrémité et un feu rotatif orange au milieu. » Roberto Benavente ajoute que le pilote a signalé à la tour de contrôle la présence des « lumières ». Le contrôleur confirme alors qu'il les a également vues. Ruben Cipuzak, pilote de la police de l'air et des frontières, qui patrouille à proximité, aperçoit également l'ovni près du Boeing et le lui signale : « Je vois quelque chose. Je ne sais pas de quoi il s'agit, mais cette "chose" vous suit[1]. »

En Argentine, l'affaire de Bariloche ne reste pas un cas isolé au cours de l'été 1995. Le 11 août, on observe un ovni à basse altitude au-dessus de la ville de Cutral-Co, à 900 kilomètres au sud-ouest de Buenos Aires. Selon le témoignage du maître d'école, Luis Luna, il y a une panne de courant dans toute la ville au passage de la soucoupe volante : « Nous avons vu dans le ciel une lumière bleue, très intense, intermittente, qui s'approchait. L'appareil s'est arrêté à 3 mètres du sol et il est resté immobile pendant quelques secondes. » Le pompier Ismaël Parada et son épouse affirment qu'au moment où ils ont voulu s'approcher de l'engin, leur véhicule n'a pu démarrer.

Une autre observation aurait eu lieu le mercredi 16 août au soir, à Caeta Olivia, une ville de l'extrême sud argentin, dans la province de Santa Cruz[2]. Pablo Mouesca, cameraman de télévision, affirme qu'il a filmé l'ovni alors qu'il était en compagnie de sa fille et de plusieurs voisins : « Avec le zoom de ma caméra, j'ai pu observer clairement les lumières changeantes, rouge, bleue et jaune, et une forme étrange qui ressemblait à un cube. » Des ufologues argentins du réseau RAO ont enregistré vingt-cinq cas depuis le début de l'année. Cent vingt-quatre avaient été répertoriés en 1994.

Novembre 1989 : invasion d'ovnis en Belgique

Depuis 1947, certaines périodes ont semblé plus propices aux observations d'ovnis, beaucoup plus nombreuses que d'ordinaire dans telle région du monde, voire de manière simultanée en divers points de la planète.

L'un des aspects remarquables de la vague d'observations en Belgique, en 1989, est sa soudaineté et son ampleur immédiate, double caractéristique qui contredit la thèse selon laquelle le phénomène serait de nature sociopsychologique. Le physicien Auguste Meessen, professeur à l'université catholique de Louvain, un des principaux enquêteurs au sein de la Société belge d'étude des phénomènes spatiaux (SOBEPS), n'a pas manqué de le souligner[3]. Il rapporte ainsi le début de la vague belge : « La soirée du mercredi 29 novembre 1989 a été extraordinaire à cause du très grand nombre d'observations faites en quelques heures dans une région très limitée. On connaît au moins cent vingt-cinq cas. » Tant d'observations en une soirée, voilà, selon les mots du professeur Meessen, « un début fulgurant » !

Soulignons la convergence remarquable des témoignages. Tous évoquent des objets aériens ne répondant en rien à l'archétype de la soucoupe volante. Les témoins ont décrit des engins de forme triangulaire, parfois en losange, ou encore des « ailes volantes sans queue ». De grande taille, les ovnis belges étaient silencieux (certains témoins ont signalé un bourdonnement ou un sifflement de faible intensité), ils volaient bas, très lentement, étaient capables de rester immobiles, de s'incliner, de tourner brusquement presque sur place en demeurant à l'horizontale, pour finalement s'éloigner à grande vitesse. La partie inférieure de ces étranges vaisseaux de l'espace était plane, supportant souvent un dôme. Celui-ci, de couleur « aluminium », comportait parfois une série de « hublots » rectangulaires éclairés d'une lumière orange. Équipés de puissants projecteurs qui éclairaient le sol, les ovnis étaient cernés de lumières multicolores et une sorte de gyrophare rouge brillait sous la partie inférieure. Selon Auguste Meessen, leur passage était accompagné d'effets physiques, notamment sur les véhicules : arrêt du moteur, extinction des phares, coupure complète du système électrique, perturbations de la réception radio, interruption des communications radio dans le cas des voitures de police ou des avions. « Tout rentrait dans l'ordre, chaque fois, quand l'ovni s'éloignait », ajoute le physicien.

Un témoin a signalé l'émission, par un ovni à l'arrêt, de deux faisceaux de lumière rouge, très minces et extrêmement longs, dans deux directions opposées. Auguste Meessen compare le phénomène à une autre observation faite aux États-Unis en 1978. Il s'agissait en l'occurrence de faisceaux de lumière blanche. Un détecteur d'induction magnétique avait enregistré, pendant toute la durée de cette observation, un signal d'une fréquence d'environ dix cycles par seconde. « J'ai vu cet enregistrement, précise le scientifique belge. Le signal était presque sinusoïdal, mais comportait des irrégularités, ce qui m'a fait penser à la possibilité d'une émission radio en ELF (Extremely Low Frequencies). Les deux faisceaux opposés formeraient alors une antenne dipolaire, produite par une radiation ionisante, créant un plasma conducteur[4]. »

Une vague initiale d'observations eut lieu dans la région d'Eupen, près de la frontière allemande. Parmi les premiers témoins, le gendarme J., affecté au poste frontière de l'autoroute E 40, voit venir vers lui « un objet lumineux » volant à basse altitude, équipé de phares extrêmement puissants. « Il était à environ 500 mètres de moi. J'ai d'abord pensé à un hélicoptère, tout en me demandant pourquoi l'appareil volait à si basse altitude, avec de tels projecteurs et à une vitesse anormalement lente : pas plus de 60 à 70 km/h. En outre, l'engin se déplaçait le long de l'autoroute. »

L'éclairage exceptionnel des autoroutes belges serait-il pour quelque chose dans la soudaine affluence de visiteurs célestes ? A la lecture de l'ensemble des témoignages, l'impression qui domine est celle d'une vaste opération de mise en scène, les mystérieux visiteurs ayant jeté leur dévolu sur la Belgique pour des raisons qui nous échappent.

Une autre caractéristique de ces apparitions est qu'elles ne se produisent pas sur commande. Les ufologues belges en ont fait la démonstration à leurs dépens, en organisant une chasse à l'ovni lors du week-end de Pâques 1990. L'opération a mobilisé beaucoup de monde. L'armée de l'Air a même prêté un bimoteur équipé d'une caméra à infrarouges. Cette nuit-là, tout le monde est rentré bredouille.

> *Tout au long du week-end pascal,* rapporta le quotidien *Libération, des spécialistes ont tenté de percer le mystère des objets volants non identifiés que de nombreux témoins ont signalés depuis novembre. Excepté une vive émotion au lever de la lune, l'opération a été un échec : pas même une cloche...*

Le dossier belge comporte non seulement un grand nombre de témoignages, mais aussi des documents photographiques et vidéo. L'une des meilleures photos, prise à Petit-Rechain, dans la province de Liège, au début du mois d'avril 1990, a fait l'objet d'une analyse très poussée, avec numérisation au scanner, qui a permis de mettre en évidence la silhouette d'un objet triangulaire sur fond de ciel nocturne, à environ 150 mètres d'altitude, avec trois lumières blanches sur les côtés et une lumière rouge au centre *. L'authenticité de la photo fut discutée. Une équipe de l'École royale militaire belge, sous la direction du professeur Marc Acheroy, a procédé à plusieurs traitements de l'image numérisée : relèvement des contrastes, traitement en « fausses couleurs », filtrages

* Voir cahier photos hors texte, p. I.

destinés à atténuer le « bruit ». Ces tests ont permis de vérifier la présence d'un corps solide, triangulaire. La structure des « feux » est remarquable : « Plusieurs personnes ont évoqué la ressemblance de ces derniers avec des jets de plasma », écrit le professeur Acheroy dans son rapport préliminaire[5]. Dans son mémoire final, rendu le 13 décembre 1993, il reste prudent sur l'authenticité du document, mais observe que « jusqu'à présent, il a été impossible de mettre en évidence que le document pourrait être un faux, ce qui n'est pas le cas des autres documents "fabriqués" qui nous ont été remis par la SOBEPS[6]. » Précisons que ces derniers documents avaient été fabriqués par les ufologues belges à titre de contre-preuves. François Louange, un expert français travaillant notamment sur les images de satellites civils et militaires, livra en octobre 1993 son opinion personnelle après une analyse poussée de la photo. Pour lui, « il n'y a pas de trucage et le témoin a réellement photographié un objet matériel dans le ciel ». Et le spécialiste conclut : « Si l'on intègre les données fournies par les témoins, il ne reste que deux hypothèses : un aéronef secret ou un authentique véhicule extraterrestre[7]. »

Parmi les explications faciles, celle de l'avion furtif américain F-117, rendu célèbre avec la guerre du Golfe, a remporté un grand succès. En dépit d'un premier démenti de l'ambassade des États-Unis, dès le mois de janvier 1990, elle a été relancée en France au cours du printemps, au mépris de toute vraisemblance : l'avion, dont la vitesse minimale est de 300 km/h et dont les réacteurs sont relativement bruyants, ne correspond en rien aux descriptions des témoins. Il serait par ailleurs invraisemblable que l'on ait fait voler un avion aussi secret au ras des toits belges ! Ces rumeurs ont quelque peu irrité l'armée de l'Air belge, qui a participé aux investigations en collaboration avec la SOBEPS et a même fait décoller des chasseurs F-16 pour tenter d'intercepter les mystérieux ovnis au cours de la nuit du 30 au 31 mars 1990.

L'explication recourant aux F-117 avait quelque chose d'humiliant pour les militaires. Ils répliquèrent par un rapport sur les événements de la nuit du 30 au 31 mars, communiqué fin juin à la SOBEPS par le colonel Wilfrid De Brouwer, chef de la section Opérations de l'armée de l'Air[8]. Ce texte compte parmi les plus probants qui existent à ce jour sur la réalité des ovnis. Établi par le major Lambrechts, il donne une vue d'ensemble non seulement des rapports des unités aériennes, mais aussi des témoignages oculaires des patrouilles de gendarmerie se rapportant aux phénomènes inconnus observés dans l'espace aérien au sud de l'axe Bruxelles-Tirlemont, durant la nuit du 30 au 31 mars 1990. Il explique que « les observations autant visuelles que radar furent d'une telle ampleur qu'il fut décidé de faire décoller deux appareils F-16 du 1 JW avec comme mission l'identification de ces ovnis ». Dès la première page, ce rapport élimine l'hypothèse d'une confusion avec des avions :

La présence ou l'essai de B-2 (bombardier furtif américain) ou de F-117 A (Stealth), RPV (Remotely Piloted Vehicles), ULM (Ultra Light Motorized) et AWACS (avions radar) dans l'espace aérien belge au moment des faits peuvent être exclus.

Voici les événements, tels qu'ils ont été rapportés par l'armée de l'Air belge : à 23 heures, le contrôleur responsable du poste de commandement avec radar de Glons est alerté par la gendarmerie, qui a repéré trois lumières inhabituelles en direction de Thorembais-Gembloux. Immobiles dans le ciel, disposées en triangle équilatéral, leur couleur est changeante : rouge, verte et jaune.

A 23 h 15, la gendarmerie signale trois autres lumières qui s'approchent du triangle. Le poste de Glons note entre-temps un contact radar non identifié, à 5 kilomètres environ au nord de l'aérodrome militaire de Beauvechain, se déplaçant lentement vers l'ouest à une vitesse d'environ 25 nœuds, soit un peu moins de 50 km/h. Une patrouille de gendarmerie confirme l'observation des trois lumières, qui changent continuellement de couleur : rouge surtout, puis bleu, vert, jaune et blanc. Le poste de commandement de Glons suit le phénomène au radar. Un deuxième radar, le TCC/RP Semmerzake, confirme à son tour avoir un contact radar clair à la même position que celle signalée par le poste de Glons, lequel donne peu après l'ordre aux chasseurs F-16 de décoller. Deux F-16, AL 17 et AL 23, décollent à 0 h 05. Pendant près d'une heure, ils font au total neuf essais d'interception :

> *Les avions ont eu plusieurs fois de brefs contacts radar sur les buts désignés par le CRC. Dans trois cas, les pilotes réussirent à verrouiller leur radar* [lock-on] *pendant quelques secondes sur l'objectif, ce qui, chaque fois, a amené un changement drastique dans le comportement des ovnis. Dans aucun cas, les pilotes n'ont eu un contact visuel avec les ovnis.*

Le premier verrouillage radar a lieu à 11 kilomètres de distance :

> *La vitesse de l'objectif changea en un minimum de temps de 150 à 970 nœuds, l'altitude passant de 9 000 à 5 000 pieds, ensuite retour à 11 000 pieds pour soudain redescendre au niveau du sol. Il en résulta une rupture du contact radar* [break lock] *après quelques secondes. Le poste de Glons informa, au moment du* break lock, *que les chasseurs survolaient la position de l'objectif.*

Ainsi l'ovni, dès que les deux chasseurs ont réussi à verrouiller leur radar sur lui, passe de 280 km/h à 1 800 km/h ! De plus, il effectue cette accélération foudroyante en piqué, de 3 000 à 1 600 mètres d'altitude. Ce passage du mur du son à la verticale aurait dû produire une onde de choc fracassante au sol. Or aucun bruit n'est perçu. Le rapport militaire le confirme : « Bien qu'on ait plusieurs fois mesuré des vitesses supérieures à celle du son, aucune onde de choc n'a été signalée. » Plus tard, le chasseur AL 17 parvient à verrouiller son radar pendant 6 secondes sur l'objectif, qui se déplace alors à 740 nœuds (plus de 1 300 km/h), mais un signal de brouillage apparaît sur son écran. Il y a encore plusieurs contacts radar, avec verrouillage, au cours de cette heure d'interception qui impressionne fortement les pilotes. L'ovni est observé du sol, avec une lunette astronomique, comme « une sorte de sphère dont une partie est très lumineuse. On y distingue aussi une forme triangulaire.

Ce n'est pas tout. Une autre révélation remarquable est faite, peu après, par le colonel De Brouwer, sous la forme d'un enregistrement vidéo de l'écran radar de l'un des F-16, montrant clairement la manœuvre d'interception et de verrouillage sur l'ovni. Un véritable coup de théâtre pour les enquêteurs, racontent Michel Bougard et Lucien Clerebaut, à qui le colonel De Brouwer a montré ce film vidéo, en présence de Jean-Pierre Petit et de Marie-Thérèse de Brosses. Celle-ci, journaliste à *Paris-Match*, obtient l'autorisation de filmer l'écran. Pour parachever ces révélations, le colonel De Brouwer donne, le 11 juillet, une conférence de presse au cours de laquelle il livre d'autres précisions sur les événements de la nuit du 30 au 31 mars :

Selon les paramètres figurant sur l'écran radar du F-16, l'objet est d'abord mesuré à 167 km/h. Le voilà à 1 890 km/h. Même l'ordinateur n'a pu en mesurer l'accélération... En trois secondes, l'écho dégringole de 3 000 à moins de 1 400 mètres... Si l'écho correspond bien à un objet matériel, son passage à cette altitude, dans le ciel de Tubize, aurait dû provoquer des dégâts au sol. Or, rien, absolument rien, n'a été signalé.

Plus loin, il revient sur ces évolutions étonnantes :

Cet ovni, suivi simultanément par les instruments de bord des deux F-16, a effectué des déplacements dans les trois dimensions dont aucun type d'avion existant n'est capable, passant en quelques secondes, dans une séquence de vol qui a pu être enregistrée, de 280 km/h à plus de 1 800 km/h, alors qu'il se dirigeait vers le bas[9].

Ces révélations de l'armée de l'Air belge méritent d'être saluées comme un cas presque unique de coopération avec la presse et les ufologues. Elles apportent de solides éléments de preuve en faveur de l'existence des ovnis. Le colonel De Brouwer, promu général l'année suivante, a confirmé alors son opinion, en excluant totalement l'hypothèse des F-117 : « Nous sommes en présence d'un objet qui ne se déplace guère, reste stationnaire, évolue à des altitudes très basses : cela ne colle absolument pas avec les performances des avions furtifs. » Au sujet de la nuit du 30 au 31 mars 1990, il écarte également la possibilité d'une interférence électromagnétique, inconcevable sur deux avions à la fois, volant à plusieurs kilomètres de distance, et un radar au sol. Il souligne les changements de vitesse extraordinaires, jusqu'à 1 700 km/h en très peu de temps, correspondant à une accélération de 40 g (soit quarante fois la pesanteur terrestre) – de quoi réduire un pilote en bouillie.

L'hypothèse des F-117 ayant fait long feu, une nouvelle explication ne tarde pas à surgir. Le 11 août 1996, le *Sunday Times* présente un nouvel avion secret américain, sous le titre : « Est-ce un oiseau ? Est-ce un ovni ? Non, c'est un *wave rider...* » « Laissez tomber les *X-Files* et annulez votre soirée cinéma où vous projetiez de voir *Independance Day*, proclame l'hebdomadaire britannique. Les observations d'ovnis ont peut-être une explication simple : un avion secret, de forme triangulaire, qui peut voler à plus de deux fois la vitesse du Concorde. » Le *Sunday Times* explique ensuite que le prototype de cet avion révolutionnaire vient d'être présenté conjointement par la NASA et l'US Air Force, ce qui « laisse penser qu'une version grand format a peut-être déjà été construite et pourrait être responsable des innombrables observations d'ovnis ». L'information sensationnelle est aussitôt reprise à la télévision belge. Après vérification, il s'avère que le prototype en question, qui n'a pas encore volé, n'est qu'un appareil subsonique destiné à explorer un nouveau principe de vol très difficile, baptisé *wave rider*, ou LoFlyte, qui aboutira peut-être, un jour, à un véritable avion supersonique[10] !

L'année 1991 est elle aussi fertile en observations en Belgique, en particulier la soirée du 12 mars 1991. Des témoins aperçoivent, et certains filment même au caméscope un énorme triangle en vol stationnaire près du sol. Richard Rodberg raconte comment il l'a d'abord repéré, à 3 kilomètres de distance. Il a eu le temps de s'approcher en voiture :

Il planait à une trentaine de mètres du sol. Brusquement, il est venu droit sur nous et s'est immobilisé au milieu du champ qui borde la route. C'est là que je l'ai filmé. C'était incroyable : le champ entier était baigné dans une lumière blanche comme je n'en ai jamais vu. On aurait trouvé une aiguille dans l'herbe.

La clarté diffusée par l'ovni est si aveuglante que les témoins ne peuvent distinguer sa forme. La disposition des lumières suggère seulement une silhouette en V. Outre des projecteurs très puissants, des lumières plus petites, blanches et rouges, semblent circuler de façon irrégulière, formant «comme une guirlande» autour du singulier engin. Un feu rouge pulsant apparaît sous l'appareil. L'ovni se trouve d'abord à environ 150 mètres des témoins, puis il se rapproche d'eux, jusqu'à environ 60 mètres. «On aurait vraiment dit qu'il nous voyait», note l'un des témoins [11].

Novembre 1990 : des ovnis traversent le ciel français

Nombreux sont ceux qui, en Belgique, ont eu l'impression d'assister à une mise en scène délibérée. La même impression ressort d'un autre épisode très controversé, la vague d'observations qui s'est produite en France dans la soirée du 5 novembre 1990. De manière paradoxale, celle-ci évoque aussi une tentative de camouflage.

Ce soir-là, des centaines de témoins voient passer dans le ciel des ovnis de grande dimension, souvent de forme triangulaire, qui traversent la France d'ouest en est à basse altitude, parfois sous les nuages. Ils progressent en silence, environnés de lumières multicolores clignotantes.

Il se trouve qu'un élément de fusée soviétique est entré dans l'atmosphère précisément ce 5 novembre 1990. Sa trajectoire sud-ouest/nord-est correspond assez bien aux observations d'ovnis. L'explication paraît convaincante. Reste que les enquêteurs qui ont rencontré les témoins ne sont pas du tout de cet avis, tel Joël Mesnard, qui a publié de nombreux témoignages dans sa revue *Lumières dans la nuit*[12]. Jean-Gabriel Greslé, ancien commandant de bord d'Air France, a raconté comment il a aperçu, en même temps que plusieurs de ses proches, une énorme structure rectangulaire traversant le ciel lentement et sans bruit, balisée de nombreuses lumières rouges et projetant deux longs faisceaux lumineux.

Si les enquêteurs sont dans le vrai, il convient de s'interroger sur les intentions des aliens lorsqu'ils se montrent de façon aussi massive, tout en laissant planer le doute. Auraient-ils agi, en France comme en Belgique, dans le cadre d'un programme d'acclimatation progressive de l'humanité à leur présence ?

Mars 1994 : des triangles volants en Grande-Bretagne

Les grands ovnis triangulaires commencent à se manifester discrètement dans le ciel britannique à l'automne 1993, alors même qu'ils se raréfient en Belgique.

Concernant les observations effectuées en Grande-Bretagne, nous disposons d'informations particulièrement fiables grâce à Nick Pope, responsable des enquêtes sur les ovnis au ministère de l'Air britannique de 1991 à 1994. Après avoir changé d'affectation, Nick Pope a rapporté son expérience dans son livre *Open Skies, Closed Minds*[13], paru en 1996. D'abord très sceptique, il a été convaincu de la réalité des ovnis dès qu'il s'est trouvé dans l'obligation de mener l'enquête sur l'étonnante vague d'observations du printemps 1994.

Après quelques alertes sporadiques pendant l'hiver 1993-1994, tout se précipite dans la nuit du 30 au 31 mars

1994, trois ans jour pour jour après la nuit où des chasseurs F-16 ont repéré des ovnis en Belgique. Nick Pope entreprend d'enquêter aussitôt. De nombreux témoins ont signalé des lumières brillantes, par groupe de trois, deux brillantes et une plus faible, en parfaite formation. Tantôt elles se déplaçaient rapidement, tantôt elles étaient en vol quasi stationnaire. La plupart des observations ont eu lieu entre 1 heure et 1 h 30, simultanément dans le Devon, la Cornouailles, le Somerset, le pays de Galles et la république d'Irlande.

Cette nuit-là, plusieurs bases militaires font des observations curieuses. Une patrouille signale un ovni au-dessus de la base de Cosford. L'officier météo de la base de Shawbury voit un ovni d'une taille équivalente à celle d'un Jumbo pendant au moins cinq minutes. D'abord stationnaire, l'engin fonce vers lui à grande vitesse. Le témoin le voit projeter soudain un faisceau de lumière vers le sol, comme s'il cherchait quelque chose. Il émet un léger bourdonnement à basse fréquence.

Nick Pope vérifie qu'aucun avion ni aucun ballon n'a été signalé dans les secteurs où ont eu lieu le plus grand nombre d'observations. La RAF a noté la rentrée dans l'atmosphère de débris de la fusée russe Cosmos 2238. Ils auraient pu être visibles au-dessus du Royaume-Uni. Le doute subsiste !

Pope décide de demander des enregistrements radar de la nuit. Or les ovnis semblent avoir échappé aux radars, ce qui expliquerait l'absence de toute tentative d'interception par l'armée de l'Air. Il est pourtant clair que la rentrée dans l'atmosphère de la fusée russe ne peut pas rendre compte de toutes les observations. Il y a là une menace potentielle de la part d'engins inconnus et indétectables par les radars...

La vague d'observations se poursuit en Grande-Bretagne en 1994 et 1995. Omar Fowler, un chercheur anglais qui a entrepris l'étude systématique du phénomène, a pu dénombrer cinquante-deux observations de ces *flying triangles* (triangles volants)[14] dans le seul Derbyshire, province située au cœur du Royaume-Uni, de décembre 1994 à mai 1995. La plupart des apparitions ont lieu en soirée, à la tombée de la nuit. Les ovnis semblent énormes. Ils sont pourvus de puissantes lumières blanches éclairant le sol alors que les engins progressent lentement et en silence, à faible altitude *. La plupart des témoins décrivent un triangle, parfois un losange ou une forme plus complexe. Une lumière blanche très brillante est souvent observée à l'avant, avec une lumière rouge à côté, et deux lumières blanches moins puissantes sur les côtés. Comme les ovnis belges, les vaisseaux spatiaux signalés en Grande-Bretagne laissent apparaître d'autres lumières, blanches, rouges et vertes sur les côtés et une grosse lumière rouge en dessous. Des effets électromagnétiques au sol sont signalés : télévisions brouillées, pannes de moteur et d'éclairage sur les véhicules, aiguilles de compas se mettant à tourner. On observe aussi des boules de lumière rouge et blanche se détacher et voler de manière indépendante.

Dans la soirée du 23 août 1994, deux témoins sont en train de filmer un ovni avec une caméra vidéo lorsqu'ils voient s'approcher deux hélicoptères. Les lumières de l'ovni s'éteignent instantanément. Les hélicoptères tournent un moment, puis s'en vont. Les lumières se rallument aussitôt ! Omar Fowler présente le film lors d'une conférence[15]. Quant à l'armée de l'Air britannique, elle

* Voir cahier photos hors texte, p. II.

affirme qu'aucun de ses appareils ne se trouvait dans ce secteur.

Mars 1983 : déjà, aux États-Unis...

La vague d'observations d'ovnis des années 80, aux États-Unis, est peu connue. Des témoignages inquiétants ont été signalés dans les États de New York et du Connecticut, dans la vallée de l'Hudson, non loin de New York, mais ils n'ont pas été repris au-delà de la presse locale. Le phénomène a cependant fait l'objet d'une enquête approfondie[16] à laquelle ont participé Philip Imbrogno et Bob Pratt, aux côtés de l'astronome Allen Hynek, professeur à l'université Nortwestern de Chicago et ancien conseiller scientifique de l'US Air Force.

Après des débuts discrets dans les premiers mois de 1983, les observations se multiplient soudain dans la nuit du 28 mars. Selon les enquêteurs, des centaines de témoins voient passer dans le ciel nocturne des lumières brillantes de différentes couleurs, disposées en V ou en boomerang. Elles se déplacent lentement et à basse altitude, donnant l'impression de former un objet énorme, à peu près de la taille d'un terrain de football. Un témoin les compare à une « cité volante ». Leur structure, quand elle est perceptible, apparaît sombre et métallique. Ces ovnis de grande taille sont pour la plupart silencieux, et certains émettent un faible bourdonnement.

La plupart des témoins ont affirmé par la suite n'avoir jamais éprouvé le moindre intérêt pour les histoires d'ovnis. D'un niveau d'instruction élevé, vivant dans des quartiers résidentiels éloignés les uns des autres, ils ne se connaissent pas. Les registres de la police révèlent d'innombrables appels. Certains policiers ont eux-mêmes été témoins de ce spectacle étrange. En revanche, l'armée et les agences gouvernementales restent silencieuses et l'administration fédérale de l'aviation nie toute l'affaire. Quant au monde scientifique, pour l'occasion, il se montre peu curieux.

Au total, de 1983 à 1987, cinq mille témoignages sont recueillis par les enquêteurs. Des études récentes montrent que la vague d'observations américaines dure toujours. Selon l'enquêteur écossais James Easton, qui répertorie les observations effectuées aux États-Unis, trente-trois ovnis géants auraient été aperçus sur le territoire américain en 1995. Les soucoupes volantes n'ont pas disparu pour autant. Le 9 juillet 1995, dans le Montana, plusieurs témoins observent un énorme vaisseau triangulaire entouré de quatre objets volants en forme de disque [17].

Des ovnis géants du même type ont survolé d'autres pays. Pour le Japon, Omar Fowler recense plusieurs témoignages probants dans son étude sur les « triangles volants », de 1992 à 1994. Des cas sont également connus à Porto Rico et en Russie. Le 13 septembre 1990, une station radar militaire située près de Samara, en Russie, détecte un grand triangle volant noir, planant silencieusement à distance. Soudain, celui-ci dirige un faisceau de lumière bleue vers l'antenne radar, qui est instantanément détruite !

Janvier 1995 : une catastrophe évitée au-dessus de Manchester

L'histoire déjà longue des ovnis suggère, de la part des extraterrestres, une attitude non belliqueuse. S'ils avaient voulu lancer une attaque massive, comme celle déclenchée dans le film *Independance Day*, ne l'auraient-ils pas déjà fait depuis longtemps ? Les ovnis ne sont pourtant pas dépourvus de tout danger, comme le prouve un cas récent et spectaculaire de « quasi-collision » *(airmiss)* d'un mystérieux appareil avec un avion de ligne dans le ciel anglais.

6 janvier 1995. A Manchester, un Boeing 737 de la British Airways commence son approche pour l'atterrissage. Il se trouve à une altitude de 1 300 mètres (4 000 pieds) lorsque le pilote est obligé de faire une manœuvre brutale pour éviter un appareil non identifié qui le croise de très près, sur sa droite. L'équipage, impressionné, fait un rapport qui donne lieu à une enquête officielle. La tour de contrôle n'a pas repéré l'ovni sur son radar, mais, après examen complet du dossier, les enquêteurs sont néanmoins convaincus de la réalité de cette « rencontre » aérienne. Un an plus tard, l'Autorité civile de l'aviation (CAA) rend sa conclusion : « Cas non résolu [18]. »

Ce n'est pas le premier cas de ce genre. Sans parler de l'exemple argentin présenté au début de ce chapitre, il faut citer celui d'un avion de la compagnie Alitalia qui aurait évité de justesse un objet non identifié à l'allure de missile, au-dessus du Kent, également en Grande-Bretagne, le 21 avril 1991. Enfin, le 16 septembre 1996, Jerry Anderson, lui-même enquêteur dans l'East Kent, affirme avoir observé du sol un ovni, d'abord immobile dans le ciel près de Canterbury, se précipiter vers un avion de ligne qui faisait route vers le continent. Il aurait vu l'avion faire une manœuvre pour l'éviter. L'objet aurait suivi l'avion pendant environ 5 secondes. Puis, tout à coup, Anderson l'aurait vu apparaître dans une autre région du ciel, où il serait descendu lentement vers l'horizon et aurait disparu, tout cela entre 6 h 40 et 6 h 55 du matin. Les témoins ont alerté les bases aériennes proches de Manston et West

Drayton, qui n'ont rien remarqué et ne semblaient pas du tout s'intéresser à l'incident[19].

Ovnis et secret d'État

Dans la plupart des pays du monde, l'attitude officielle en matière d'ovnis reste aujourd'hui encore celle de la dénégation ou du silence. L'armée de l'Air américaine, lorsqu'on l'interroge au sujet de l'existence des ovnis, se borne à répondre que ceux-ci ne menacent pas la sécurité du pays. Pourquoi ce silence, alors que des enquêteurs de tous pays ont accumulé depuis un demi-siècle une montagne de témoignages crédibles et convergents ? Au fil des années, la réalité des ovnis a même été reconnue par de nombreux responsables à travers le monde, mais de manière le plus souvent officieuse. En France, un service chargé des enquêtes au sein du Centre national d'études spatiales, actuellement baptisé du curieux intitulé de « Service d'expertise des phénomènes de rentrées atmosphériques » (SEPRA), a publié plusieurs études authentifiant des observations d'ovnis, ce que le responsable actuel de ce service, Jean-Jacques Velasco, a rappelé dans un livre[20] paru en 1993. Reste que l'on ne peut considérer cet ouvrage, pas plus que les plaquettes du CNES, comme constituant des informations officielles. En Grande-Bretagne, Nick Pope a fait de même sur la base des observations britanniques. Aux États-Unis, dès 1972, l'astronome Allen Hynek a reconnu lui aussi la réalité des ovnis et n'a cessé de l'affirmer jusqu'à sa mort, en 1986.

Pourquoi ce silence de plomb des autorités officielles ?

Se pourrait-il que les aliens ne soient pas seulement des visiteurs discrets, venus observer la Terre, s'autorisant quelques contacts ici et là avec la population locale, et même quelques facéties dont chacun rit, de manière à ne pas être pris au sérieux et pouvoir visiter tranquillement la planète ? Si les histoires d'ovnis se résumaient à cela, il n'y aurait pas de quoi faire tant de mystères. Au contraire. Ces apparitions furtives et souvent espiègles de visiteurs célestes devraient être reconnues, avec enthousiasme, comme autant de preuves que nous ne sommes pas seuls dans l'univers – une question qui n'a jamais laissé les hommes indifférents.

Faut-il en déduire que l'on nous cache des réalités plus inquiétantes ? Le dossier des ovnis serait-il couvert par le secret militaire ? L'Anglais Nick Pope cite de nombreux cas propres à soutenir l'hypothèse du secret d'État... tout en répétant qu'une telle volonté de secret n'existe pas en Grande-Bretagne ! La conclusion de son livre n'en reste pas moins édifiante et mérite d'être citée :

> *Nous aimerions tous savoir que nous maîtrisons la situation. Mais que se passerait-il si ce n'était pas le cas ? Que se passerait-il, alors que nous refusons même d'envisager la possibilité d'une menace, sans parler d'y faire face ? Nous ne pourrons commencer à réfléchir à des solutions tant que nous n'aurons pas reconnu d'abord qu'il y a un problème* [21].

Certains lecteurs de Nick Pope n'ont pas manqué de faire remarquer que celui-ci a dû obtenir le feu vert des autorités pour publier son livre. C'est donc avec leur plein accord qu'il écrit ces lignes alarmantes...

Qu'en est-il en France ? Un service spécialisé a été créé au sein du CNES en 1977. Le Groupement d'étude des phénomènes aérospatiaux non identifiés (GEPAN) s'est vu donner pour mission de rechercher des explications naturelles pour toutes les observations d'ovnis. Les deux premiers responsables de ce service ont rapidement été convaincus de la réalité du phénomène, mais ils se sont heurtés à l'hostilité de leur hiérarchie. L'un a préféré démissionner, l'autre a été muté à un poste différent. L'activité du GEPAN s'est ensuite fortement réduite. Il était prévu que le groupe d'études rende compte de ses recherches devant un conseil scientifique constitué de personnalités indépendantes. Or, au cours des années 80, le conseil scientifique a cessé d'être convoqué. Le CNES a prononcé la dissolution du GEPAN en 1988, pour créer le SEPRA, un organisme qui est depuis resté plus que discret. Notons cependant que Jean-Jacques Velasco, responsable actuel du SEPRA, admet du bout des lèvres la réalité des ovnis, tout en soulignant qu'il ne s'agit pas de la position officielle du gouvernement français *.

Que faut-il conclure de tant de précautions et de zones d'ombre autour des hommes chargés de traiter les problèmes posés par les ovnis ? Partout dans le monde, des militaires surveillent le ciel pendant que leurs concitoyens vaquent à leurs activités quotidiennes. Tous les grands pays contrôlent leur espace aérien vingt-quatre heures sur vingt-quatre au moyen d'une technologie radar sophistiquée. Les intrus venus de l'espace ne sont pas forcément visibles sur nos radars, mais il est clair, en dépit des silences officiels, que leur présence est connue. Ainsi, l'idée d'une menace technologique d'origine non humaine ne relève-t-elle peut-être pas de la science-fiction.

* La curieuse histoire de ce service est relatée en annexe, p. 289.

2

ROSWELL : LE DÉBAT CONTINUE

L'armée américaine a-t-elle récupéré dans le plus grand secret, en juillet 1947, un ovni accidenté près de la petite ville de Roswell, au Nouveau-Mexique ? L'affaire, qui avait déjà fait couler beaucoup d'encre aux États-Unis, rebondit au printemps de 1995 lorsqu'un producteur anglais annonce qu'il est en possession d'un film montrant l'autopsie d'un extraterrestre découvert à Roswell parmi les débris d'un ovni. Document authentique, canular ou encore tentative de désinformation visant à noyer définitivement l'« affaire Roswell » ? Cette dernière hypothèse n'est pas la moins invraisemblable. Car, loin de se réduire à la prétendue autopsie d'un « cadavre » de latex, l'« affaire Roswell » demeure, parmi tous les dossiers relatifs aux ovnis, l'un des plus solides.

Rappelons, en quelques mots, les faits.

Le dimanche 6 juillet 1947, le fermier William « Mac » Brazel arrive dans la petite ville de Roswell, au Nouveau-Mexique. Il vient montrer au shérif George Wilcox quelques échantillons de débris étranges qu'il a découverts sur son ranch, situé à quelque 130 kilomètres au nord de la ville. Perplexe, Wilcox appelle la base de bombardiers atomiques établie près de Roswell, une unité d'élite de l'armée de l'Air américaine. Au vu des

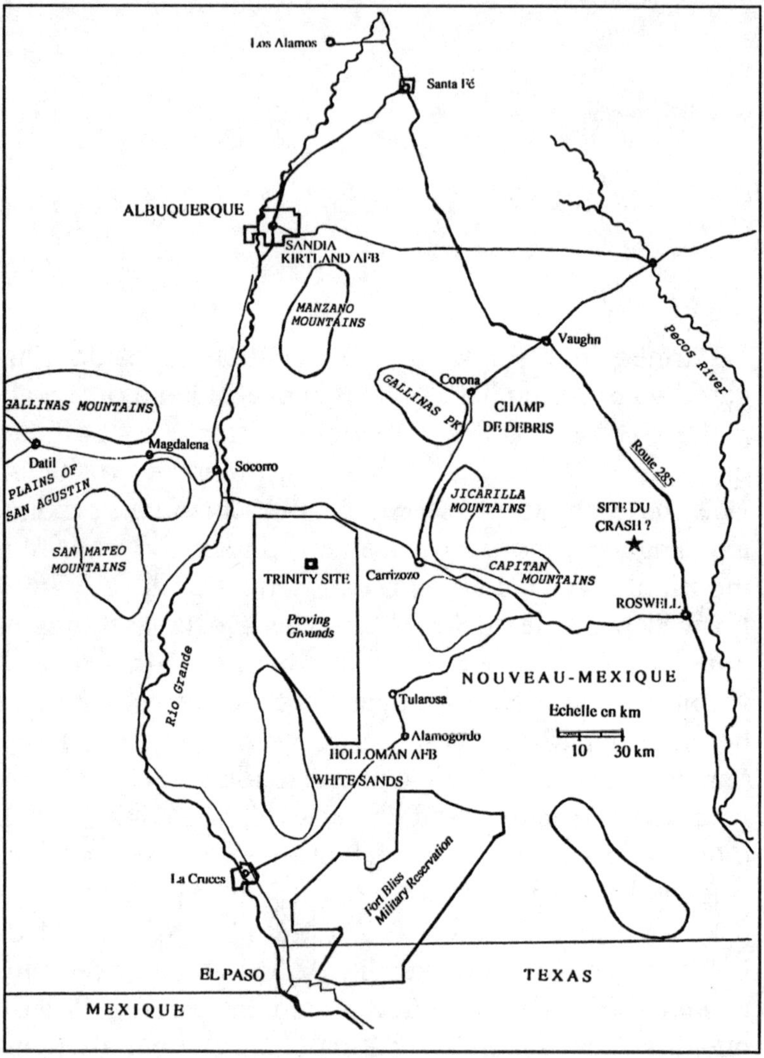

Carte du Nouveau-Mexique.

échantillons, le colonel Blanchard, commandant de la base, ordonne à l'officier chargé de la sécurité, le commandant Jesse Marcel, d'aller inspecter le site signalé par le fermier. Marcel se fait accompagner du capitaine Sheridan Cavitt, chargé du contre-espionnage. Quand les deux officiers arrivent à la ferme, il fait déjà nuit. Ils décident de remettre leur mission au lendemain.

Le 7 juillet, le fermier Brazel conduit le commandant Jesse Marcel et le capitaine Sheridan Cavitt sur le terrain. Les deux hommes passent la journée à ramasser des débris. Ils en remplissent deux voitures, en laissent encore beaucoup sur place. Tard dans la soirée, ils sont de retour à la base.

Le 8 juillet, dès le début de la matinée, le colonel Blanchard prend trois décisions : boucler le site – ce qui est fait dans les heures qui suivent par la police militaire ; publier un communiqué de presse annonçant la découverte d'un « disque volant » ; envoyer Marcel au Quartier général de la 8e Armée, à Fort Worth, au Texas, pour apporter des débris au général Ramey, commandant de la région aérienne.

Le communiqué est déposé en fin de matinée à la presse locale de Roswell (deux radios et deux quotidiens). La base ne tarde pas à être assaillie d'appels téléphoniques. Le colonel Blanchard part à ce moment en congé pour trois semaines – comme s'il ne s'était rien passé et avant même que le général Ramey ait pu voir les débris.

Voici le texte intégral du communiqué publié par le *San Francisco Chronicle* :

> *Les nombreuses rumeurs concernant les disques volants sont devenues réalité hier : le bureau de renseignement de la 509e unité de bombardement de la*

8e Armée aérienne, à la base aérienne militaire de Roswell, a eu la chance d'entrer en possession d'un disque grâce à la coopération d'un fermier local et du bureau du shérif du comté de Chaves. L'objet volant a atterri sur un ranch près de Roswell, la semaine dernière. Ne disposant pas du téléphone, le fermier a entreposé le disque en attendant de pouvoir prendre contact avec le shérif, qui a informé à son tour le commandant Jesse A. Marcel, du bureau de renseignement de la 509e unité de bombardement. Une action a été entreprise immédiatement, et le disque a été récupéré à la ferme. Inspecté à la base aérienne militaire de Roswell, il a été ensuite remis par le commandant Marcel aux autorités hiérarchiques.

Le soir même, à Fort Worth, le général Ramey fait étaler les débris apportés par Marcel dans son bureau et décide de convoquer la presse pour démentir la nouvelle diffusée le matin par la base de Roswell. L'adjudant Irving Newton, son responsable météo, est convoqué. Il identifie aussitôt les débris, en loques et sentant fort le néoprène – un caoutchouc synthétique – décomposé, d'un ballon météo de type Rawin avec sa cible-radar. Démenti cinglant, humiliant pour les officiers de Roswell. Le commandant Marcel, présent lors de cette conférence de presse, se tait. Un nouveau communiqué est publié et l'affaire est oubliée.

Nouvelles révélations

Trente et un ans plus tard, le 20 février 1978, le commandant Marcel, à la retraite, fait des révélations à l'ufologue Stanton Friedman. Il affirme que l'armée a dissimulé les vrais débris récupérés à Roswell. Ceux qu'il avait lui-même ramassés en 1947 sur le ranch du fermier Brazel étaient tout à fait singuliers et non identifiables.

D'autres témoins vont peu à peu se signaler, dont l'adjoint du général Ramey, le général Thomas DuBose (à l'époque colonel), qui confirme la substitution des débris sur ordre du Pentagone.

L'affaire s'enrichit en outre d'un nouveau volet : les enquêteurs du Center for UFO Studies (CUFOS) recueillent divers témoignages selon lesquels un engin accidenté contenant des cadavres d'humanoïdes aurait été récupéré sur un second site, proche du premier, avant même la découverte du champ de débris.

Juin 1993. Les témoignages s'accumulant et l'armée de l'Air restant muette, Steven Schiff, député républicain du Nouveau-Mexique, réclame au ministère de la Défense des informations sur l'affaire Roswell. Or il se heurte à une fin de non-recevoir. Irrité par cette attitude inhabituelle, il demande une enquête officielle au Congrès en octobre.

En février 1994, l'enquête, menée par le General Accounting Office (GAO), sorte de Cour des comptes dépendant du Congrès, est ouverte. L'armée de l'Air sort de son mutisme et revient sur sa première explication de 1947. Dans un rapport de vingt-deux pages, publié en septembre 1994, il n'est plus question de « ballon météo », mais d'un train de ballons ultra-secret, le « projet Mogul », ayant pour objectif la mise au point d'un système de détection acoustique des futures explosions atomiques soviétiques. Ces trains de ballons avaient été lancés depuis le terrain de White Sands, à 140 kilomètres à l'ouest de Roswell. L'armée reprend en l'occurrence à son compte une thèse développée quelques mois plus tôt par l'enquêteur privé Karl Pflock. Ni les uns ni les autres n'apportent la moindre preuve à l'appui de cette affirmation. Le GAO s'abstient de commenter publiquement l'attitude de l'armée de l'Air et continue discrètement son enquête.

Au début de 1995, le producteur anglais Ray Santilli, directeur du Merlin Group à Londres, affirme avoir acheté à un cameraman de l'armée de l'Air américaine un film montrant l'autopsie d'un cadavre d'extraterrestre récupéré en grand secret, en 1947, à Roswell. A partir de juin, le film est diffusé dans le monde entier. L'affaire a pour effet immédiat de détourner l'attention de l'enquête du GAO, qui se prépare à rendre ses conclusions.

Le 28 juillet 1995, le GAO remet son rapport au député Schiff. Celui-ci le fait aussitôt connaître à la presse. Le texte est laconique. Après un an et demi d'enquête, le GAO se borne à constater la destruction non motivée d'importantes archives à la base de Roswell et refuse d'accepter l'explication militaire des ballons [1]. Seule « conclusion » : « Le débat sur la nature de ce qui s'est écrasé à Roswell continue. » Selon Jack Anderson et Michael Binstein, journalistes au *Washington Post*, les enquêteurs auraient acquis la conviction que l'armée de l'Air essayait de cacher quelque chose de très important [2].

Septembre 1995. En réponse aux critiques et opinions diverses exprimées dans la presse, l'US Air Force rend public un dossier de huit cents pages, dont la plus grande partie est constituée par un exposé technique sur les ballons. L'ensemble paraît n'entretenir qu'un rapport très lointain avec l'affaire Roswell [3].

Que s'est-il passé à Roswell ?

Depuis juillet 1995, la confusion n'a cessé de croître à propos de Roswell. Pour tenter d'y voir clair, il convient de distinguer et d'analyser les trois moments clés de l'affaire.

1) La découverte des débris par le fermier Brazel. C'est elle qui est à l'origine de tout : le communiqué de presse du colonel Blanchard annonçant la découverte d'un « disque volant », puis le démenti, le soir même, du général Ramey. Il s'agit de la partie la plus solide du dossier. Depuis les révélations du commandant Marcel, en 1978, de nombreux témoignages ont été recueillis par plusieurs équipes d'enquêteurs, notamment Kevin Randle et Donald Schmitt, du CUFOS. Au total, cinq cents témoins, directs ou indirects, ont été retrouvés. Il apparaît que les informations recueillies contredisent formellement les explications de l'armée de l'Air[4].

2) La découverte supposée, sur un autre site, d'un ovni et de cadavres d'humanoïdes. Cet aspect de l'affaire est plus obscur et le scénario en est encore controversé. Les témoignages apparaissent malgré tout relativement convergents. La date de la découverte, discutée à quelques jours près, est toujours proche du début de juillet 1947, de peu antérieure à celle de la découverte du champ de débris, révélée le 6 juillet par le fermier Brazel. De même, les différentes descriptions des cadavres évoquent toutes des corps petits et très minces, avec une grosse tête. L'étude approfondie du « film » des événements faite par le CUFOS donne à penser que les militaires avaient d'abord récupéré l'ovni et les cadavres sur un premier site, et qu'ils pensaient avoir réussi l'opération en grand secret. Tout rebondit le dimanche 6 avec la découverte du champ de débris, plus au nord. Peut-être faut-il chercher là l'explication du communiqué de presse du 8 juillet, qui aurait visé avant tout à préserver la première découverte en concédant au public la seconde, que les militaires ont cru, l'espace de quelques heures, ne pouvoir garder secrète.

3) Le film et le prétendu cadavre d'extraterrestre. Ray Santilli n'a apporté aucune preuve de l'authenticité de son document. Les enquêteurs, à la quasi-unanimité, dénoncent ce film comme étant un faux. Certains pensent qu'il s'agit d'une escroquerie pure et simple. D'autres penchent pour une manipulation, montée avec beaucoup d'habileté par des spécialistes de la désinformation, pour torpiller les enquêtes en cours sur Roswell. C'est également mon opinion.

Quels sont les éléments en faveur de cette dernière hypothèse ? La première raison est que ce film impressionnant – le cadavre est d'un réalisme saisissant, et il n'est pas du tout prouvé qu'il soit en latex comme l'affirment les sceptiques – contredit les descriptions des témoins : tous ont parlé de corps très minces, avec quatre doigts (ou cinq, selon le témoin Kaufmann), mais jamais six ! Le récit du cameraman anonyme « révélé » par Santilli est également invraisemblable. Comment croire qu'il ait pu garder chez lui une série de bobines classées top-secret ? Enfin, la date avancée par le cinéaste anonyme pour le crash est contraire à tous les témoignages.

Il paraît évident qu'un faussaire montant une escroquerie dans un but commercial et soucieux de faire durer sa supercherie le plus longtemps possible aurait évité des erreurs aussi grossières. Le film comportait donc des éléments de nature à le déconsidérer sitôt passé l'effet de surprise causé par ces images étonnantes. L'hypothèse d'une plaisanterie est par ailleurs peu vraisemblable : elle risquait de coûter cher un jour à ses auteurs.

Il y a lieu de se demander à qui profite le « crime ». La date d'apparition du film nous met peut-être sur la voie : il a été diffusé quelques semaines avant la fin de l'enquête du Congrès. Si le film est un faux, il a apporté une aide providentielle à l'armée de l'Air, mise sur la sellette. L'écho médiatique rencontré dans le monde entier par cette pseudo-découverte a presque éclipsé le rapport d'enquête du Congrès, publié dans la plus grande discrétion, fin juillet 1995. Dans l'esprit du public, le cadavre est devenu « l'affaire Roswell ».

Il faut maintenant revenir sur quelques-uns des témoignages qui ont convaincu des enquêteurs sceptiques au départ, tels Randle et Schmitt, de la réalité du crash de Roswell.

Des témoignages déterminants

Son témoignage étant mis en cause, il convient de rappeler qu'en 1947, le commandant Jesse Marcel était chargé de la sécurité des bombardiers atomiques américains – responsabilité considérable que les autorités militaires n'auraient certainement pas confiée au premier venu, alors que la guerre froide s'instaurait et que les Russes ne détenaient pas encore la bombe atomique. L'opinion du colonel Blanchard sur Jesse Marcel figure dans son dossier militaire, et il est utile de la citer : « Exceptionnellement qualifié dans son affectation. Qualités morales supérieures[5]. »

Jesse Marcel, ainsi que plusieurs autres témoins, notamment son propre fils, Jesse Marcel Jr, aujourd'hui médecin, et Bill Brazel, le fils du fermier, ont décrit les débris retrouvés sur le ranch de Brazel. Tous ont affirmé qu'ils étaient si insolites qu'ils ne pouvaient provenir de ballons ni de cibles-radar. Parmi les rares témoignages contraires, celui du fermier lui-même, alors sous escorte militaire après avoir passé la journée du 8 juillet dans l'enceinte de la base aérienne. Brazel raconte qu'il a découvert quelques débris peu impressionnants, ne pesant pas plus de 2,5 kg au total. Cependant, en dépit de la pression exercée sur lui, le fermier réussit à glisser aux journalistes, à la fin de l'entretien, qu'il ne s'agit sûrement pas d'un ballon ! Brazel est ensuite gardé au secret pendant plusieurs jours. Aux dires de tous ses proches et voisins, il n'a plus jamais voulu reparler de l'affaire.

Selon les témoins qui ont eu en main des échantillons de débris (ils sont au moins une dizaine), ceux-ci étaient à la fois très légers et très résistants. Ils avaient la particularité d'être ininflammables. Certains, qui ressemblaient à des feuilles métalliques, pouvaient être pliés, mais non déformés, même avec une lourde masse : ils reprenaient toujours leur forme initiale. Jesse Marcel fut si impressionné par cette découverte qu'après avoir rempli sa voiture de débris, il s'arrêta chez lui à 2 heures du matin, dans la soirée du 7 juillet, pour les montrer à sa femme et à son fils. Marcel et son fils ont fait la même description de certains débris particulièrement étranges, des petites poutrelles portant des symboles imprimés en relief sur le côté, ressemblant à des hiéroglyphes.

Selon le récit de Marcel et d'autres témoins, les débris étaient nombreux, éparpillés sur près d'un kilomètre, et semblaient provenir de l'explosion au-dessus du sol d'un engin de grandes dimensions. Leur solidité laisse penser que l'explosion dut être très violente : ceci exclut les ballons, qui ne pouvaient exploser puisqu'ils étaient gonflés à l'hélium, un gaz inerte. J'ai personnellement soulevé cet aspect de la question face à Karl Pflock, partisan de la thèse des ballons Mogul, lors du symposium annuel du MUFON (Mutual UFO Network), en 1995. Pflock a fini par admettre que, sans doute, il y avait eu une explosion. Ce qui ne l'a pas empêché, lors du débat final du symposium, d'affirmer de nouveau, sans la moindre hésitation, qu'il s'agissait de ballons !

La description des débris exclut également les cibles-radar emportées par les ballons-météo ou par les ballons Mogul. Celles-ci étaient faites de feuilles d'aluminium collées sur du papier ou de la toile, tendues sur des baguettes de balsa. Elles étaient si fragiles que, pour les ballons Mogul, dont les cibles étaient un peu plus grandes que le modèle habituel, on avait demandé au constructeur de les consolider avec du ruban adhésif. Étant également fabricant de jouets, ce dernier avait utilisé un stock de papier collant décoré de fleurs stylisées – ce qui permit à certains enquêteurs sceptiques d'affirmer que le commandant Marcel avait pris des fleurs stylisées pour des inscriptions hiéroglyphiques extraterrestres !

Il est impossible que le commandant Marcel, spécialiste du renseignement aérien et familier de tout ce qui volait à l'époque, y compris les ballons-météo – on en lançait tous les jours à Roswell –, ait pu confondre des cibles-radar montées sur baguettes de balsa, à l'aspect de cerfs-volants, avec un de ces mystérieux « disques volants » dont les journaux évoquaient les performances extraordinaires, décrites par de nombreux témoins.

Irving Newton, à l'époque adjudant-météo sur la base de Fort Worth, aujourd'hui à la retraite, est l'un des cinq témoins présentés par l'armée de l'Air à l'appui de la thèse des ballons. Il pense ridiculiser Marcel en expliquant que celui-ci avait essayé de le convaincre, dans le bureau du général Ramey, que les débris de ballons présentés à la presse étaient bien des débris de soucoupe volante. Si le commandant Marcel avait commis une telle erreur, quelqu'un d'autre aurait dû la lui signaler aussitôt car il n'était pas seul, au cours de la journée du lundi 7 juillet, à ramasser des débris. On sait aujourd'hui que le capitaine Sheridan Cavitt, responsable du service de contre-espionnage de la base de Roswell, était présent lui aussi. Après avoir nié sa participation jusqu'en 1994, il l'a finalement admise face aux enquêteurs de l'armée, en affirmant qu'il avait immédiatement reconnu des débris de ballons ! Il a même prétendu qu'il les avait découverts tout seul, n'ayant jamais rencontré le fermier Brazel.

Pourquoi Cavitt n'a-t-il pas dit aussitôt à son collègue Jesse Marcel qu'il reconnaissait des ballons ? Pourquoi n'a-t-il pas songé également à rattraper par la manche le colonel Blanchard avant qu'il n'annonce la découverte de la soucoupe le lendemain ? Comment le colonel Blanchard a-t-il pu, non seulement faire la même erreur grossière que Marcel, mais la claironner le 8 juillet au matin au moyen d'un communiqué de presse ? La seule explication proposée par l'armée de l'Air est qu'il était surexcité par les histoires de soucoupes volantes. Mais comment expliquer que Blanchard soit resté injoignable par les journalistes après la publication de son communiqué et qu'il soit parti dans l'après-midi en congé pour trois semaines, sans attendre l'inspection des débris envoyés d'urgence au général Ramey, au Q.G. de Fort Worth ?

Le communiqué de presse avait été diffusé par le lieutenant Walter Haut, aujourd'hui retraité à Roswell. Je l'ai rencontré à deux reprises. Walter Haut m'a affirmé que la plus grande discipline régnait sur la base, dont le personnel était trié sur le volet, et que jamais le colonel Blanchard, ancien élève de West Point et futur général, n'aurait pris seul une initiative d'une telle importance. Selon Walter Haut, la diffusion du communiqué de presse avait été décidée en haut lieu. Aujourd'hui encore, le scénario du 8 juillet – communiqué de presse du matin et démenti hâtif du soir – reste mystérieux.

Une chose, en revanche, est certaine : la presse n'a pas vu les vrais débris à Fort Worth.

La mise en scène de Fort Worth

Au moins trois témoignages prouvent qu'il y a eu mise en scène dans le bureau du général Ramey, à Fort Worth, le soir du 8 juillet. Ils font apparaître que deux transports de débris par avion vers Fort Worth ont eu lieu dans la journée du 8 juillet : d'abord, des échantillons des vrais débris, ensuite des débris de ballons et de cibles-radar. Le commandant Marcel a raconté à Walter Haut comment il a apporté, sur ordre de Blanchard, des échantillons des vrais débris dans des cartons qu'il a remis lui-même au général Ramey. Celui-ci l'a alors emmené dans la salle des cartes pour que Marcel lui désigne le lieu précis de la découverte. A leur retour, les débris n'étaient plus dans le bureau de Ramey.

Le deuxième témoignage est celui de Robert Porter, mécanicien de vol à bord du B-29 qui a emmené Marcel à Fort Worth. Porter a décrit les paquets dans lesquels se trouvaient les mystérieux débris : grands comme des cartons à chaussures, soigneusement enveloppés de papier brun fixé avec du papier collant, si légers qu'on les aurait crus vides. Il est rigoureusement impossible que ces petites boîtes aient pu contenir les débris, d'assez grande taille, photographiés dans le bureau du général Ramey. Porter note aussi, détail significatif, la présence à bord de plusieurs officiers, dont l'adjoint de Blanchard, le lieutenant-colonel Payne Jennings. Gommé dans le rapport militaire de 1994, ce détail figure dans la déclaration sous serment de Porter (voir annexes, p. 293), confirmant que la mission était d'importance. Selon Porter, on avait informé l'équipage qu'il transportait des débris de soucoupe volante, mais, selon la version donnée au retour, il ne s'agissait plus que de débris de ballons, ce que Porter n'a pas cru – mais son opinion est censurée dans le rapport militaire.

Le troisième témoignage, décisif, est celui du général Thomas DuBose, à l'époque colonel et adjoint du général Ramey. Dans un entretien[6] publié en 1991, il affirme avoir réceptionné des débris de ballon et de cible-radar non pas dans de petites boîtes, mais dans un grand sac de toile. De plus, Marcel n'était pas dans cet avion. Il s'agissait donc probablement d'un autre vol. DuBose a apporté lui-même ces débris dans le bureau de Ramey et les a étalés sur le sol : « J'ai porté ce sac dans le bureau de Ramey. Nous avons défait le paquet et l'avons étalé sur le sol. C'était un ramassis de débris. »

Ce sont ces malheureux débris qui ont été montrés à la presse et identifiés par l'adjudant météo Newton. Le général DuBose précise qu'il n'a jamais vu les vrais débris, ce qui explique pourquoi, dans l'un de ses entretiens, il affirme qu'il n'y a pas eu substitution dans le bureau de Ramey. Il n'a vu dans ce bureau que les débris qu'il y avait lui-même apportés. Enfin, le général DuBose révèle dans sa déclaration sous serment (voir annexes, p. 294) que cette mise en scène a été effectuée sur ordre direct de Washington. DuBose s'est lui-même entretenu au téléphone avec le général MacMullen, chef adjoint du Strategic Air Command au Pentagone, qui lui a ordonné, ainsi qu'à Ramey, d'oublier l'affaire et de ne jamais en parler, pas même à leur famille. Ce témoignage capital a de quoi faire réfléchir...

Des enquêteurs ont fait observer que DuBose, dans sa déclaration écrite sous serment, date l'acheminement des débris du dimanche 6 juillet, et non pas du 8. Les échantillons apportés par Brazel ont en effet été transportés par avion le 6 à Fort Worth, pour être ensuite directement envoyés au Pentagone. DuBose a dirigé l'opération. Mais celui-ci évoque aussi très clairement la mise en scène du mardi soir : « Le matériel montré sur les photographies prises dans le bureau du général Ramey était un ballon-météo. L'explication par le ballon-météo était une couverture pour détourner l'attention de la presse. »

Le fermier Brazel et la presse censurés

Le témoignage de Brazel, publié dans la presse le 9 juillet, est mis en avant par l'armée à l'appui de la thèse des ballons. Brazel y décrit des débris peu imposants – mais rappelons qu'il est établi que le fermier a fait ce témoignage, le mardi 8 au soir, étroitement encadré par les militaires. Il faut donc revenir sur la véritable histoire du témoignage de Brazel, corroborée par de nombreux témoins.

Le dimanche 6, Brazel arrive à Roswell avec des échantillons de débris et les montre au shérif George Wilcox. Une équipe de la base aérienne, appelée par celui-ci, vient très vite prendre livraison de ces débris pour les montrer au colonel Blanchard. Pendant ce temps, le shérif appelle également Frank Joyce, un journaliste de la radio KGFL, qui interviewe Brazel au téléphone. A la base, le colonel Blanchard ordonne à Marcel d'aller inspecter le site signalé par Brazel. Le soir du 6, Brazel conduit Marcel et Cavitt à son ranch, où ils passent la nuit. Le lendemain matin, il les conduit au champ de débris, puis retourne à son travail. Les deux militaires, eux, passent la journée sur place. Entre-temps, le patron de KGFL, Walt Whitmore, a appris la nouvelle par Joyce, son journaliste. Il va discrètement chercher Brazel, le ramène chez lui le 7 juillet au soir et enregistre un entretien qu'il compte diffuser le lendemain. Or l'émission ne sera jamais diffusée.

Voici un extrait du témoignage sous serment (voir annexes, p. 295) du partenaire de Whitmore, George « Jud » Roberts – Whitmore étant décédé au moment des enquêtes –, qui confirme l'incident :

> *En 1947, j'étais actionnaire minoritaire et directeur de la radio KGFL, à Roswell. Nous avons réalisé un entretien avec Brazel, le fermier qui avait trouvé des débris sur son terrain. Nous l'avons caché à la maison du propriétaire de la station, W.E. Whitmore Sr, et avons enregistré l'entretien. Le lendemain matin, j'ai reçu un appel de quelqu'un à Washington. Peut-être un homme du bureau de Clinton Anderson ou de Denis Chavez (membres du Congrès). Il m'a dit : « Nous savons que vous détenez une certaine information et nous voulons vous dire que si vous la diffusez, il est possible que la licence de votre station soit menacée. Nous vous suggérons de ne pas le faire. » Mon interlocuteur a ajouté que nous pourrions perdre notre licence en trois jours. J'ai pris la décision de ne pas diffuser le reportage.*

D'autres témoignages corroborent celui de Judd Roberts. Lydia Sleppy, opératrice à la station de radio KOAT, à Albuquerque, au Nouveau-Mexique, a raconté comment le journaliste Johnny McBoyle l'a appelée depuis Roswell pour lui annoncer la découverte d'une soucoupe. Alors qu'elle commençait à taper son texte sur télétype, la machine s'est arrêtée et a imprimé un message du FBI lui interdisant cette transmission ! De son côté, McBoyle, après avoir quitté un moment le téléphone, est revenu pour lui dire, très ennuyé, de tout oublier.

Autre témoin intéressant, George McQuiddy, à l'époque éditeur du *Roswell Morning Dispatch,* l'un des deux quotidiens de Roswell. Dans sa déclaration, McQuiddy raconte comment, peu de temps après que le lieutenant Haut eut apporté le fameux communiqué de presse, la base aérienne a appelé le journal pour signaler – trop tard – que le communiqué était une erreur et qu'il ne fallait pas le diffuser. Si l'on en croit McQuiddy, le revirement des militaires aurait été décidé dès le milieu de la journée, peut-être à partir du moment où ils ont réussi à boucler le site des débris. McQuiddy raconte aussi que, ami proche de Blanchard, il l'a questionné plusieurs fois sur cette histoire, mais que celui-ci est d'abord resté évasif. Mais, deux ou trois mois plus tard, l'officier a fini par lâcher : « Le matériel que j'ai vu, je n'en ai jamais vu nulle part ailleurs de semblable. »

Le 8 juillet au matin, avec l'aide de Whitmore, les militaires conduisent Brazel à la base aérienne, où il passe la journée. Il ne reparaît que le soir, sous escorte militaire, pour répondre aux questions des journalistes de Roswell. Il décrit alors des débris de ballon insignifiants, sans doute pas plus grands qu'un « dessus de table », selon ses propres termes. L'ensemble des débris, une fois rassemblé, ne devait pas peser plus de 5 livres, précise Brazel. Il mentionne même la présence de papier collant avec des motifs de fleurs imprimés. Le détail est intéressant car il suggère que les militaires de Roswell avaient connaissance du matériel qui avait servi à consolider les cibles-radar des ballons Mogul, lancés à White Sands et retombant un peu partout. Ils n'avaient pas tous été retrouvés par l'équipe de lancement, a précisé le professeur Moore, qui en a récupéré un à quelques kilomètres seulement de la ville de Roswell. Il est fort possible que la base de Roswell en ait retrouvé un et l'ait entreposé dans un coin de son service météo : voilà peut-être l'origine des débris expédiés par avion pour la mise en scène de Fort Worth. Ainsi, le général Ramey a peut-être montré à la presse des débris de ballons Mogul, mais il ne s'agissait pas des vrais débris !

Une série de questions vient à l'esprit quant au témoignage de Brazel : quel démon a bien pu pousser le fermier Brazel à rapporter quelques débris insignifiants à Roswell ? Pourquoi n'a-t-il pas tout chargé dans sa camionnette ? Quelle mouche a piqué les officiers de Roswell d'aller inspecter un terrain perdu à 130 kilomètres au nord-ouest de Roswell, où se trouvaient moins de 5 livres de débris de ballon, un dimanche soir ? La route est très pénible, avec plus de 20 kilomètres de piste cahoteuse. Autre question : qu'ont donc fait Marcel et Cavitt sur le terrain, toute la journée, aux prises avec 5 livres de ballons crevés, Marcel passant chez lui à 2 heures du matin et réveillant sa famille pour lui montrer ces misérables débris ? Comment, riches de cette malheureuse collecte, ont-ils pu convaincre l'officier commandant l'unité des bombardiers atomiques d'annoncer la découverte d'une soucoupe volante ?

Interrogé, le sergent-chef Lewis Rickett, l'assistant de Cavitt, a raconté comment son supérieur l'a emmené visiter le site, où toute une troupe était occupée à ramasser les débris et à ratisser le terrain – sans doute le 8 ou le 9 juillet. Rickett se rappelle avoir tenté de plier l'un de ces débris extraordinairement légers et résistants, sans succès, ce qui lui a valu les quolibets des officiers présents : « Le petit malin ! Il essaie de faire ce que personne n'a réussi. »

Rickett se souvient également que Cavitt lui a enjoint de tout oublier de cette visite. La fiabilité du témoignage de Rickett est évoquée dans l'entretien de Cavitt, publié dans le dossier de l'armée de l'Air en 1995. L'auteur du rapport, le colonel Weaver, lui demande ce qu'il pense de ce témoignage, et Cavitt, qui vient d'affirmer qu'il a beaucoup d'estime pour son assistant Rickett, suggère que cet ordre de tout oublier, qu'il ne conteste pas, était peut-être une manière de plaisanter car ils n'étaient pas très fiers d'avoir perdu leur temps avec cette histoire de ballon. En effet : que d'histoires pour l'inspection de 5 livres de ballon crevé, déjà ramassées par Marcel et Cavitt lui-même le lundi 7 !

Une découverte fondamentale occultée depuis cinquante ans

Les témoignages qui précèdent sont loin de faire le tour de l'affaire Roswell. Il faudrait encore rappeler ceux d'anciens militaires de la base concernant le transport, les jours suivants, de nombreuses caisses par plusieurs avions, bombardiers B-29 et avions de transport militaire C-54 – la version militaire du DC-4. Selon Robert Slusher, qui a participé aux chargements et à un vol vers Fort Worth, ils étaient gardés par la police militaire, présente dans la soute du B-29, si bien que le vol eut lieu à basse altitude ! Au retour, leur chef, le lieutenant Martucci, leur a dit qu'ils venaient d'effectuer un vol historique.

Un autre aviateur de Roswell, Robert Smith, de la 1re Unité de transport aérien, a lui aussi décrit le chargement de plusieurs avions C-54, auquel il a participé. Ils étaient consignés dans le hangar et on leur apportait leur repas sur place. Il a eu en main un morceau de débris, de ce matériau qui reprenait sa forme initiale après avoir été plié. Il leur a fallu près de huit heures pour tout charger. De nombreux « inspecteurs » en civil, étrangers à la base, étaient présents. Ils exhibaient de mystérieuses cartes d'identification lorsqu'on les interrogeait. Robert Smith raconte aussi qu'il a vu arriver à la base, plusieurs nuits auparavant, un convoi de camions recouverts de bâches qui sont allés directement au hangar, une procédure très inhabituelle.

L'ensemble des témoignages recueillis par plusieurs équipes d'enquêteurs indépendants permet donc de reconstituer un scénario solide qui n'a rien à voir avec une histoire de ballons. On peut considérer comme quasiment certaine la découverte, près de Roswell, des restes d'un engin de fabrication non humaine – découverte aux conséquences considérables, à propos de laquelle le secret a été pratiquement maintenu depuis cinquante ans.

J'ai raconté en détail l'histoire des enquêtes menées sur l'affaire Roswell dans mon précédent livre, *Sont-ils déjà là ? Extraterrestres : l'affaire Roswell*[7]. Le second volet de l'affaire y est examiné : la récupération supposée d'un ovni et de cadavres d'humanoïdes sur un autre site de la région de Roswell. Il faut reconnaître que cette partie de l'histoire est moins solide que la découverte des débris. Certains témoins, tels Jim Ragsdale et Glenn Dennis, sont maintenant mis en doute par les enquêteurs eux-mêmes, et les sceptiques n'ont pas manqué de souligner ces difficultés. Cependant, le point capital demeure : il est quasiment prouvé que l'armée américaine a récupéré secrètement, en 1947, les preuves matérielles d'une présence non humaine sur notre planète.

L'affaire Roswell continue, en 1997, à alimenter de vives polémiques. De nouveaux témoignages apparaissent, mais en revanche on remarque la défection spectaculaire de l'un des enquêteurs les plus motivés, Kent Jeffrey, pilote de la Delta Airlines. En bref, il ne croit plus au crash de Roswell, pour trois raisons : il a rencontré d'anciens pilotes de l'unité de bombardement de Roswell, qui ne savent rien et ne croient pas du tout à la thèse du crash ; il a assisté à une séance de régression hypnotique de Jesse Marcel Jr qui n'a rien révélé d'important ; enfin, l'étude des documents militaires de l'époque l'a convaincu qu'il n'y a pas eu de crash à Roswell ni ailleurs à cette époque. Les deux premières raisons ne me paraissent pas suffisantes, loin de là, pour écarter tous les témoignages accumulés. Quant à la troisième, nous allons voir de plus près ce qu'il en est dans le chapitre suivant...

3

1947-1949 : LE SECRET EST IMPOSÉ AUX ÉTATS-UNIS

Pourquoi s'intéresser de manière particulière aux États-Unis dès lors qu'il est question d'ovnis ? La réponse tient à un paradoxe. D'une part, il existe dans ce pays, depuis 1975, une loi sur la liberté de l'information qui autorise chaque citoyen américain à demander communication de n'importe quel document émanant d'une administration publique non couvert par le secret ou le respect de la vie privée. Grâce au Freedom of Information Act (FOIA), nous disposons aujourd'hui d'une abondante documentation concernant les observations d'ovnis effectuées sur le territoire américain depuis 1947. D'autre part, l'analyse de cette masse de documents montre que ces affaires furent tenues secrètes de manière systématique depuis le début. Précisons d'emblée qu'un secret reste un secret, même aux États-Unis ! Les sceptiques qui affirment qu'il n'y a pas de secret d'État à propos des ovnis, puisque les documents peuvent être obtenus par voie officielle, se trompent. Les pièces aujourd'hui accessibles ont bien sûr été sélectionnées avec soin et, pour un certain nombre, soumises à la censure...

Des secrets ? Quels secrets ?

Quelles vérités veut-on cacher à l'homme de la rue ? Que la planète est survolée par de mystérieux engins sur lesquels nous n'avons aucune emprise, engins susceptibles de devenir menaçants à tout moment ? Voilà déjà de quoi justifier un certain niveau de secret : on voit mal des dirigeants politiques avouer une telle situation à leurs électeurs – à moins d'y être contraints par les événements.

Il est cependant une autre question qui intrigue les enquêteurs, suscite des polémiques et semble donner lieu à bien des manœuvres de désinformation : quelles connaissances les services secrets ont-ils acquises sur les ovnis au fil des années ? Il est permis de s'interroger à ce sujet dès lors que l'on constate que bon nombre d'informations circulant depuis le début des années 80 quant à la présence de mystérieux visiteurs extraterrestres sont diffusées par des membres notoires de services de renseignements civils ou militaires, alors même que les autorités mettent officiellement en doute la véracité des témoignages recueillis par les enquêteurs indépendants...

La politique du secret mise en œuvre par l'administration américaine transparaît dans de nombreux documents classés secrets à l'origine, puis déclassifiés dans les années 70. Si l'existence des ovnis y est reconnue de manière plus ou moins implicite, en revanche, l'hypothèse de crashs d'ovnis n'y est pas mentionnée. C'est d'ailleurs l'argument essentiel des sceptiques pour avancer que de tels accidents ne se sont jamais produits.

Que vaut une telle « preuve » ? Supposons qu'il y ait bien eu un crash d'ovni à Roswell, en 1947. Les autorités américaines auraient alors décidé, au plus haut niveau, le maintien du secret absolu sur l'accident. Décision de bon sens : les esprits n'étant pas préparés à un tel choc culturel, les risques de panique générale pouvaient apparaître élevés. Comment ne pas penser à l'émoi suscité par l'émission de radio « La guerre des mondes » diffusée par Orson Welles en 1938 ? Ajoutons que les premières années de guerre froide commandaient une vigilance accrue. Comment maintenir le secret absolu sur une telle découverte ? En limitant la diffusion de l'information à un tout petit nombre de responsables civils et militaires, à la fois dignes de confiance et ayant compétence pour l'étudier. Seules des recherches très « compartimentées » auraient été confiées à des spécialistes situés hors de ce « premier cercle », par exemple pour analyser les différents matériaux récupérés. Dans ces conditions, il pourrait même être de bonne politique de rendre publics des documents établissant l'absence de telles recherches...

Il existe en fait au moins un document secret qui mentionne ces recherches. Il s'agit d'un rapport canadien datant de 1950, obtenu grâce à la loi sur la liberté de l'information – également en vigueur au Canada –, classifié à l'origine top-secret mais déclassifié en 1969 (peut-être par erreur...). Il révèle que les informations concernant les ovnis étaient encore plus secrètes que celles portant sur la bombe H...

Le mémo de l'ingénieur Wilbert Smith

En 1950, aux États-Unis, les observations d'ovnis se multiplient. Depuis quelques mois, les officiels ont pour consigne de nier purement et simplement l'existence de « soucoupes » et autres engins volants non identifiés. La commission d'enquête créée au sein de l'armée de l'Air a pour mission de proposer des explications naturelles et rassurantes chaque fois qu'une nouvelle affaire surgit...

Cette année-là, les deux premiers livres jamais écrits sur la question sont publiés. Il s'agit de *The Flying Saucers Are Real* («Les soucoupes volantes existent»), du major Donald Keyhoe, et de *Behind The Flying Saucers*, du journaliste Frank Scully[1]. Ces deux ouvrages sont rapidement des best-sellers. Le second prétend révéler que l'armée américaine a récupéré en grand secret quatre «soucoupes volantes». Curieusement, l'affaire Roswell, qui a fait brièvement la une des journaux le 8 juillet 1947, n'est même pas citée par Scully. Précisons d'emblée que ce livre a été complètement déconsidéré deux ans plus tard après l'enquête d'un autre journaliste, qui a découvert que Scully avait été berné par des escrocs. Il se pourrait pourtant qu'il ait eu connaissance de certaines informations authentiques.

A l'époque de sa parution, l'ouvrage de Scully trouve un lecteur attentif en la personne de Wilbert Smith, un ingénieur canadien du ministère des Transports, très intéressé par la mention de l'utilisation par les ovnis des forces magnétiques terrestres. Wilbert Smith étudie justement la possibilité d'exploiter l'énergie géomagnétique.

A l'occasion d'un voyage d'étude à Washington, Smith cherche à se renseigner sur ces fameuses «soucoupes». Suite à son enquête, il adresse même un mémorandum à sa hiérarchie. Daté du 21 novembre 1950, ce document est d'abord classifié top-secret avant d'être déclassifié au niveau «confidentiel» en 1969. Voici le passage clé du mémo de l'ingénieur Smith[2]:

> *J'ai mené une enquête discrète par l'intermédiaire du personnel de l'ambassade canadienne à Washington, qui a été en mesure d'obtenir les informations suivantes:*
>
> *a) Cette affaire est le sujet le plus hautement classifié du gouvernement des États-Unis, à un niveau encore plus élevé que la bombe H;*

b) les soucoupes volantes existent ;

c) leur modus operandi *est inconnu, mais un effort important est mis en œuvre par un petit groupe de chercheurs placé sous la direction du docteur Vannevar Bush ;*

d) l'affaire est considérée par les autorités comme étant d'une importance considérable.

Le professeur Vannevar Bush, alors directeur du Comité de coordination de la recherche et du développement militaires, est le grand patron de la recherche militaire américaine. Pendant la Seconde Guerre mondiale, il a supervisé l'ensemble des recherches sur les armements menées par les États-Unis.

Comment l'ingénieur Smith et l'ambassade du Canada ont-ils obtenu, à l'époque, une information d'une telle importance ? Wilbert Smith le précise dans des notes manuscrites retrouvées après sa mort : grâce à un entretien avec un scientifique américain de haut niveau, le docteur Robert I. Sarbacher. L'entrevue a eu lieu le 15 septembre 1950, à Washington, en présence de membres du personnel de l'ambassade du Canada.

Robert Sarbacher, professeur de physique à l'université de Harvard, a occupé pendant la guerre les fonctions de conseiller scientifique pour la Marine. Au moment de sa rencontre avec Wilbert Smith, il est consultant scientifique au Comité de coordination de la recherche et du développement du ministère de la Défense, spécialiste des missiles guidés. Par la suite, il deviendra président du Washington Institute of Technology.

Voici quelques extraits du dialogue de l'ingénieur Wilbert Smith avec l'éminent scientifique américain[3] :

NOTES SUR UN ENTRETIEN AVEC LE DR ROBERT I. SARBACHER, PAR L'INTERMÉDIAIRE DU LIEUTENANT C. BREMNER.

WILBERT B. SMITH : – Je fais actuellement des recherches sur la réduction du champ magnétique terrestre comme source d'énergie. Je pense que notre travail pourrait avoir un rapport avec les soucoupes volantes.

ROBERT I. SARBACHER : – Que voulez-vous savoir ?

W. B. S. : – J'ai lu le livre de Frank Scully sur les soucoupes et je voudrais savoir s'il contient une part de vérité.

R. I. S. : – Les faits rapportés dans ce livre sont pour l'essentiel authentiques.

W. B. S. : – Les soucoupes existent donc ?

R. I. S. : – Oui.

W. B. S. : – Opèrent-elles, comme le suggère Scully, sur des principes magnétiques ?

R. I. S. : – Nous n'avons pas été capables de reproduire leurs performances.

W. B. S. : – Ainsi, elles viendraient d'une autre planète ?

R. I. S. : – Tout ce que nous savons, c'est que nous ne les avons pas construites. Il n'y a guère de doute qu'elles ne proviennent pas de la Terre.

W. B. S. : – Je comprends que le sujet des soucoupes est secret...

R. I. S. : – C'est exact. Il est classifié deux points plus haut que la bombe H. En fait, c'est le sujet le plus hautement classifié par le gouvernement américain actuellement.

W. B. S. : – Puis-je vous demander la raison de cette classification ?

R. I. S. : – Vous pouvez le demander, mais je ne peux pas vous répondre.

W. B. S. : – Y a-t-il un moyen pour moi d'obtenir des informations susceptibles d'être intégrées dans notre travail ?

R. I. S. : – Je suppose que vous pourriez être habilité par notre ministère de la Défense. Il me paraît très probable qu'un accord pourrait être passé pour un échange d'informations. Si vous avez une contribution à proposer, nous serions heureux d'en parler, mais je ne peux vous en dire plus pour le moment.

Note : ce qui précède est écrit de mémoire, après l'entretien. J'ai essayé de le maintenir autant que possible « verbatim ».

Quelle valeur accorder à un tel document ? Le mémo du ministère des Transports canadien est bien un document officiel classifié top-secret. Restait, pour établir de façon certaine son authenticité, à recouper les dires de l'ingénieur Smith. C'est ce qu'a réussi l'ufologue américain William Steinman, qui a retrouvé Robert Sarbacher en 1983. Celui-ci a confirmé et développé par écrit les informations obtenues par Wilbert Smith :

Je n'avais pas, personnellement, de relation avec les personnes impliquées dans les opérations de récupération de soucoupes volantes, précise d'abord le docteur Sarbacher, *et je ne connais pas les dates de ces récupérations. [...] John von Neuman était sans aucun doute impliqué. Vannevar Bush également, et je crois que Robert Oppenheimer l'était aussi. Ma participation au Comité de coordination de la recherche et du développement militaires, placé sous la direction du docteur Compton, sous l'administration Eisenhower, était plutôt limitée. Invité à participer à plusieurs discussions au sujet de ces récupérations, je n'avais pu assister aux réunions. Le docteur von Braun devait également y être convié, ainsi que d'autres personnalités que vous avez citées. J'ai reçu quelques rapports quand je travaillais au Pentagone, mais j'ai dû les laisser là-bas car je n'étais pas autorisé à les sortir de mon bureau. Tout ce dont je me souviens aujourd'hui est que certains matériaux censés provenir de soucoupes écrasées étaient extrêmement légers et en même temps très solides. Je suis certain que nos laboratoires les ont analysés avec beaucoup de soin. [...] On a dit que les instruments ou les êtres pilotant ces machines devaient eux aussi être assez légers pour résister aux effrayantes décélérations et accélérations. En discutant avec certains interlocuteurs, j'avais eu l'impression que les extraterrestres devaient être bâtis comme certains insectes. Du fait de leur faible masse, les forces d'inertie impliquées dans la mise en œuvre de ces instruments seraient très faibles.*

La dernière partie du texte de Robert Sarbacher demeure plutôt floue. Notons en particulier son manque de précision quant à la nature des entités en question : êtres vivants ou machines ? Quoi qu'il en soit, ce document, dont l'authenticité n'a jamais été contestée, confirme que des ovnis accidentés ont été récupérés et étudiés avec soin par les autorités militaires américaines.

Été 1947 : l'armée de l'Air admet la réalité des ovnis

La plupart des documents confidentiels ou secrets rendus publics à partir des années 60 présentent certains points communs : ils reconnaissent l'existence d'ovnis, c'est-à-dire d'objets volants réels, non identifiés, aux performances extraordinaires ; ils mettent en doute ou rejettent de manière catégorique l'idée de leur origine extraterrestre, l'accent étant mis sur l'hypothèse d'engins secrets, américains ou soviétiques ; ils réclament des rapports d'observation précis à tous les personnels compétents, militaires ou civils.

L'hypothèse, avancée par l'armée tout au long des années 1947 et 1948, d'appareils secrets conçus aux États-Unis, n'est qu'un argument de circonstance. Elle fut très tôt démentie par de hauts responsables de l'armée de l'Air au Pentagone, notamment le général McDonald, responsable du Renseignement, et son adjoint, le général Schulgen, ainsi que par le général Curtis LeMay, responsable de la Recherche et du Développement. Dès le 10 juillet, un rapport du FBI donne cette information à la direction : « Le général Schulgen a assuré Mr X *[le nom a été censuré]* qu'aucun projet de recherche du ministère de la Guerre ou de la Marine n'est lié aux disques volants. » Un autre rapport du FBI, daté du 17 août 1947, annonce que le général Schulgen et son supérieur hiérarchique, le général McDonald, vont demander au général Curtis LeMay de confirmer ce point. Le général Schulgen écrit le 5 septembre au directeur du FBI : « Un tour d'horizon complet de nos activités de recherche nous informe que l'armée de l'Air n'a aucun projet avec des caractéristiques semblables à celles qui sont attribuées aux disques volants[4]. »

Pourquoi l'armée de l'Air fait-elle ces révélations au FBI alors qu'elle propage, au contraire, dans les milieux militaires, l'idée d'un engin secret américain ? Parce que, à ce moment, elle souhaite obtenir la coopération de l'agence de renseignement dans le cadre de ses enquêtes sur les soucoupes volantes. Pour l'obtenir, il faut lui faire comprendre l'importance de cette affaire. Le mémo du 10 juillet exprime ce souhait du général Schulgen. Or les militaires se heurtent, dès ce moment, à la méfiance du FBI, comme le révèle une note manuscrite signée Edgar Hoover au bas de ce mémo devenu célèbre dans les annales de l'ufologie américaine :

> *Je le ferai. Mais avant de nous mettre d'accord, nous devons insister pour avoir plein accès aux disques retrouvés. Par exemple, dans le cas « La », l'armée s'en est emparé et ne nous a même pas laissés l'examiner brièvement.*

Les ufologues s'interrogent encore aujourd'hui sur l'identité de ce mystérieux cas « La » – qui n'était d'ailleurs, semble-t-il, qu'un vulgaire canular ! Mais peu importe. En réalité, Hoover refuse à l'armée de l'Air toute coopération du FBI, dès qu'il est informé des véritables intentions de celle-ci. Un autre mémo parvient à Hoover le 25 septembre, révélant que les militaires ont explicité le but de l'opération dans une lettre interne datée du 3 septembre et adressée à toutes les bases : il s'agit de se décharger sur les agents du FBI des enquêtes de terrain sur les « couvercles de poubelles et de toilettes ». La réaction de Hoover ne se fait pas attendre. Voici ce qu'il écrit dans une lettre du 27 septembre au général McDonald :

> *J'avise les directions régionales du FBI de cesser toute activité d'enquête concernant les rapports d'observation de disques volants, et je leur donne l'instruction de renvoyer toutes les dépositions à l'autorité compétente de l'armée de l'Air dans la région.*

Dans les semaines qui suivent l'affaire Roswell, les fausses pistes se multiplient à travers le pays. On peut s'interroger, étant donné le contexte, sur l'origine de quelques-unes de ces mystifications. En fait, le FBI continue à s'intéresser aux ovnis, comme en témoignent les nombreux mémos des agents en place, s'appliquant à recueillir des informations.

Le premier document militaire sur les ovnis apparaît dès le 30 juillet 1947, alors qu'une vague d'observations a débuté au mois de juin. Il émane des services techniques de l'armée de l'Air, à la base de Wright, et affirme déjà la réalité des soucoupes volantes, tout en s'interrogeant sur leur nature. Les experts de l'armée de l'Air tirent les conclusions suivantes sur dix-huit cas d'observations étudiés :

> *a) Les « soucoupes volantes » ne sont pas du tout imaginaires ; elles ne s'expliquent pas par des phénomènes naturels mal interprétés. Quelque chose vole réellement ;*
>
> *b) l'absence de demandes d'information de la part de la haute hiérarchie donne du poids à l'idée qu'il s'agit d'un projet secret, dont le président et son entourage connaissent l'existence ;*
>
> *c) quelle que soit la nature de ces objets, voici ce que l'on peut dire de leur apparence physique :*
>
> *1. Ces objets présentent une surface métallique.*
>
> *2. Lorsqu'une traînée est observée, elle est légèrement colorée, d'une teinte bleu-brun, semblable aux gaz d'échappement d'un moteur de fusée.*
>
> *3. Ces objets sont de forme circulaire, ou tout au moins elliptique, plats en dessous et légèrement bombés sur le dessus. Leur dimension est intermédiaire entre la taille d'un C-54 et celle d'un Constellation* [deux quadrimoteurs à pistons].
>
> *4. Certains rapports décrivent deux appendices, situés à l'arrière et symétriques par rapport à l'axe de vol.*
>
> *5. De trois à neuf objets ont été signalés, volant en formation, à des vitesses toujours supérieures à 300 nœuds (500 km/h).*

6. Ces disques oscillent latéralement lorsqu'ils volent en formation, comme en ondulant[5].

Nous savons aujourd'hui qu'aucun appareil d'origine militaire ne possédait de telles caractéristiques, ce que n'ignoraient pas les autorités du Pentagone. En revanche, ce constat est tout à fait compatible avec l'hypothèse de la découverte ultra-secrète de l'ovni de Roswell ! On sait aussi que l'état-major américain s'était intéressé de près à des phénomènes aériens antérieurs à 1947, aussi bien les fameux *foo-fighters*, ces boules lumineuses qui accompagnaient les avions américains au-dessus de l'Allemagne pendant la guerre, que les « fusées fantômes » observées en 1946 dans le ciel de Finlande et de Suède. Ces dernières avaient l'apparence d'engins sans ailes mais volant comme des avions, à ceci près qu'elles n'émettaient aucun bruit. Ces « fusées » conservaient une altitude constante quel que soit le relief – performance que les missiles de croisière réaliseront beaucoup plus tard grâce à la mémorisation informatisée du terrain. Un comité avait été réuni le 15 juillet 1946, en pleine vague d'observations (deux cents rapports avaient été établis pour la seule journée du 9 juillet), par le ministère de la Défense suédois, en présence de militaires et de scientifiques. Deux jours seulement après cette première réunion, James Forrestal, le ministre américain de la Marine, s'était rendu au ministère de la Guerre suédois. Le soir du 11 août, trois cents observations avaient été signalées dans la région de Stockholm. Le lendemain, le *New York Times* révélait que le général Jimmy Doolittle, aviateur célèbre et homme de confiance du Pentagone, chargé d'enquêter sur les *foo-fighters*, était invité par les Suédois en tant qu'expert. Le vrai motif de sa visite fut officiellement démenti, mais, dès le lendemain de son arrivée en Suède, les informations sur ces mystérieuses observations commencèrent à être censurées.

Le gouvernement suédois a fini par ouvrir ses archives en 1984. Elles ont révélé que plus de mille cinq cents observations de « fusées fantômes » avaient été recueillies en quelques mois, trente-huit ans plus tôt. Aucune explication n'a été fournie[6].

La lettre secrète du général Twining

Dès septembre 1947, la réalité des ovnis est affirmée de manière claire et détaillée par le général Nathan Twining, responsable des services techniques de l'armée de l'Air, dans une lettre secrète à l'état-major du Pentagone. Paradoxalement, ce document figure en annexe du fameux rapport Condon, rendu public en 1969 à l'issue de l'étude officielle réalisée par l'université du Colorado sous la direction de l'éminent physicien Edward Condon, et qui nie l'existence des ovnis. On sait que de fortes dissensions ont vu le jour au sein de cette équipe : l'adjoint de Condon, David Saunders, a ainsi publié un livre dans lequel il révélait que les conclusions de l'enquête avaient été imposées à l'avance[7]. Or la lettre du général Twining reconnaît la réalité des ovnis !

Capitale pour la compréhension de l'histoire des ovnis, la lettre que le général Twining, commandant de la Direction du matériel aérien à Dayton, dans l'Ohio, adresse au général George Schulgen, adjoint du général McDonald, chef des services de renseignement au Quartier général de l'armée de l'Air à Washington, est datée du 23 septembre 1947. Elle comprend deux parties. La première consiste en une description remarquablement claire des « disques volants » observés par de nombreux témoins, parmi lesquels des pilotes de l'armée de l'Air ; la seconde propose des hypothèses plutôt contradictoires, en même temps qu'elle révèle une certaine anxiété du signataire vis-à-vis des phénomènes en question. Après avoir énuméré en préambule les nombreux services techniques ayant participé à cette étude, la lettre se poursuit ainsi :

a) Le phénomène rapporté est quelque chose de réel, qui n'est ni visionnaire ni fictif ;

b) ces objets, ayant probablement la forme d'un disque, sont de dimensions comparables à celles d'un avion de conception humaine ;

c) il est possible que certains incidents soient causés par des phénomènes naturels, tels des météores ;

d) les caractéristiques rapportées, telles la vitesse ascensionnelle très élevée, la manœuvrabilité (particulièrement en tonneau), ainsi que certaines manœuvres d'évasion lorsque ces objets sont repérés par nos avions ou nos radars, évoquent la possibilité que certains de ces objets sont contrôlés soit manuellement, soit automatiquement ou à distance ;

e) la descrition faite communément de ces objets est la suivante :

1. Surface métallique ou réfléchissant la lumière.

2. Absence de traînée, sauf dans quelques cas rares où l'objet semblait opérer dans des conditions de hautes performances.

3. Forme circulaire ou elliptique, avec un fond plat et un dôme sur le dessus.

4. Selon plusieurs rapports, vols en formation bien tenue, réunissant de trois à neuf objets.

5. Habituellement, aucun son n'est décelable, sauf dans trois cas où un grondement puissant a été noté.

6. Des vitesses de vol courantes à l'horizontale ont été estimées à plus de 300 nœuds (environ 500 km/h).

Après cette description des mystérieux « disques volants », le général Twining esquisse diverses tentatives d'explication. Il suppose d'abord qu'il serait possible, dans l'avenir, de construire des appareils de ce type, mais que cela serait extrêmement coûteux :

f) il serait possible, dans le cadre des connaissances actuelles aux États-Unis – à condition que d'importantes études de développement soient entreprises –, de construire un avion ayant l'aspect général de l'objet décrit ci-dessus. Il pourrait avoir un rayon d'action d'environ 7 000 miles (soit 11 000 kilomètres), à des vitesses subsoniques ;

g) tout projet de ce genre se révélerait extrêmement coûteux, demanderait énormément de temps et ne pourrait être développé qu'aux dépens d'autres projets en cours. Il devrait donc, s'il était décidé, être mis en place indépendamment des projets existants.

Le général Twining poursuit en émettant des hypothèses qui paraissent contredire ce qui précède :

h) Il convient de prendre en considération les points suivants :

1. La possibilité que ces objets soient d'origine domestique – le produit d'un projet inconnu de l'AC/AS-2 [sigle désignant le général McDonald, supérieur hiérarchique direct du général Schulgen et chef du Renseignement de l'armée de l'Air] *ou de cette Direction* [l'Air Matériel Command].

2. L'absence de preuve physique sous la forme de produits récupérés d'un crash qui prouveraient de manière formelle l'existence de ces objets.

3. La possibilité que certains pays étrangers aient expérimenté une forme de propulsion, peut-être nucléaire, dont nous n'avons pas connaissance.

Est-il besoin de souligner à quel point ce paragraphe *b* est en contradiction totale avec le paragraphe précédent ? Cette partie de la lettre de Twining crée un malaise et donne déjà l'impression, à ce moment, de ne pas dire toute la vérité.

La fin de la lettre du général Twining doit être lue avec la plus grande attention car elle est également très insolite :

Il est recommandé que :

a) le Quartier général des forces aériennes émette une directive assignant une priorité, une classification secrète et un nom de code pour une étude détaillée de cette question, pour préparer des dossiers complets de toutes les données disponibles et pertinentes, qui seront adressés à l'Armée, à la Marine, à la Commission de l'énergie atomique, au JRDB [Joint Research and Development Board : le plus haut organisme scientifique militaire], *au Groupe de conseil scientifique de l'armée de l'Air, au NACA* [National Advisory Committee for Aeronautics : organisme précurseur de la NASA, chargé d'études avancées en aéronautique], *et les projets RAND et NEPA* [Nuclear Energy for Propulsion Applications, à Oak Ridge], *pour commentaires et recommandations, avec rapport préliminaire à adresser dans les quinze jours suivant la réception des dossiers, et par la suite un rapport détaillé tous les trente jours à mesure que l'enquête progressera. Un échange complet des données devrait être effectué.*

Que signifie ce paragraphe, sinon qu'il y a urgence, et que les ovnis suscitent beaucoup d'inquiétude chez les militaires ?

Les sceptiques n'ont pas manqué de souligner que le général Twining affirme ne pas disposer de débris d'ovni accidenté. Il ne se serait donc rien passé à Roswell ! Cet argument est de peu de poids. Le secret le plus absolu a dû être décidé dès juillet sur cette affaire. Le général Twining ne peut donc en faire mention dans un document destiné à circuler bien au-delà du Quartier général. En revanche, sa lettre a manifestement pour but de provoquer une large mobilisation pour la collecte d'informations, et aussi, sans doute, d'apporter un début de réponse à tous ceux qui, notamment parmi les militaires, sont informés de ces apparitions d'ovnis et s'en inquiètent. Une telle démarche n'est nullement incompatible avec certaines opérations beaucoup plus secrètes.

La commission d'enquête et son rapport top-secret

La lettre du général Twining ne tarde pas à être suivie d'effets. Peu après, l'état-major met en place, au sein de la Direction du matériel aérien (Air Matériel Command, AMC) du général Twining, au Centre technique du Renseignement aérien (Air Technical Intelligence Center, ATIC), sur la base de Wright-Patterson, près de Dayton (Ohio), une commission d'enquête baptisée « Sign », qui va travailler activement, au cours des mois suivants, à étudier les nouvelles observations d'ovnis. Les membres de cette commission vont rapidement se convaincre, non seulement de la réalité des ovnis, mais de leur nature extraterrestre. Au point qu'ils vont rédiger un rapport classé top-secret. Remis à la hiérarchie militaire à la fin de septembre 1948, il est intitulé « État de la situation ».

Aujourd'hui encore, pour l'armée de l'Air, le rapport de la commission Sign n'existe pas, alors que même un sceptique tel que Philip Klass en reconnaît l'existence[8]. Celle-ci a été révélée en 1956 par le capitaine Edward Ruppelt, lui-même responsable, de 1951 à 1953, de la commission d'enquête de l'armée de l'Air nommée « Livre bleu ». Après avoir quitté ce service, Ruppelt publie en 1956 un livre exprimant son opinion personnelle, favorable à la réalité des ovnis, *The Report on Unidentified Flying Objects*[9]. Ingénieur de profession, Ruppelt a été mobilisé à l'époque de la guerre de Corée et est devenu un brillant officier.

Dans son livre, Ruppelt évoque l'état d'esprit des enquêteurs à l'époque. L'année 1948 a été fertile en observations, dont l'une a vu la mort du capitaine Mantell, lancé à la poursuite d'un ovni à bord d'un chasseur Mustang. Après un an d'enquête, l'explication officielle avance que Mantell a vu soit la planète Vénus, soit un ballon, et qu'il est monté jusqu'à 6 000 mètres d'altitude sans oxygène. Une explication jugée plus que douteuse par Ruppelt, qui rappelle que tous les pilotes apprennent à ne jamais dépasser 5 000 mètres sans oxygène – or Mantell avait la réputation d'être un pilote très prudent. Ruppelt cite le témoignage d'un ami de Mantell qui a volé plusieurs années avec lui : « La seule explication, c'est qu'il poursuivait un objectif qui lui paraissait plus important que sa propre vie ou que sa famille[10]. »

Ce cas dramatique et non résolu est suivi de nombreuses autres observations, étudiées par la commission Sign. L'une d'elles décide l'équipe à rédiger sans délai son rapport. Il s'agit de l'observation due à deux pilotes de ligne, Clarence S. Chiles et John B. Whitted, à bord de leur DC-3 de la Eastern Airlines, le 24 juillet 1948, lors d'un vol de Houston à Atlanta. A 2 h 45 du matin, près de la ville de Montgomery, le capitaine Chiles voit soudain, droit devant, une lumière qui se rapproche rapidement. Sa première intuition, comme il le rapportera plus tard à une équipe d'enquête de l'ATIC, est qu'il s'agit d'un avion à réaction, mais il se rend compte aussitôt que même un jet ne pourrait se rapprocher aussi vite. Chiles se tourne alors vers Whitted et lui montre l'engin du doigt. L'ovni se trouve presque au-dessus d'eux. Chiles fait tourner brutalement le DC-3 vers la gauche. Au moment où l'ovni passe à environ 700 pieds (250 mètres) sur leur droite, le DC-3 est pris dans une turbulence. Whitted regarde en arrière juste au moment où l'ovni se met à grimper. Les deux pilotes, qui ont le temps de distinguer la silhouette de l'ovni, pourront en faire une description assez précise aux enquêteurs de l'armée de l'Air. Son fuselage était de la taille d'un B-29. Le dessous était éclairé d'une lueur bleu foncé. Deux rangées de fenêtres étaient brillamment éclairées et une traînée lumineuse ou une flamme rouge-orange de 50 pieds (15 mètres) était projetée à l'arrière * [11].

Ruppelt rapporte que cette observation a secoué les « anciens » de l'ATIC plus encore que l'accident de Mantell, et a décidé l'équipe Sign à rédiger sans tarder un rapport :

Dans le Renseignement, écrit Ruppelt, *si vous avez quelque chose à dire sur un problème vital, vous écrivez un rapport intitulé « Estimation de la situation ». Or, quelques jours après que le DC-3 eut été frôlé par le mystérieux appareil, les membres de l'ATIC décidèrent*

* Cette description paraît aujourd'hui très naïve aux scientifiques qui s'intéressent à la physique des ovnis. Les « fenêtres » n'en étaient certainement pas, et il n'y avait pas non plus de flamme à l'arrière, comme pour une fusée. Quelle que soit la nature de l'engin, il ne produisait là, sans doute, que des effets lumineux d'ionisation de l'air. Précision utile pour éviter autant que possible les sourires sceptiques. Ces aspects scientifiques seront abordés dans le dernier chapitre.

qu'il était temps de procéder à une « Estimation de la situation ». La situation, c'était la présence d'ovnis ; l'estimation, c'était qu'ils étaient interplanétaires[12] !

Selon le capitaine Ruppelt, le rapport de la commission Sign est un document assez épais sous couverture noire, barrée par la mention « TOP-SECRET ». Il est constitué de l'analyse de nombreux incidents. Tous proviennent de scientifiques, de pilotes ou de témoins crédibles. Il est précisé que si l'observation de Kenneth Arnold est la première à avoir été largement médiatisée, elle n'est pas la première du genre. Le rapport mentionne notamment l'observation d'un « disque argenté » par un météorologue de Richmond, en Virginie, au moyen d'un théodolite, ainsi que l'observation d'une « aile volante argentée » par plusieurs pilotes de chasse volant en formation, et d'« avions fantômes » repérés par radar en Grande-Bretagne au début de 1947. Toujours selon Ruppelt, « lorsque le rapport fut terminé, tapé et approuvé, il commença à gravir les échelons de la hiérarchie jusqu'au haut-commandement. Il suscita beaucoup de commentaires, mais personne ne l'arrêta sur son chemin[13]. »

Dans un passage de son manuscrit longtemps resté inédit, Ruppelt complète son analyse de l'*« Estimate of the Situation »* :

Le rapport concluait que les ovnis étaient des engins interplanétaires. De nombreuses observations inexpliquées étaient citées à l'appui de cette thèse. Celle de Kenneth Arnold ; la série d'observations provenant de la base de Muroc, centre secret d'essais en vol de l'armée de l'Air ; l'observation de sphères volant en formation près du lac Mead par un pilote de F-51 (chasseur Mustang) ; le rapport d'un pilote de F-80 (chasseur à réaction Shooting Star) qui vit deux objets ronds plon-

ger vers le sol près du Grand Canyon; enfin, le rapport du pilote d'un avion d'entraînement T-6 de la Garde nationale, qui observa dans l'Idaho les manœuvres d'un objet noir.

Le rapport citait aussi un entretien avec un commandant de l'armée de l'Air de la base de Rapid City (aujourd'hui base d'Ellsworth) qui vit douze ovnis en formation serrée en forme de diamant. Lorsqu'il les aperçut, ils étaient très haut, mais ils s'engagèrent bientôt dans un fantastique piqué à grande vitesse, puis se rétablirent, effectuèrent un virage en formation parfaite et grimpèrent sous un angle de 30 à 40 degrés, tout en accélérant. Les ovnis étaient de forme ovale et brillaient d'une couleur jaune-blanc[14].

Les autorités refusent l'hypothèse extraterrestre

Qu'est-il advenu du rapport de la commission Sign? Edward Ruppelt a révélé le destin de cet exceptionnel document:

*Il parvint jusqu'au général Hoyt S. Vandenberg, alors chef d'état-major, qui le rejeta. Le général ne voulait pas entendre parler de véhicules interplanétaires. Le rapport manquait de preuves. Une délégation de l'ATIC se rendit au Pentagone pour soutenir ses positions, mais le général ne se laissa pas convaincre. L'*Estimate *fut déclassifié quelques mois plus tard et envoyé à l'incinérateur. Quelques exemplaires furent conservés comme souvenir de l'âge d'or des ovnis*[15].

Ce n'est en effet que quelques années plus tard que Ruppelt peut prendre connaissance de ce rapport top-secret, lorsqu'il devient responsable de la commission «Livre bleu», grâce à un officier de la base de Wright-

Patterson qui en a gardé un exemplaire dans son coffre et le lui montre confidentiellement.

Peu de temps après le refus brutal du rapport de la commission Sign, une lettre datée du 3 novembre 1948, classée secrète, est signée par le chef du Renseignement de l'AMC à Wright-Patterson, le colonel Howard McCoy. Intitulée « Flying Objects Incidents in the United States », cette lettre de trois pages, écrite à la demande du Pentagone, s'aligne sur la position que vient de prendre le général Vandenberg :

> *[...] La possibilité que les objets observés soient des véhicules venus d'une autre planète n'a pas été écartée. Cependant, les preuves manquent totalement pour soutenir cette hypothèse. [...] Il apparaît que des phénomènes semblables ont été notés et rapportés depuis un siècle ou plus. [...]*

Notons au passage le curieux raisonnement implicite de la dernière phrase : le fait que l'on observe de tels phénomènes depuis un siècle ou plus, loin de troubler l'auteur du texte, semble le conforter dans l'idée qu'il s'agit là de purs fantasmes. La lettre de McCoy, prenant de manière évidente le contre-pied du rapport Sign, conclut :

> *Bien qu'il soit évident que certains objets volants ont été vus, la nature exacte de ces objets ne peut être établie tant que des preuves physiques, telles celles qui résulteraient d'un crash, n'ont pas été obtenues...*

Ce texte est aujourd'hui mis en avant par les sceptiques qui rejettent l'hypothèse du crash de Roswell. Ils affirment que, s'il y avait eu réellement un crash d'ovni à Roswell, dont les débris auraient été étudiés par les services techniques de l'armée de l'Air à la base de Wright-

Patterson, le colonel McCoy en aurait certainement été informé. Que vaut cette critique ? On peut faire remarquer d'abord que, si McCoy était « dans le coup » de Roswell, il ne l'aurait sûrement pas révélé dans une lettre de ce genre, classée seulement secrète. D'ailleurs, ce n'est même pas lui qui l'a écrite, mais l'un des membres de l'équipe Sign ! Le professeur Michael Swords, l'un des meilleurs ufologues américains, a fait une analyse remarquable de cette question délicate. Selon lui, il n'est même pas certain que McCoy ait été informé du crash de Roswell, étant donné le niveau de secret très élevé de cette affaire[16].

Décembre 1948 : l'état-major rédige son propre rapport

Il faut croire que le rapport du colonel McCoy paraît un peu léger, comparé à l'inquiétude manifestée dans le rapport Sign : le mois suivant, un rapport plus copieux est en effet signé par l'état-major au Pentagone, reconnaissant cette fois la réalité des ovnis, mais supposant qu'il s'agit soit d'un engin américain, soit d'un avion secret soviétique à hautes performances survolant les États-Unis.

L'*Air Intelligence Report* (« Rapport du Renseignement de l'armée de l'Air »), intitulé « Analyse des incidents d'objets volants aux États-Unis » (« Analysis of Flying Objects Incidents in the US »), daté du 10 décembre 1948, est l'un des rares documents classifiés à l'origine top-secret qui ont été divulgués à la faveur de la loi FOIA. Il commence par reconnaître la réalité des observations :

> *La fréquence des incidents rapportés, la similitude de bien des caractéristiques attribuées aux objets observés*

et la qualité des observateurs permettent d'établir qu'un certain type d'objet volant a été observé. Environ deux cent dix incidents ont été rapportés. Parmi les observateurs signalant ces incidents figurent des personnels entraînés et expérimentés de la Météorologie nationale (US Weather Bureau), des officiers confirmés de l'armée de l'Air, des pilotes civils expérimentés, des techniciens associés à divers projets de recherche, ainsi que des techniciens des lignes aériennes commerciales.

Le rapport écarte ensuite l'idée que ces observations ont pu être conditionnées par des incidents antérieurs tels que les phénomènes non identifiés observés en Scandinavie en 1946 (les fameuses « fusées fantômes ») : la précision des témoignages – notamment celui du Bureau de météorologie de Richmond qui, à trois reprises, a observé au théodolite d'étranges disques métalliques lors de repérage de ballons météo – exclut en effet cette hypothèse.

Parmi les cas présentés en annexe (« Appendix C »), et en quelque sorte authentifiés par l'état-major, on trouve des observations aussi remarquables que celles-ci :

– *Le 28 juin 1947, alors qu'il volait à 10 000 pieds* [3 000 mètres] *d'altitude, à 30 miles* [48 kilomètres] *au nord-ouest du lac Mead, dans le Nevada, un lieutenant de l'armée de l'Air a vu cinq ou six objets circulaires en formation serrée, volant à une vitesse estimée à 285 mph* [450 km/h].

– *Le jour suivant, trois témoins, dont deux scientifiques, roulaient sur la route 17 vers White Sands, Nouveau-Mexique, où sont tirées les fusées V-2. Ils disent avoir vu un grand disque ou une sphère se déplaçant horizontalement à grande vitesse à une altitude estimée à 10 000 pieds* [3 000 mètres]. *Sa forme était régu-*

lière sans appendices apparents tels que des ailes. L'objet a été observé pendant environ soixante secondes avant de disparaître vers le nord-est. Les trois observateurs sont d'accord, hormis sur un détail : l'un d'eux pense avoir vu une traînée de vapeur.

– Le 7 juillet, cinq policiers de Portland, dans l'Oregon, ont vu plusieurs disques volant au-dessus de différents quartiers de la ville. Toutes les observations ont été faites vers 13 h 05.

– Le même jour, [X] [nom effacé], *de Phoenix, dans l'Arizona, dit avoir aperçu un disque tournant au-dessus de la ville au coucher du soleil. Il en a pris deux photographies* [reproduites dans le rapport]. *Celles-ci montrent un objet en forme de disque, arrondi à l'avant, avec une queue plate à l'arrière. Ces photos ont été examinées par des experts qui affirment que les défauts de l'émulsion ou de l'objectif ne sont pas en cause.*

Voici un autre cas intéressant cité dans ce rapport top-secret du Pentagone, qui donne une fois de plus l'impression d'une parade ostentatoire des ovnis :

Le 17 juillet 1948, un rapport de la base aérienne de Kirtland décrit une observation près de San Acacia, au Nouveau-Mexique, de sept objets volants non identifiés volant en formation en « J » à une altitude estimée à 20 000 pieds [environ 7 000 mètres]. *La formation s'est transformée en « L », puis en cercle après être passée au zénith. Des flashes ont été observés, émanant des objets alors qu'ils passaient à 30 degrés au-delà du zénith. Il n'y avait ni fumée ni traînée de vapeur. Si l'estimation de l'altitude est correcte, la vitesse devait être d'environ 1 500 miles par heure* [environ 2 400 km/h].

Pour faire justice à l'hypothèse d'engins américains ou soviétiques, il n'est pas inutile de rappeler l'avancée des recherches aéronautiques à l'époque. La vitesse du son est dépassée pour la première fois par un avion piloté en octobre 1947. Le Bell X-1, un petit avion-fusée largué par un bombardier B-29, n'a qu'une autonomie de vol très courte. Les fusées V-2 ou Aerobee, tirées de White Sands, ne peuvent quant à elles aller très loin non plus ni surtout voler à l'horizontale...

Un cas célèbre et curieux se trouve confirmé par le rapport, celui du pilote Gorman :

> *Le 1er octobre 1948 à environ 20 h 30, le pilote d'un avion F-51, le lieutenant George F. Gorman (Garde nationale du Dakota du Nord), volant près de Fargo, a repéré une lumière blanche intermittente à environ 3 000 pieds* [1 000 mètres] *au-dessous de lui, alors qu'il volait à 4 500 pieds* [1 500 mètres]. *Le pilote a poursuivi cette lumière qui s'est alors engagée dans des manœuvres d'esquive. L'objet lumineux a dépassé le F-51 en virage, en vitesse et en ascension à chaque instant de la tentative d'interception. Le pilote a perdu le contact au bout de vingt-sept minutes. La même lumière a été observée par d'autres témoins au sol : M. [X]* [nom effacé], *contrôleur de trafic aérien, M. [Y]* [nom effacé], *assistant-contrôleur de trafic aérien, et le docteur [Z]* [nom effacé], *oculiste. Une comparaison de tous les témoignages a confirmé qu'un objet a bien été vu et qu'il s'agissait d'une petite boule ronde de lumière blanche, sans appendice apparent. Elle devait mesurer environ 6 à 8 pouces* [15 à 20 cm] *de diamètre...*

Le rapport de l'état-major distingue trois types d'objets observés : les premiers en forme de disque, d'autres en forme de cigare, et les boules de feu (observées de nuit), mais il suppose qu'il pourrait s'agir d'un seul et même phénomène vu sous différents angles. Puis il envisage la possibilité de confusions avec des ballons, des fusées ou des avions expérimentaux en forme d'aile volante, américains ou étrangers.

Divers modèles d'avions expérimentaux américains de type « aile volante » sont ensuite cités comme causes possibles de méprise. L'hypothèse originale du rapport est formulée : celle d'une aile volante soviétique qui aurait été développée à partir d'un modèle allemand de planeur datant de la fin de la Seconde Guerre mondiale, le Horten XIII. Les services de renseignement croient même savoir qu'il serait envisagé de construire cet engin à mille huit cents exemplaires ! Le rapport cite une information selon laquelle existerait déjà une escadrille de chasseurs de nuit de ce type, basée près d'Irkoutsk.

Nous savons aujourd'hui que ces informations étaient sans fondement. Même si les Soviétiques avaient possédé un tel engin – prototype révolutionnaire qui aurait nécessité une mise au point délicate, comportant de gros risques d'accident –, ils n'auraient certainement pas songé à le faire parader de la sorte en territoire hostile. Cette partie du rapport est donc invraisemblable.

En réalité, les auteurs de cette hypothèse n'ignoraient certainement pas à quel point elle était ridicule. D'abord, on voit mal comment, en à peine plus d'un an, les ingénieurs soviétiques auraient pu développer, à partir d'un modèle expérimental, simple avion en bois (le Horten allemand, saisi à la fin de la guerre), ces mystérieux disques, cigares et boules de feu traversant le ciel américain à une vitesse fulgurante. Les responsables du Renseignement militaire aérien savaient certainement, en revanche, que les Soviétiques s'évertuaient à réaliser une copie exacte du bombardier B-29, dont ils s'étaient approprié trois exemplaires échoués en Sibérie à la fin de la guerre, à la suite d'un raid sur le Japon – fait que l'armée de l'Air américaine ne pouvait ignorer ! La copie soviétique du B-29 fit son premier vol en avril 1948, et la production commença en 1949, sous le nom de Tupolev Tu-4. Les Soviétiques, pas plus que les Américains, n'étaient capables de construire des soucoupes volantes aux performances inouïes.

Par ailleurs, ce document comporte une étrange lacune : l'idée qu'il pourrait s'agir d'engins extraterrestres n'est même pas mentionnée, alors que la commission Sign vient de remettre un gros rapport soutenant cette thèse. C'est la raison pour laquelle Michel Meurger, un auteur sceptique sur l'existence même des ovnis, cite le rapport du 10 décembre 1948 à l'appui de la thèse selon laquelle les soucoupes volantes ont été « inventées » à l'époque où les hommes commençaient à se tourner vers l'espace, alors que la vague de « soucoupes imaginaires » plongeait les militaires dans la perplexité[17]. Or ce rapport consolide en fait une série d'observations parfaitement convaincantes – raison pour laquelle il a été classé top-secret.

L'« aile volante soviétique » ne tarda pas à apparaître pour ce qu'elle était : une invraisemblable fiction. En août 1950, la déclassification puis la destruction du rapport de l'état-major sont décidées. Dès lors que la thèse de l'aile volante perd sa crédibilité, la question de la nature des ovnis, dont l'existence est admise par le rapport, retrouve son caractère mystérieux, et ce document devient très embarrassant au moment même où se met en place la « ligne dure », niant l'existence même des visiteurs de l'espace...

Février 1949 : l'hypothèse extraterrestre est enterrée

Le 11 février 1949, l'équipe Sign est dissoute et remplacée par une nouvelle commission, le « Project Grudge » (littéralement « Projet Rancœur » !). Le capitaine Ruppelt a raconté ce tournant capital de l'histoire des ovnis :

Des hommes nouveaux prirent en main le Project Grudge. Les meilleurs spécialistes du renseignement à l'ATIC [Air Technical Intelligence Command, branche de l'Air Matériel Command à la base de Wright-Patterson, près de Dayton, dans l'Ohio], *qui avaient travaillé avec ardeur pour le Projet Sign, ne participaient plus au Projet Grudge. Quelques-uns changèrent radicalement d'avis sur la question des ovnis lorsqu'ils comprirent que le Pentagone n'avait plus de sympathie pour cette cause. Ils se tournèrent vers d'autres problèmes, mieux considérés. D'autres avaient fait l'objet d'une « purge » : ceux qui refusaient de changer d'avis. Désormais, l'objectif, non écrit mais évident dans tous les mémos et documents, était de « se débarrasser des ovnis »*[18].

Il convient néanmoins de citer pour mémoire le rapport final de la commission Sign, daté de février 1949, classifié secret jusqu'en 1961. Après avoir procédé à la description, déjà classique, des principaux types d'objets observés – soucoupes, cigares sans ailes, objets sphériques, boules lumineuses –, ce texte s'applique à mettre en avant des explications raisonnables et « scientifiques », en réservant une place de choix aux ballons. L'hypothèse de l'« aile volante » soviétique, dont le rapport secret de l'état-major faisait grand cas trois mois plus tôt, est écartée :

> *Une évaluation objective de la capacité des Soviétiques à produire des réalisations techniques aussi en avance sur le reste du monde aboutit à la conclusion*

que cette possibilité est extrêmement lointaine. La plupart des réalisations soviétiques dans le domaine aéronautique ont été menées en utilisant l'expérience d'autres pays, certaines étant même des copies fidèles. Il est très improbable qu'ils aient mis au point les moyens de propulsion et de contrôle nécessaires pour construire des engins capables des performances décrites.

Mais l'objectif principal de ce rapport est sans doute l'exclusion définitive de l'hypothèse extraterrestre, grâce à l'analyse scientifique d'un physicien du projet Rand, le docteur James Lipp (Annexe D) :

Bien que des visites venant de l'espace extérieur soient possibles, nous croyons qu'elles sont très improbables. En particulier, les actions attribuées aux « objets volants » observés en 1947 et 1948 semblent incompatibles avec le voyage spatial.

A la suite de cet avis, la commission militaire conclut :

En attendant l'élimination de toutes les autres solutions ou la preuve finale de la nature de ces objets, cette possibilité ne sera pas explorée davantage.

Cet ultime rapport de la commission Sign étant secret, l'armée de l'Air doit prendre position publiquement, alors que les observations d'ovnis continuent. Elle diffuse donc un communiqué de presse se livrant à une réfutation systématique des ovnis[19]. Dans le même temps paraît dans le *Saturday Evening Post* un long article inspiré par les thèses des militaires. Pourtant, la nouvelle attitude affichée par l'armée de l'Air est loin de mettre un terme aux observations d'ovnis...

Le Quartier général demande des rapports précis

Alors même que l'importance des observations d'ovnis est officiellement minimisée, la direction du Renseignement de l'armée de l'Air, au Quartier général du Pentagone, diffuse un « Mémorandum sur les besoins en renseignement » *(Intelligence Requirements)* concernant les « aéronefs non conventionnels ».

Ce mémorandum, signé par le général Cabell, directeur du Renseignement, le 15 février 1949, souligne la nécessité de transmettre les rapports au Quartier général le plus rapidement possible, « immédiatement après les observations ». Suivent cinq pages de rubriques devant figurer dans les rapports, par exemple les « tactiques ou manœuvres : déplacement vertical, ascendant ou descendant, horizontal, oscillant, flottant, manœuvre d'échappement, agressive, erratique », etc. Il est demandé, si l'objet s'est posé à terre, de prélever des échantillons du sol à l'intérieur et à l'extérieur de « la dépression où l'objet a atterri ». Si l'objet s'est approché d'un avion ou d'un autre objet connu, il est prescrit de mesurer la radioactivité sur leur surface à l'aide d'un compteur Geiger et de procéder à des mesures comparatives sur d'autres avions ou objets non affectés...

Le dossier « soucoupes volantes » reste donc décidément très sensible.

Citons encore un mémo du FBI, observateur attentif et indépendant de l'armée. Dans un document daté du 31 janvier 1949, traitant de « la protection des installations vitales », l'agent du FBI en poste à San Antonio, au Texas, rend compte d'une réunion hebdomadaire du Renseignement militaire de la 4e Armée à laquelle il a participé et où a été discutée la question des « avions non identifiés », encore connus sous le nom de « soucoupes volantes », « disques volants » et « boules de feu ». « Cette affaire est considérée comme top-secret par les officiers de Renseignement, aussi bien de l'armée que de l'armée de l'Air », est-il précisé.

C'est alors, au moment même où elle dément publiquement les observations d'ovnis, que l'armée est confrontée à une vague inquiétante d'observations au-dessus des installations les plus « sensibles », notamment les centres atomiques de Los Alamos, Hanford et Oak Ridge.

4

ALERTE SUR LES INSTALLATIONS NUCLÉAIRES

Pourquoi le Pentagone rebaptise-t-il en février 1949 « Projet Rancœur » (Project Grudge) la commission chargée d'enquêter sur les ovnis ? Aucune explication n'a jamais été avancée, mais il n'est peut-être pas trop tard pour en proposer une...

Depuis la fin de l'année précédente, les militaires américains ont décidé d'afficher le scepticisme le plus radical à l'égard de l'hypothèse de la présence de vaisseaux extraterrestres sur le territoire des États-Unis. Or l'analyse des documents secrets divulgués grâce à la loi sur la liberté de l'information (FOIA) montre que ces curieux objets volants se manifestent surtout aux alentours des installations « sensibles », notamment des centres de recherche et des usines atomiques, à l'époque chasse réservée des militaires. Les unités de recherches ou de production d'Oak Ridge, dans le Tennessee, de Hanford, dans l'État de Washington, de Los Alamos et de Sandia, près d'Albuquerque, au Nouveau-Mexique, ou encore le terrain d'essais de White Sands, près d'Alamogordo – sans oublier la base des bombardiers atomiques de Roswell –, sont successivement le théâtre de singuliers phénomènes. Du point de vue des militaires, il y a assurément de quoi concevoir une certaine inquiétude. D'où

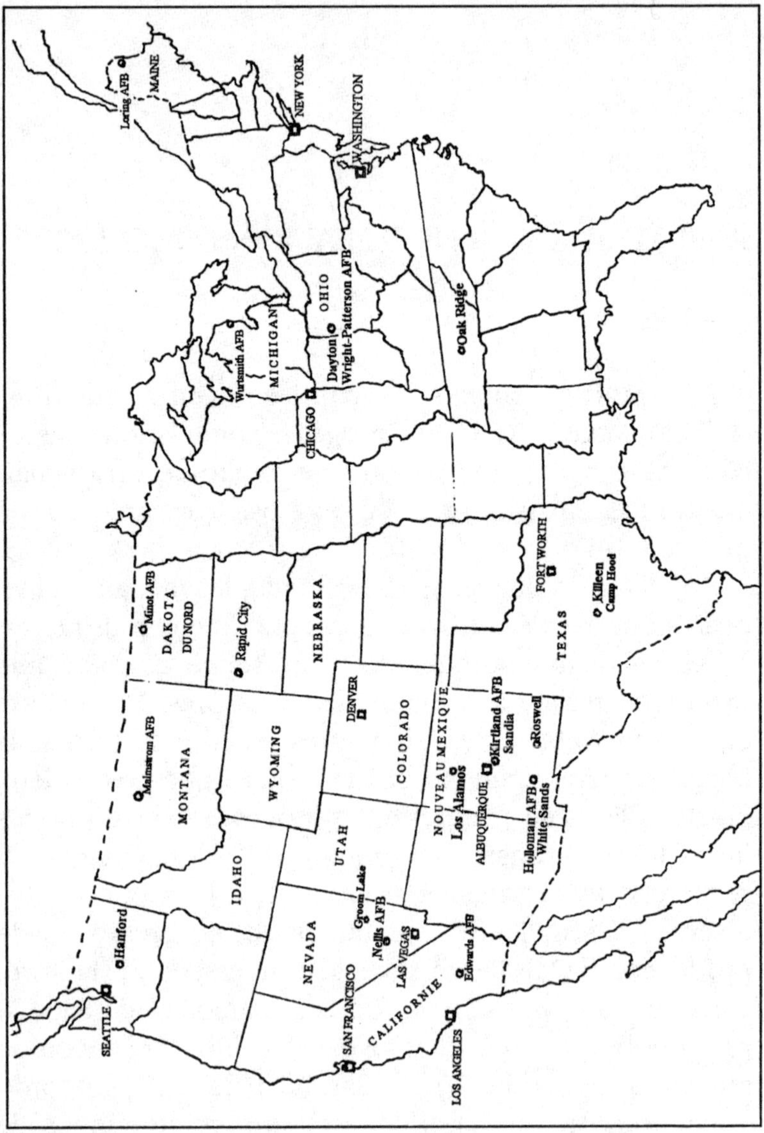

Carte des États-Unis montrant les principaux sites cités dans le livre.

peut-être cet étrange intitulé pour une commission quelque peu dépassée par les événements... Cet épisode de l'histoire des ovnis est longtemps demeuré peu connu. Les documents aujourd'hui accessibles permettent d'en reconstituer le déroulement dans le détail.

Los Alamos, décembre 1948 – février 1949

En décembre 1948, puis pendant les premiers mois de 1949, une série de phénomènes lumineux inexpliqués sont observés au-dessus des principaux sites nucléaires militaires, au Nouveau-Mexique et au Texas. Les services techniques de l'armée de l'Air, basés à Dayton (AMC, Air Matériel Command), dont fait partie l'ATIC (Air Technical Intelligence Command), siège de la commission d'enquêtes sur les ovnis, ne manifestent d'abord aucun intérêt pour ces observations. Sur place, en revanche, les responsables de la sécurité ont de la peine à garder leur sang-froid.

Tout commence le 5 décembre 1948. Ce jour-là, les pilotes William Goade et Roger Carter, aux commandes d'un C-47 (DC-3) de l'armée de l'Air, aperçoivent un flash de lumière verte brillante près de Las Vegas puis, de nouveau, vingt minutes plus tard, près d'Albuquerque. La mystérieuse lueur s'élève au-dessus de Sandia en décrivant une trajectoire parabolique. Goade et Carter supposent d'abord qu'il s'agit d'un météore ou d'une fusée éclairante, mais, une demi-heure plus tard, le pilote d'un avion de ligne qui vient d'atterrir à Albuquerque confirme l'observation près de Las Vegas. Et il apporte une précision importante : il a vu la lumière verte foncer droit sur lui et s'est trouvé contraint de manœuvrer pour éviter la collision ! L'objet lumineux, suivi d'une traînée vert pâle, a alors piqué vers le sol et a disparu en quelques secondes[1].

Le lieutenant-colonel Doyle Rees, responsable de la sécurité sur la base aérienne de Kirtland et membre de l'OSI (ou AFOSI, Air Force Office of Special Investigations – le Bureau des enquêtes spéciales de l'armée de l'Air, présent sur toutes les bases aériennes militaires), prend l'incident au sérieux. Dès le lendemain, il décide de lancer une enquête.

Très vite, les observations se multiplient. Le 8 décembre, deux officiers de l'AFOSI, en patrouille au-dessus de Kirtland, voient foncer sur eux une lumière verte brillante, beaucoup plus intense et de dimensions très supérieures à la lueur produite par une fusée éclairante. Le phénomène ne dure que deux secondes. D'autres lueurs non identifiées sont signalées dans les jours qui suivent au-dessus de Sandia, juste à côté de Kirtland. Là sont installés les laboratoires ultra-secrets qui procèdent à la mise au point des bombes atomiques. Une observation analogue a lieu au-dessus de l'usine atomique de Hanford, dans l'État de Washington, qui produit le plutonium destiné aux bombes !

De plus en plus nerveux, Rees fait appel à un spécialiste renommé des météores, le professeur Lincoln La Paz, directeur de l'Institut des météorites et chef du département de mathématiques et d'astronomie de l'université du Nouveau-Mexique. La Paz a travaillé sur le terrain d'essais de White Sands pendant la guerre et continue de remplir des missions d'étude pour l'armée. Le 12 décembre, il se trouve à Kirtland, en compagnie de deux officiers de la base, lorsqu'il aperçoit à son tour une « boule de feu » verte qui traverse le ciel d'un bout à l'autre de l'horizon. Par chance, le phénomène est au même moment observé un peu plus loin par deux inspecteurs de la sécurité nucléaire. La Paz parvient à déterminer sa trajectoire par triangulation. Il constate que l'objet lumineux a survolé le laboratoire de Los Alamos, le saint des saints de la recherche nucléaire militaire américaine, où ont été produites les premières bombes atomiques sous la direction de Robert Oppenheimer. Mais la trajectoire horizontale de cette « boule de feu », à une altitude de 8 à 10 miles (soit de 12 à 16 kilomètres), est encore, aux yeux de La Paz, le fait le plus étonnant. Dès cet instant, l'expert a une certitude : il ne peut s'agir d'un météore.

Le 30 janvier 1949, cette fois, c'est à Roswell que le phénomène se reproduit. Là, plusieurs centaines de témoins voient soudain un « météore vert » traverser le ciel. Selon certains, il pourrait avoir explosé dans les environs[2]. Chargé de l'enquête, le professeur La Paz ne parvient à retrouver aucun fragment du « météore » en question. En revanche, après avoir recueilli plusieurs dizaines de témoignages, il reconstitue sa trajectoire. Une fois de plus, elle a de quoi intriguer : l'objet a parcouru plus de 143 miles de long (soit 230 kilomètres) en droite ligne dans le ciel du Texas et du Nouveau-Mexique. Altitude probable : de 60 000 à 40 000 pieds (20 000 à 13 000 mètres), anormalement basse pour un météore. Vitesse supposée : de 25 000 à 50 000 mph (soit 40 000 à 80 000 km/h !). A cette altitude et à cette vitesse, un météore aurait dû produire un fracassant bang supersonique. Or les témoins n'ont rien entendu. Pour La Paz, il ne peut s'agir que d'un objet volant inconnu.

Le 17 février, une « conférence sur les phénomènes aériens » est organisée à Los Alamos, réunissant les responsables scientifiques et militaires. Nous avons connaissance du contenu des débats grâce au compte rendu envoyé par le colonel Rees au général Carroll, directeur des Enquêtes spéciales à Washington, le 23 mai 1950. Cette note retrace toute l'affaire des « boules de feu vertes ». Sont présents ce jour-là à Los Alamos des représentants de la 4e Armée, de l'unité des « Armes spéciales », de l'université du Nouveau-Mexique, du FBI, de la Commission de l'énergie atomique, de l'université de Californie, du Conseil scientifique de l'armée de l'Air, de la Division de recherche géophysique de l'AMC (Air Matériel Command) et du Bureau d'enquêtes spéciales (OSI) de l'armée de l'Air. En revanche, la « commission Rancœur » de l'ATIC, invitée, n'a pas jugé utile de se déplacer !

Voici en quels termes le colonel Rees rend compte du débat à son supérieur hiérarchique :

> *Aucune explication logique sur l'origine des boules de feu vertes n'a été proposée. Il paraît cependant établi que ces phénomènes sont réels et qu'ils devraient être étudiés de manière scientifique. De plus, il a été convenu que la persistance de phénomènes inexpliqués de cette nature à proximité d'installations sensibles est préoccupante*[3].

Rees s'abstient de citer le rapport final (le septième !) que vient de lui adresser Lincoln La Paz. Daté du 23 mai 1950, ce document[4] recense toutes les caractéristiques différenciant les « boules de feu » des météores : trajectoire, altitude, vitesse, silence, luminosité, couleur, durée, etc. L'analyse de La Paz élimine en fait l'hypothèse météoritique. Pour sa part, le savant redoute qu'il ne s'agisse d'engins soviétiques, mais n'exclut pas l'hypothèse d'engins extraterrestres.

L'énigme des « boules de feu vertes » n'a jamais été résolue. Mais bien d'autres mystérieuses apparitions mobilisèrent, pendant ces années, les services de sécurité de l'armée de l'Air américaine.

Camp Hood, mars-avril 1949

En 1949, les armes nucléaires américaines sont stockées, entre autres, sur le terrain militaire ultra-secret de Camp Hood, à Killeen, au Texas. Là, les premiers incidents datent du 6 mars 1949. Ils sont signalés par l'agent du FBI en poste dans la ville la plus proche de la base, San Antonio, dans un mémorandum daté du 22 mars :

> *Le 6 mars 1949, vers 19 h 33, une fusée éclairante a été aperçue à environ un demi-mile de la base de Killeen, dans la zone des « installations vitales » de Camp Hood, Texas. Une seconde fusée a été remarquée à 1 h 45 du matin le 7 mars, à environ trois miles de la base. On pense depuis lors que les « fusées » vues près de Killeen sont semblables aux phénomènes déjà observés dans les régions de Los Alamos et de la base de Sandia, bien qu'il s'agisse des premières observations de ce genre près de Camp Hood*[5].

Au cours des trois mois qui suivent, lumières et boules lumineuses ne cessent d'apparaître dans le ciel de Camp Hood, certaines très près du sol et des observateurs – des gardes et des patrouilles de sécurité de la base. Le 6 mars, les militaires observent un flash de lumière bleuâtre puis, vingt minutes après, une lumière blanche avec une queue orange à l'horizon, puis d'autres lumières encore, celles-là bleu pâle. Pour finir, une violente explosion de lumière se produit, comparable à une « ampoule de flash[6] ». Le 31 mars, un soldat en patrouille à l'est de la base voit une boule de feu rouge traverser la piste d'atterrissage.

Le 27 avril a lieu la série d'incidents la plus spectaculaire. A 21 h 20, au sud-est de Killeen, deux soldats en patrouille voient apparaître une lumière violette clignotante, de 4 centimètres de diamètre environ, à quelques pas d'eux et à environ 2 mètres au-dessus du sol. Cette minuscule lumière demeure immobile une minute puis s'éloigne en passant à travers les branches d'un arbre. Quelques instants plus tard, à 3 kilomètres de là, d'autres soldats observent une lumière brillante, de 10 centimètres de diamètre ; une sorte de cône « métallique » de 5 à 10 centimètres semble attaché à l'arrière. L'objet s'approche à vive allure, en vol horizontal, avant de disparaître brutalement. Douze minutes après, c'est une lumière blanche qui vole en zigzag dans un autre secteur de la base. Les observations se suivent. Des formations groupées de ces mystérieuses lueurs, jusqu'à dix à la fois, sont signalées. De quoi rendre nerveux les responsables de la sécurité de la 4e Armée...

On peut rapprocher ces curieuses boules lumineuses des non moins étranges *foo-fighters* aperçus pendant la Seconde Guerre mondiale et, trois mois plus tôt, de l'observation du pilote George Gorman, qui s'est livré à un véritable combat aérien avec une boule de lumière blanche de 6 à 8 pouces (15 à 20 centimètres) de diamètre. Les enquêteurs de l'armée avaient alors conclu qu'il s'agissait d'un ballon... Le cas figure néanmoins dans le rapport top-secret de l'état-major du 10 décembre 1948 (voir chapitre 3, p. 86).

En mai 1949, les phénomènes lumineux continuant à se produire, les responsables de la 4e Armée élaborent un plan de surveillance renforcé de la base de Killeen et demandent à l'armée de l'Air des moyens pour le mettre en œuvre. Hélas, celle-ci les leur refuse.

Ce coup d'arrêt ne met pas fin aux observations, qui se poursuivent jusqu'au mois d'août. Le 6 juin, deux postes de surveillance signalent une lumière orange de dimensions très supérieures aux précédentes (de 10 à 20 mètres de diamètre), en vol stationnaire à plus de 1,5 kilomètre d'altitude. Au bout de trois minutes, la mystérieuse lueur se déplace, puis éclate en particules[7].

En haut lieu, on est apparemment davantage intéressé par les boules de feu vertes du Nouveau-Mexique que par ce qui se passe sur la base de Killeen. A l'initiative de scientifiques de haut niveau, tel le géophysicien Joseph Kaplan, conseiller de l'armée de l'Air, des professeurs Norris Bradbury et Edward Teller (le « père » de la bombe H), de l'université de Californie, qui ont tous participé à la réunion de Los Alamos, on imagine un plan d'observation rigoureux, le « Project Twinkle » (« Projet scintillement »). Celui-ci est mis en œuvre pendant un an, à partir de février 1950, sur les sites où ont été signalés le plus grand nombre de phénomènes inexpliqués, notamment sur la base de Holloman, à White Sands. Il est supervisé par le Laboratoire de recherche de l'armée de l'Air à Cambridge, dans l'Ohio. Va-t-on enfin obtenir des preuves scientifiques de l'existence des ovnis ? Hélas, faute de moyens suffisants, le plan aboutit à un échec. Les enregistrements obtenus à l'aide d'appareillages sophistiqués sont jugés non concluants. Dans le rapport final, daté du 27 novembre 1951, le docteur Kaplan donne son opinion : les « boules de feu vertes » sont un phénomène naturel. Mais l'un des documents annexés au rapport, une lettre adressée à l'AMC le 15 septembre 1950, contient un aveu intéressant : « On peut sans doute considérer comme significatif que les boules de feu aient disparu dès qu'une surveillance systématique a été mise en place. »

La lecture de ce rapport révèle en fait une grande perplexité chez les observateurs. Les phénomènes lumineux inexpliqués, s'ils se sont espacés, n'ont en effet pas cessé. Ils se produisent encore en 1951, notamment au-dessus de Los Alamos. Il n'y a d'ailleurs pas que des boules vertes. Le témoignage du major Edward Doty, de la base de Holloman (White Sands), a été annexé au rapport. Il décrit une observation faite près de Corona, le 9 juillet, à 22 h 30, par un militaire affecté à une station de radar expérimentale : une boule de lumière rouge, ayant à peu près la taille de la pleine lune, un peu au-dessus de l'horizon, a commencé à descendre lentement pendant trente secondes, puis a disparu derrière les arbres, sans bruit.

Les conclusions négatives du rapport Twinkle seront contestées en 1986 par Bruce Maccabee, physicien de la Marine[8]. Selon lui, les archives de la commission « Livre bleu », maintenant disponibles, prouvent que l'auteur du rapport Twinkle, le docteur Elterman, a passé sous silence des enregistrements significatifs. Par exemple, Maccabee trouve dans ces archives un rapport du 13 juillet 1950 sur des observations faites le 27 avril et le 24 mai, en plein jour, par le personnel de la société Land-Air Inc., et enregistrées avec des caméras spéciales photothéodolites Askania. Ce point ne figure pas dans le rapport Twinkle ! Le capitaine Edward Ruppelt, nommé responsable de la commission d'enquête à la fin de 1951, a découvert l'existence de ces films et a fait le voyage à Holloman, en 1952, pour étudier les données, mais n'a pu les retrouver. Pour le physicien Bruce Maccabee, il s'agit là d'un cas flagrant de dissimulation de données scientifiques demeurées en possession du laboratoire de recherche de Cambridge, où l'on en savait sans doute déjà long sur les ovnis. Un détail intéressant : le diamètre de l'ovni – environ 10 mètres – est le même que celui d'un autre objet volant observé un an plus tôt, également à White Sands, par un physicien connu aujourd'hui comme l'homme qui lançait les ballons Mogul à White Sands, en 1947 : le professeur Charles Moore. Celui-ci a pu observer l'ovni au théodolite. Son rapport figure également dans les annales officielles du « dossier ovnis ».

Le centre atomique de Los Alamos a par la suite été le siège d'autres observations. Un incident remarquable, daté du 29 juillet 1952, est raconté en détail par l'astronome Allen Hynek, à l'époque conseiller scientifique de l'armée de l'Air, dans son livre *The Hynek UFO Report*[9]. Cinq témoins font un récit circonstancié de l'événement. Le premier, membre du personnel scientifique du centre, a observé, à 10 heures, un objet de couleur blanche qui semblait tournoyer sur lui-même. Cinq minutes plus tard sont arrivés des chasseurs à réaction de la base de Kirtland. Un autre employé du laboratoire a aperçu au même moment un objet blanc qui semblait plus grand qu'un avion, volant en ligne droite à une altitude d'environ 10 000 mètres, et laissant derrière lui une traînée de condensation. D'autres témoins ont aperçu un curieux appareil de forme ovoïde. L'un d'eux l'a observé avec des jumelles et l'a vu disparaître derrière un nuage, au-delà des montagnes. Un autre encore a également vu des papiers brûlés qui flottaient dans le vent. L'ovni n'allait pas dans le sens du vent, mais la commission « Livre bleu » conclut cependant qu'il s'agit « probablement de papiers dans le vent ». Pour l'astronome Hynek, l'affaire constitue une parfaite illustration du « théorème » de l'armée de l'Air : « Cela ne peut exister, donc cela n'existe pas. »

Oak Ridge, juin 1949 – octobre 1950

Si l'on en croit les archives du FBI, le 19 juin 1949 marque le point de départ des nombreuses observations réalisées à Oak Ridge, l'un des principaux centres atomiques américains. Un rapport daté du 20 octobre 1950, par exemple, cite les archives du personnel de sécurité de la Commission de l'énergie atomique qui dirige le centre :

A 19 heures, M. et Mme Anderson ont déclaré avoir vu, le 19 juin, vers 12 heures, trois objets non identifiés volant du sud-ouest vers Oak Ridge, dans le Tennessee. Ils ont décrit deux de ces objets comme étant de forme rectangulaire. Le troisième était circulaire et volait soit parmi des objets rectangulaires, soit un peu au-dessus. Ceux-ci semblaient plats et flexibles. L'objet rond était plat lui aussi, mais il ne paraissait pas flexible. Ils ont traversé le ciel en silence pendant 10 à 15 minutes en direction du nord-ouest. Le temps était clair et il y avait peu de vent. Un autre témoin, Mme White, a corroboré cette observation. Les témoins cités sont de bonne réputation et considérés comme crédibles.

Dans les archives du FBI désormais accessibles au public, on ne trouve pas moins de quatre-vingts pages de documents concernant la vague d'observations d'Oak Ridge, en 1949 et 1950. Comme dans le cas de Camp Hood, certaines sont fort étranges. Ainsi, le 15 octobre 1950, vers 15 h 20, Edward Rymer, agent de sécurité de l'AEC, aperçoit ce qui lui semble d'abord être un avion, à une altitude de 4 000 à 5 000 mètres. L'objet est suivi d'une traînée d'environ 400 mètres. Il amorce une descente contrôlée, presque verticale, plus lentement que ne pourrait le faire un avion. Il prend alors la forme d'une grosse balle, suivie par la traînée lumineuse, aussi large que lui. Puis il passe en vol horizontal parallèle à l'horizon, ralentit et passe à environ 70 mètres de Rymer et d'un autre témoin qu'il a arrêté au passage. Comme l'objet ralentit encore, à une vitesse plus lente qu'un homme en marche, Rymer essaie de s'en approcher, mais, lorsqu'il se trouve à moins de 20 mètres de lui, l'objet prend la direction du sud-est, à environ 2 mètres au-dessus du terrain, fait une manœuvre « presque mécanique » pour passer au-dessus d'une palissade de 3 mètres de haut, puis au-dessus d'un saule et d'une ligne téléphonique, et enfin prend de l'altitude et de la vitesse au-dessus d'une colline, à 1,5 kilomètres de là. Le même témoin a apporté des précisions supplémentaires sur son invraisemblable vision, par exemple sur la « queue », qui semblait constituée de plusieurs sections, dégageait une faible lueur pulsante de couleur bleu-gris et semblait flotter légèrement dans la brise. Un autre aspect étonnant de cette vision est qu'elle paraissait rapetisser en s'approchant, puis s'agrandir en s'éloignant !

On ne peut s'empêcher, dans un cas comme celui-ci, d'évoquer l'hypothèse d'une forme de manipulation mentale des témoins. En tout cas, pour oser raconter une telle histoire, il faut qu'Edward Rymer soit assez impressionné pour ne craindre ni d'apparaître ridicule ni de risquer de perdre sa place d'agent de sécurité...

Ces observations ont pour effet, comme à Killeen, d'inquiéter les autorités. D'où les nombreux mémos du FBI. Un rapport daté du 21 octobre 1950 résume ainsi la question :

Les opinions semblent s'orienter vers trois types d'explications. La première est qu'il s'agit d'un phénomène physique qui doit recevoir une explication scientifique ; la deuxième est qu'il s'agit d'objets expérimentaux (d'une origine indéterminée), guidés de manière électronique ; la troisième opinion est semblable à la deuxième, mais suppose en outre qu'il y aurait là comme une volonté de démoralisation et de harcèlement. L'idée de phénomènes de nature fantastique est généralement rejetée.

Peut-être faut-il voir derrière ce « harcèlement » un message assez simple, que l'on pourrait résumer ainsi : « Nous pouvons vous narguer à notre guise, humains, et nous surveillons de près vos secrets atomiques... » Quant aux responsables qui ont baptisé « Rancœur » la commission d'enquêtes, en décembre 1948, il y a lieu de penser qu'ils ont été largement servis dans ce registre...

Cependant, l'épisode de la commission « Rancœur » n'est qu'une péripétie dans la déjà longue histoire des ovnis. A la suite d'une observation spectaculaire en septembre 1951, l'état-major décide en effet de réactiver la commission, tombée en léthargie. Le général Samford, nouveau directeur du Renseignement aérien au Pentagone, et successeur à ce poste du général Cabell, se met en colère en découvrant l'impéritie de la commission et ordonne qu'elle se remette immédiatement au travail. C'est alors qu'entre en scène le jeune lieutenant Edward Ruppelt, désigné pour cette tâche par les responsables de l'ATIC. Pendant deux ans, Ruppelt va donner une remarquable impulsion aux enquêtes.

La commission « Livre bleu »

Lorsqu'il est nommé, en septembre 1951, responsable de la commission Grudge, Ruppelt trouve une équipe en sommeil, se moquant des nombreux rapports qui lui parviennent et les écartant sans les étudier. Cette période d'apathie, il l'appelle « les années noires » des ovnis. Ruppelt, jeune et brillant officier, s'inquiète de cette situation surprenante, puisqu'on vient de lui demander en haut lieu de relancer les enquêtes. Il se demande s'il y a une « raison cachée » à l'attitude négative qui règne sur la base de Wright-Patterson, alors que, par ailleurs, la qualité des rapports tend à s'améliorer :

Peut-être étais-je en train de faire office de couverture pour une opération de camouflage. Je n'aimais pas cette situation car si certains, au-dessus de moi, savaient que les ovnis étaient bien des vaisseaux spatiaux, j'aurais l'air d'un bel imbécile quand la vérité serait connue[10].

De fait, à l'époque, l'attitude de l'armée de l'Air n'est pas simple. Certes, elle a adopté au début de 1949 une ligne « dure » de dénigrement systématique des observations d'ovnis. Cette option a été confirmée publiquement, en décembre, par le rapport final, très négatif, de la commission Grudge (qui a pourtant dû reconnaître 23 % de cas d'observations inexpliquées). Néanmoins, elle ne semble pas faire l'unanimité. Au sommet de la hiérarchie du Renseignement, le général Cabell, d'abord, avec son mémorandum de février 1949 sur les besoins en renseignements (évoqué au chapitre 3, p. 91), puis le général Samford, en septembre 1951, réclament de véritables enquêtes sur les ovnis. On peut se demander aujourd'hui, compte tenu de tout ce que l'on sait concernant l'affaire Roswell, s'il n'y avait pas double jeu de leur part. Si un ovni accidenté avait réellement été récupéré en 1947, ils en étaient bien entendu informés, et même au premier chef, étant donné le caractère capital et ultra-secret du « dossier ovnis ». Mais cela n'empêche pas que les manifestations d'ovnis qui se multipliaient aient pu les inquiéter suffisament pour relancer les enquêtes. De toute façon, ils avaient besoin d'une surveillance active des ovnis.

Pour bien marquer ce tournant, la commission est rebaptisée « Blue Book » (« Livre bleu »). Le courageux lieutenant Ruppelt, promu rapidement capitaine, décide de faire son travail le plus scrupuleusement possible, quoi qu'il arrive. Il n'attend pas longtemps pour que les ovnis se retrouvent en pleine actualité. Survient en effet la vague d'observations de l'été 1952, culminant avec l'affaire dite du « carrousel de Washington », qui réveille et inquiète l'opinion : en juillet 1952, pendant deux nuits à sept jours d'intervalle, c'est un véritable ballet aérien d'ovnis qui est observé au-dessus de la capitale par de nombreux témoins civils et militaires, au sol et en vol, visuellement et par plusieurs radars.

Le samedi 19 juillet 1952, à 23 h 40, commence la première série d'observations. Elle va durer jusqu'à 5 h 30 du matin. C'est d'abord le radar à longue portée (ARTC) de l'aéroport national de Washington, de 70 miles (110 kilomètres) de rayon, qui repère sept échos à 15 miles au sud-ouest. Le contrôleur en chef du trafic aérien Harry Barnes témoigne : « Nous avons su tout de suite que c'était une situation très étrange. Leurs déplacements étaient radicalement différents de ceux d'un avion ordinaire[11]. » Impossible de suivre les objets plus de 5 kilomètres de suite : ils disparaissent de l'écran radar comme après une brusque accélération. Ayant pris soin de vérifier le bon fonctionnement du radar, Barnes appelle son collègue de la tour de contrôle centrale, située à 400 mètres de là, chargée du trafic rapproché. Howard Cocklin lui confirme que non seulement son radar perçoit aussi les objets, mais qu'il en a repéré un visuellement : une lumière orange brillante ! Les objets se déploient alors dans tout le secteur. Barnes appelle la base aérienne militaire d'Andrews, située à 16 kilomètres vers l'est, de l'autre côté du fleuve Potomac. L'aviateur William Brady (selon les archives de « Livre bleu ») y repère visuellement une grande boule de feu orange, bien définie et suivie d'une traînée, à environ 2 kilomètres de la base. Elle décrit un mouvement circulaire, s'arrête puis repart à une vitesse incroyable et disparaît en un clin d'œil.

Comme les deux aéroports, civil et militaire, repèrent encore d'autres ovnis, notamment un disque orange à environ 1 000 mètres d'altitude, la chasse est alertée, mais, le terrain d'Andrews étant en réfection, il faut faire venir les avions depuis la base de Newcastle, dans le Delaware. Juste avant qu'ils n'arrivent, avec beaucoup de retard, vers 3 heures du matin, les ovnis disparaissent subitement... pour réapparaître après leur départ ! Entre-temps, le capitaine Pierman, aux commandes d'un DC-4 de la Capital Airlines, repère jusqu'à six lumières blanches, brillantes et rapides, pendant 14 minutes. Selon le contrôleur Barnes, ses observations coïncident parfaitement avec les repérages radar, notamment lorsqu'elles filent à toute vitesse. Plus tard dans la nuit, le radar à longue portée ARTC signale un ovni à une autre base aérienne militaire, Bolling, située près du Potomac. Celle-ci repère à son tour l'ovni, une lumière ronde de couleur ambre, qui se déplace lentement pendant plusieurs minutes. A un autre moment, ce sont trois radars – ARTC, tour de contrôle de Washington et tour de contrôle d'Andrews – qui repèrent ensemble le même ovni pendant 30 secondes, puis le voient disparaître en même temps de leurs écrans. Voici encore deux témoignages intéressants sur cette première nuit. Le premier est celui du sergent Davenport, qui a vu à trois reprises un objet rouge quitter à grande vitesse un ovni de couleur argent bleuté évoluant à hauteur de la cime des arbres. Le second est celui d'un ingénieur radio civil, Chambers. Au petit matin, alors qu'il n'était pas au courant des événements de la nuit, il a observé cinq grands disques évoluer lentement et librement, puis basculer vers l'avant et s'éloigner rapidement selon une trajectoire en forte pente [12].

Ruppelt raconte avec humour comment il n'a appris la nouvelle que le surlendemain, dans les journaux, alors qu'il arrivait justement par avion à Washington pour une mission de routine : personne n'a songé à le prévenir à Dayton, pas plus d'ailleurs que son correspondant direct au Pentagone, le major Fournet. Mieux encore, lorsqu'il entreprend de faire son enquête et demande une voiture, celle-ci lui est refusée au motif que les voitures militaires ne sont disponibles qu'à partir du grade de colonel. On lui fait même observer que sa mission à Washington n'est prévue que pour la journée : une scène digne du film *Docteur Folamour*, alors que le président Truman a réclamé une enquête[13] !

Au cours de la semaine qui suit, d'autres observations sont faites, plus sporadiques, avant la seconde nuit du « carrousel » fantastique, le soir du 26 juillet. Par chance, raconte Ruppelt, cette fois ses collègues du Pentagone n'ont pas été pris de court. Le major Fournet se rend au radar ARTC de l'aéroport avec un électronicien de la Marine, le lieutenant Holcomb. Là se trouve déjà le responsable de la presse au Pentagone, Albert Chop. Tous vont pouvoir observer par eux-mêmes, avec les responsables du radar, le ballet aérien des ovnis au cours de cette seconde nuit. L'aéroport de Washington et la base d'Andrews repèrent vite une dizaine de cibles non identifiées dans presque toutes les directions, à la fois sur leurs radars et visuellement. Celles-ci se déplacent tantôt lentement, à moins de 100 mph (160 km/h), tantôt à une vitesse extraordinaire, jusqu'à 7 000 mph (11 000 km/h) selon les estimations des radaristes. On voit de nouveau des boules de lumière orange. A 10 h 46 du soir, un instructeur de vol de la CAA (Civil Aeronautics Administration) signale cinq lumières orange et blanches au-dessus de Washington à environ 2 200 pieds (700 mètres d'altitude). Six minutes plus tard, elles ont disparu, mais l'alerte a été donnée.

Vers 11 h 30, deux chasseurs de nuit F-94 Starfire arrivent de la base de Newcastle. Le premier est dirigé vers des cibles rapides, voit effectivement quatre lumières blanches et se lance à leur poursuite, mais voilà qu'elles foncent vers lui et se mettent à l'escorter, puis finissent par s'éloigner ! Il demande des instructions à la tour de contrôle : silence médusé. Les radaristes repèrent déjà d'autres cibles entourant le second chasseur, mais le pilote ne voit rien[14].

Edward Ruppelt rapporte un autre épisode remarquable de cette folle nuit. Quelques minutes après que les radaristes de Washington ont perdu les cibles sur leurs écrans, de nouvelles observations sont faites, cette fois dans la région de Newport News, en Virginie (à environ 180 kilomètres au sud, près de Norfolk). Des témoins signalent à la base de Langley d'étranges lumières brillantes qui semblent tourner sur elles-mêmes en changeant de couleur. Les opérateurs de la tour de contrôle repèrent à leur tour l'objectif visuellement et dirigent vers lui un autre chasseur F-94, qui se trouve voler dans la région. Le pilote voit la lumière, mais, alors qu'il s'en approche, elle disparaît soudain « comme une lampe que l'on éteint ». Plus important : en dépit de cette disparition, l'équipage du F-94 (un pilote et un radariste) obtient un contact sur son radar *(lock-on)*, mais ce contact est rompu au bout de quelques secondes alors que la cible s'éloigne rapidement. L'avion reste sur la zone encore quelques minutes et obtient deux nouveaux contacts radar. Quelques minutes plus tard, des cibles réapparaissent sur les radars de l'aéroport national de Washington ! De nouveau, deux chasseurs F-94 foncent vers Washington et, cette fois, les cibles restent visibles sur les écrans radar au sol. Lorsque les avions arrivent, l'une des cibles reste sur place. Le pilote voit une lumière exactement là où le radar ARTC la lui a signalée. Il accélère alors vers la cible, mais elle disparaît, une fois de plus [15].

L'explication classique avancée par les sceptiques dans ce genre d'affaire est bien connue : il s'agirait de faux échos radar causés par des inversions de température dans différentes couches de l'atmosphère, à l'instar des mirages dans le domaine visible. Mais, comme le major Fournet l'a confié ensuite à Ruppelt, tous, dans la salle radar de l'aéroport de Washington, étaient convaincus qu'il s'agissait bien d'« objets solides métalliques ». Et ils ne débutaient pas dans le métier !

Pour faire face à l'effervescence de la presse nationale, une grande conférence de presse est organisée trois jours plus tard, présidée par le général Samford, directeur du Renseignement de l'armée de l'Air, rejoint par un autre haut gradé du Pentagone, le général Ramey, l'homme du démenti au ballon de l'affaire Roswell... Ruppelt est là, venu exprès de Dayton, mais en revanche les témoins directs, Fournet et Holcomb, brillent par leur absence. C'est un autre officier qui va « suggérer » à la presse l'explication par les inversions de température, et l'affaire est ainsi enterrée, dans la presse en tout cas, comme le montrent les gros titres dès le lendemain. L'opinion contraire exprimée plus tard par le US Weather Bureau n'y changera rien [16]. Il convient toutefois d'être nuancé, car l'opinion publique est manifestement troublée par ces incohérences. L'article du magazine *Time* du 4 août le prouve, qui cite sérieusement le témoignage du radariste Barnes et commente la conférence de presse militaire dans ces termes : « L'armée de l'Air, si elle n'a pas essayé de cacher quelque gadget mystérieux de son cru (par exemple des contremesures radar), est aussi perplexe que tout le monde[17]. »

Par la suite, après le départ de Ruppelt et le retour à la politique de démenti systématique de l'armée de l'Air, la commission « Livre bleu » reprendra sans nuances cette explication météorologique, expliquant les témoignages visuels par des météores mal interprétés. Incidemment, ce n'est sans doute pas un hasard si Fournet et Chop se retrouveront plus tard membres actifs du premier organisme civil d'enquêtes, le NICAP (National Investigations Committee on Aerial Phenomena), créé en 1956 par Donald Keyhoe, ancien officier de la Marine, convaincu que l'armée cache la vérité sur les ovnis.

Le dossier du « carrousel » de Washington fera encore longtemps l'objet de polémiques : il sera à nouveau « expliqué » par l'astronome Donald Menzel, lui-même réfuté ensuite par le professeur McDonald, un physicien de haut niveau entré en lice en 1966. Sans aller si loin, cette affaire est la cause d'un nouveau revirement de l'armée de l'Air américaine. Assez vite, le capitaine Ruppelt voit ses plans de développement freinés au sein de l'ATIC, et il en tire les conclusions en quittant le poste, découragé, en août 1953. Il ne sait pas que la politique de déni systématique de l'existence des ovnis – le *debunking* – vient d'être secrètement décidée dès le mois de janvier de cette année-là...

La CIA, la commission Robertson et la politique de **debunking**

Ruppelt raconte encore dans son livre comment il a poussé l'armée de l'Air à mettre sur pied une commission scientifique de haut niveau sur les ovnis. Ce qu'il ne dit pas, mais que nous savons maintenant, c'est que cette commission, qui se réunit effectivement au début de 1953 à Washington, est encadrée secrètement par la CIA – les documents déclassifiés le prouvent sans discussion.

La CIA, créée en 1947 par le président Truman (l'année des soucoupes !), s'intéresse de près aux ovnis à la suite des événements de Washington, qui ont fait apparaître à ses yeux l'existence d'un risque pour la sécurité nationale. Une série de documents internes le montrent, tel le mémorandum de Marshall Chadwell, directeur du Bureau de renseignement scientifique (Office of Scientific Intelligence, OSI) au directeur de la CIA, daté du 24 septembre 1952 :

> *La situation des soucoupes volantes contient deux éléments de danger qui, dans une situation de tension internationale, ont de sérieuses implications sur la sécurité nationale.*

Chadwell explique qu'il y a, d'une part, risque d'engorgement et de confusion dans les communications, d'autre part risque de panique dans la population. L'Union soviétique pourrait être tentée de jouer sur ces effets psychologiques dans une situation de crise. Philip Klass n'a pas manqué de citer et de commenter longuement ce mémo et d'autres pièces confirmant cette approche de la CIA à l'époque. Mais la CIA n'a-t-elle pas d'autres mobiles de s'intéresser aux ovnis ?

Que sait, à l'époque, l'agence de renseignement ? Impossible d'éluder cette question dès lors qu'on explore l'hypothèse de connaissances militaires secrètes. Comme on peut s'y attendre, les documents de la CIA actuellement disponibles ne révèlent rien sur ce point. En revanche, ils indiquent une sérieuse préoccupation. Mais la CIA a-t-elle une opinion arrêtée sur la nature de ces mystérieux ovnis ?

Au début du mois d'août 1952 se tient une réunion au plus haut niveau de la CIA, suite à un briefing de l'Air Force, le 8 août, à Dayton. Trois notes y sont présentées, aujourd'hui déclassifiées – selon les sceptiques, elles prouvent que la CIA n'était pas informée des secrets éventuels de l'armée de l'Air. La première note discute quatre théories à propos des ovnis, que l'on peut résumer ainsi :

1. *Il s'agit d'une arme secrète américaine en cours de développement.* L'hypothèse est démentie par les responsables habilités au plus haut niveau de secret et est parfaitement invraisemblable, estime l'auteur de l'analyse, ne serait-ce qu'en raison des risques incroyables qui seraient pris vis-à-vis des vols commerciaux. (Notons au passage que cette remarque s'applique judicieusement aux observations futures de triangles en Belgique et en Grande-Bretagne).

2. *C'est un développement russe.* La théorie est elle aussi facilement écartée par l'analyste de la CIA, faute de preuve.

3. *Ce sont des véhicules interplanétaires.* « Bien que nous puissions admettre que la vie intelligente peut exister ailleurs et que le voyage spatial est possible, il n'y a pas l'ombre d'une preuve pour soutenir cette théorie actuellement. »

4. « Les observations sont explicables par de mauvaises interprétations d'objets connus ou par des phénomènes naturels encore peu connus. »

Incontestablement, ce document de la CIA révèle un point de vue très sceptique sur l'hypothèse extraterrestre, et ce à un haut niveau hiérarchique, ce que ne manque pas de relever Philip Klass[18]. Or il serait inconcevable, juge celui-ci, que les hauts responsables de la CIA aient pu ne pas être informés de la récupération secrète d'un ovni.

Et pourtant... Est-il si inconcevable que la CIA ait été tenue à l'écart par l'armée de l'Air, au moins dans un premier temps ? Nous avons déjà constaté les rapports tendus existant entre l'armée et le FBI. Mais ne peut-on supposer que ces informations très secrètes aient été strictement réservées à un petit nombre de personnes, selon le principe du *« need to know »* (« besoin de savoir ») : ceux auxquels ces informations ne sont pas utiles ne sont pas informés. Le même raisonnement, déjà proposé pour les documents militaires, n'est-il pas valable également pour la CIA ? Encore une fois, si un très haut niveau de secret a existé, et existe toujours, agrémenté d'une politique rigoureuse d'accès limité, d'une part à un tout petit nombre de personnes au sommet, d'autre part à des personnels d'exécution hautement spécialisés et disciplinés, notamment des forces de sécurité, alors un tel secret ne pouvait être débattu dans une réunion à la CIA, même de « haut niveau », dont peut-être certains participants avaient connaissance mais ne devaient pas faire état ! En fait, il est parfaitement logique qu'un secret nécessitant absolument d'être protégé ne circule pas, même dans des réunions et des documents très secrets. Et a fortiori dans des documents déclassifiés !

Les documents actuellement disponibles ne permettent pas d'établir si la CIA, ou plutôt si certains de ses membres bien placés dans son organisation très cloisonnée étaient informés des études militaires les plus secrètes sur les ovnis. En revanche, certains documents prouvent que la CIA a été informée par l'armée sur l'existence des ovnis, si l'on en juge par le texte suivant, extrait d'un mémo adressé le 2 décembre 1952 par le directeur adjoint du

Renseignement au directeur de la CIA, à l'époque Walter B. Smith :

> *Des rapports récents parvenus à la CIA ont indiqué qu'il serait souhaitable de poursuivre l'action, et un nouveau briefing a été tenu par les personnels compétents de l'ATIC et de l'A2 le 25 novembre. A présent, les rapports sur les incidents nous convainquent qu'il se passe quelque chose requérant notre attention immédiate. [...] Les observations d'objets inexpliqués à haute altitude et se déplaçant à grande vitesse à proximité d'importantes installations de la Défense américaine sont de nature telle qu'ils ne sont pas attribuables à des phénomènes naturels ou à des types connus de véhicules aériens.*

Si l'on veut bien réfléchir au sens des mots, ce texte de la CIA, que les sceptiques tel Philip Klass se gardent bien de citer, révèle tout simplement que les responsables militaires ont confirmé à leurs homologues de la CIA non seulement la réalité des ovnis, mais le fait inquiétant qu'ils survolent d'importantes installations militaires ! (On peut d'ailleurs se demander si ce papier n'a pas été déclassifié à la suite d'une bévue administrative, le 24 janvier 1975.) Quoi qu'il en soit, n'est-il pas sidérant de constater que, plus de vingt ans après la divulgation d'un tel document, l'existence même des ovnis continue à être niée, et avec quel mépris, par les nombreux sceptiques de tous les pays ?

Pour les dirigeants de la CIA, ainsi dûment informés de la situation, il devient donc urgent de « dégonfler » les rumeurs courant sur les ovnis parmi le public. C'est précisément la recommandation principale que fait au gouvernement le « Roberston Panel », du nom de son président, une commission de scientifiques éminents organisée conjointement par la CIA et l'armée de l'Air pendant cinq jours, du 14 au 18 janvier 1953. Voici, mot pour mot, les conclusions de ce panel, tenues secrètes à l'époque, mais publiées en 1969 en annexe au rapport Condon :

Le panel recommande :

a) Que les agences de sécurité nationale prennent des mesures immédiates pour ôter aux objets volants non identifiés le statut spécial qui leur a été donné et l'aura de mystère qu'ils ont malheureusement acquise ;

b) que les agences de sécurité nationale mettent en place des politiques de renseignement, de formation et d'éducation publique destinées à préparer la défense matérielle et le moral du pays pour reconnaître promptement et réagir efficacement à des indications d'intention ou d'action hostile.

Nous suggérons que ces objectifs soient atteints au moyen d'un programme intégré conçu pour assurer le public du manque total de preuve quant à des forces hostiles [cachées] derrière ce phénomène ; entraîner le personnel à reconnaître et rejeter rapidement et efficacement les fausses indications ; et renforcer les moyens réguliers d'évaluation et de réaction rapide à de vraies indications ou mesures hostiles.

Il apparaît clairement, avec le recul, que les recommandations de la commission Robertson ont été bien suivies, notamment par la commission « Livre bleu » de l'armée de l'Air, qui va s'appliquer, jusqu'à sa dissolution en 1969, à trouver des explications naturelles à toutes les observations d'ovnis. Cette politique de *debunking* culmine à la fin des années 60 avec les travaux, de nouveau très dirigés, de la commission Condon, dont le volumineux rapport « scientifique », publié en 1969, conclut à la non-existence des ovnis et donne enfin l'occasion à l'armée de l'Air de clore définitivement l'encombrante commission « Livre bleu ». Mais, comme rien n'est éternel, il se pourrait bien qu'une nouvelle ligne politique ait été mise en place ces dernières années par petites étapes ; le but serait cette fois de préparer le public à de futures révélations, très doucement, avec un pied sur le frein (en mêlant adroitement le vrai et le faux) pour éviter tout risque d'emballement non contrôlé...

La dernière observation d'ovni présentée par le capitaine Ruppelt dans son livre date du jour même de son départ de la commission « Livre bleu » – comme si l'ovni savait qu'il s'en allait, commente-t-il avec humour. Il s'agit, selon lui, du meilleur rapport jamais reçu par l'armée de l'Air. Ruppelt part aussitôt enquêter sur place.

Le soir du 12 août 1953, la base aérienne d'Ellsworth, près de Rapid City, dans le Dakota du Sud, repère au radar une cible, exactement dans la direction où une observatrice civile vient de signaler une lumière très brillante. La cible est bien définie, solide et brillante sur l'écran, et ne ressemble nullement à une perturbation atmosphérique. Elle semble se déplacer très lentement et son altitude est estimée à un peu plus de 5 000 mètres (16 000 pieds). Sur la base, l'officier responsable continue à observer l'ovni pendant plusieurs minutes, en liaison téléphonique avec l'observatrice civile. Soudainement, celle-ci signale qu'il se déplace vers Rapid City, ce que le contrôleur aérien constate lui aussi sur son écran radar. Deux hommes scrutent le ciel et voient à leur tour une grande lumière blanc-bleu se déplaçant vers Rapid City. Ensuite, l'ovni tourne autour de la ville et revient à son point de départ. L'officier de sécurité dirige alors vers l'objectif un avion de chasse F-84 Thunderjet en patrouille dans le secteur. Le pilote repère la lumière et se dirige vers elle ; lorsqu'il s'en est approché à près de 3 miles, celle-ci se remet en mouvement, ce qu'observent également la tour de contrôle de la base et l'observatrice civile. L'ovni accélère et prend de l'altitude vers le nord. L'avion le suit. Le pilote remarque que la lumière devient plus brillante. La chasse continue ainsi quelque temps ; l'ovni paraît veiller à maintenir en permanence une distance de 3 miles (5 kilomètres) avec l'avion, selon le témoignage du contrôleur recueilli par Edward Ruppelt. L'avion et l'ovni s'éloignent jusqu'à 120 miles (193 kilomètres) au nord, jusqu'à ce que le F-84, à court d'essence, soit contraint de rentrer à la base. La tour de contrôle voit alors réapparaître l'ovni, à 10 ou 15 miles (16 à 24 kilomètres) derrière lui ! Et ce n'est pas fini. Un autre F-84, prêt à décoller, prend le relais, repère l'ovni et s'en approche. Le petit jeu recommence, l'ovni gardant sa distance de 3 miles devant le nouveau venu. Le pilote, un vétéran de la Seconde Guerre mondiale et de la guerre de Corée, décide alors d'armer son radar de tir et, presque aussitôt, un voyant rouge lui indique qu'il a bien une cible solide et réelle en face de lui. C'est alors qu'il prend peur, expliquera-t-il à Ruppelt : lui qui a affronté les chasseurs allemands et les MIG-15 en Corée, il demande l'autorisation de mettre fin à l'interception. Cette fois, l'ovni ne revient pas. Le radar le voit filer vers la ville de Fargo, dans le Dakota du Nord, où un observateur va encore voir passer, rapide, une brillante lumière blanc-bleu. Conclusion de Ruppelt : « C'était un inconnu. Le meilleur[19]. »

Ce cas remarquable est en somme le dernier rapport autorisé avec témoignage d'un pilote militaire car, quelques jours plus tard, l'armée de l'Air émet un règlement, l'Air Force Regulation 200-2, qui interdit désormais aux pilotes de témoigner publiquement, sauf dans le cas où une explication rationnelle peut être fournie. Cette disposition se trouve renforcée en décembre 1953 par une publication conjointe des chefs d'états-majors de l'Armée, de la Marine et de l'Aviation, le JANAP 146 (Joint-Army-Navy-Air Force-Publication), qui donne des instructions détaillées pour rédiger tout rapport d'« observation de renseignement vital » (procédure CIRVIS) concernant avions, bateaux, sous-marins, missiles et... objets volants non identifiés ! Selon ces nouvelles directives, la publication d'un rapport sur un ovni relève désormais de la loi sur l'espionnage et peut être sanctionnée d'une peine allant jusqu'à dix ans de prison et 10 000 dollars d'amende[20].

Le passage, bref mais si remarquable, d'Edward Ruppelt sur la scène ufologique américaine se termine tristement. En 1959 paraît la deuxième édition de son livre, publié pour la première fois en 1956. Le texte en est très édulcoré, et Ruppelt s'est transformé en sceptique dans trois nouveaux chapitres rajoutés en fin de volume. Malade, il meurt d'une crise cardiaque en 1960, à l'âge de trente-sept ans. Après avoir quitté l'uniforme, Ruppelt était entré comme ingénieur chez un grand constructeur d'avions qui travaillait beaucoup pour l'armée. Il n'est pas interdit de supposer qu'il ait pu faire l'objet de pressions, bien que l'on n'en ait aucune preuve.

Le rapport secret de l'institut Battelle

La commission Robertson a bien apporté sa caution scientifique à la politique de démenti systématique des observations d'ovnis vis-à-vis du public, mais son rapport est demeuré secret. Reste donc à mettre en œuvre cette politique, en cherchant éventuellement d'autres cautions, publiables cette fois. Or l'armée de l'Air a commandé en

1952 une étude secrète sur les ovnis à un institut d'études réputé, le Battelle Memorial Institute (dont la commission Robertson n'a même pas été informée, en janvier 1953). Il s'agit d'établir une analyse statistique des quelque 4 000 rapports d'observations déjà accumulés à l'époque. En 1955, l'armée publie les résultats de l'étude Battelle, sous le nom de « Rapport extraordinaire 14 » de la commission « Livre bleu ». Selon les résultats publiés, les observations ne prouvent pas la réalité des ovnis. Le *New York Times* présente ainsi le rapport :

> *[...] L'Air Force a publié les résultats d'une analyse intelligemment menée, minutieuse et exhaustive de toutes les notifications d'observation de soucoupes volantes. Elle a fait appel à des scientifiques de haut niveau et employé des méthodes élaborées. La conclusion est négative [...]. Les savants n'ont pas trouvé le moindre indice que même les rares « inconnus » restants puissent être venus de l'espace.*

C'est le conseiller scientifique de l'armée de l'Air, Allen Hynek, qui va révéler les vrais résultats de cette étude dans un livre[21] publié en 1977. En premier lieu, l'institut Battelle a éliminé les cas trop vagues et les doublons, ramenant l'échantillon à 2 199 cas, corpus encore très convenable pour mener une étude statistique. Les « inconnus » ne sont pas si rares que cela, puisqu'ils représentent 433 cas, soit près de 20 % du total (22 % si l'on écarte encore, selon Hynek, 240 cas jugés insuffisants !), et ce pourcentage monte à 33 % pour les rapports jugés excellents. Mais la découverte principale de l'étude statistique, habilement masquée dans le dossier de presse, est que, en comparant point par point les « connus » et les « inconnus », leurs caractéristiques apparaissent très différentes, au point qu'il y a moins d'une chance sur un milliard pour que les « inconnus » soient en fait des phénomènes de même nature que les « connus ». Autrement dit, l'institut Battelle a livré une étude qui va totalement à l'encontre de la politique de l'armée de l'Air, ce qui n'a pas empêché celle-ci de la retourner en sa faveur. Aujourd'hui encore, des sceptiques s'appuient avec assurance sur ces conclusions trafiquées.

Les études statistiques, si elles sont un peu abstraites pour le grand public, devraient en principe aller droit au cœur des esprits scientifiques. Bornons-nous à rappeler ici que Jacques Vallée, puis Claude Poher, lorsqu'il était responsable de l'étude des ovnis au Centre national d'études spatiales, ont effectué dans les années 60 des analyses comparables, tout à fait convaincantes quant à la réalité des ovnis considérés comme phénomènes extérieurs à l'esprit de l'observateur. Ces études ont été publiées à plusieurs reprises, mais cela n'a nullement découragé les sceptiques d'affirmer le contraire, bien entendu.

McDonald, Menzel, Hynek et le rapport Condon

Les amateurs d'ovnis connaissent bien l'histoire, maintes fois relatée, de la commission « Livre bleu » au cours des années 50 et 60, qui se termine avec l'étude scientifique de l'université du Colorado, la fameuse commission Condon, dont le rapport, publié en 1969, a mis un terme à la fièvre médiatique aux États-Unis.

A cette époque, les observations semblent d'ailleurs avoir diminué. Après une vague encore importante en 1966-1967 (qui provoque la création de la commission Condon), l'intérêt se porte vers les exploits des astronautes américains et des cosmonautes soviétiques, aboutissant au premier « atterrissage » sur la Lune, en juillet

1969. J'habitais alors à New York et je me souviens de la fête organisée ce soir-là à Central Park, où l'on put assister en direct à l'atterrissage des astronautes, sur un écran géant. Je me souviens aussi d'avoir cru aux conclusions du rapport Condon, comme beaucoup, alors que je m'étais intéressé aux ovnis au cours des années précédentes. Mais cet oubli relatif n'a pas duré. En 1972 (en 1973 en France), la publication de *The UFO Experience*[22], le premier livre d'Allen Hynek, l'ancien conseiller de l'armée de l'Air tant honni par les ufologues, réveille l'opinion, ainsi que de nouvelles observations d'ovnis, de plus en plus « rapprochées ». Je me bornerai à rappeler ici deux aspects particulièrement intéressants de cette période : d'une part, les enquêtes remarquables d'un physicien éminent, le professeur McDonald, qui va critiquer vivement le rapport Condon ; d'autre part, la bataille lancée dans les années 70 aux États-Unis pour l'obtention des documents officiels sur les ovnis, à la faveur de la nouvelle loi sur la liberté de l'information (le Freedom of Information Act).

En 1966, le professeur James E. McDonald, spécialiste réputé de la physique de l'atmosphère et doyen de l'université de l'Arizona, commence à s'intéresser sérieusement aux ovnis, alors que se produit l'une des vagues d'observations les plus massives aux États-Unis et dans d'autres régions du monde, Europe et Amérique du Sud notamment. Venu étudier les dossiers de la commission « Livre bleu » à Wright-Patterson, il est atterré par la faiblesse des « explications » apportées à des cas qui lui paraissent solides, ce qu'il dit sans mâcher ses mots au conseiller scientifique, Allen Hynek. Celui-ci a raconté leur entretien :

Il est venu me voir dans mon bureau et a tapé sur la table en criant : « Allen, comment avez-vous pu garder cette documentation sous le coude pendant dix-huit ans et ne jamais nous en parler ? » Je me suis défendu, j'ai dit : « Quoi ! enfin, bon Dieu ! quelle documentation ? La plupart de ces rapports ne sont qu'un ramassis d'imbécillités ! » Mais, en même temps, j'éprouvais un immense soulagement. J'avais devant moi un autre scientifique, le premier que je rencontrais qui était réputé dans son domaine et qui prenait vraiment au sérieux le problème des ovnis[23].

Cela tombe bien pour Hynek, de plus en plus mal à l'aise dans son rôle de *debunker*. C'est aussi l'époque où Jacques Vallée vient travailler avec Hynek ; par son intermédiaire, celui-ci prend connaissance des dossiers français et rend visite à Aimé Michel. 1966 est aussi l'année où Hynek se couvre de ridicule dans le « scandale du gaz des marais ». Dépêché à Dexter, dans le Michigan, pour trouver une explication à une observation remarquable par plusieurs témoins – dont les policiers qui ont été alertés – d'un objet lumineux qui a atterri dans un marécage boisé, Hynek ne trouve rien de mieux à suggérer que la présence de feux follets, une explication qui en fait la risée de tous. Cette affaire fait beaucoup de bruit dans la presse.

Après avoir étudié un certain nombre de cas d'observation d'ovnis, le professeur McDonald en présente une analyse à la réunion annuelle de la Société américaine des directeurs de journaux, à Washington, le 22 avril 1967. Son étude s'intitule « Objets volants non identifiés. Le plus grand problème scientifique de notre temps ? » Signalons que ce document remarquable, qui reste l'un des meilleurs textes jamais publiés sur les ovnis (et que tous les sceptiques devraient lire), a été traduit en français à l'époque par le GEPA de René Fouéré (Groupe d'étude des phénomènes aériens). Le GEPA n'existe plus, mais cette plaquette est toujours disponible[24].

McDonald a été particulièrement impressionné par le premier cas présenté dans son étude, survenu en avril 1966 dans le comté de Portage, dans l'Ohio – cas à l'origine de son intérêt pour les ovnis. Deux policiers, Dale Spaur et W. L. Neff, alors qu'ils sont en patrouille à 5 heures du matin, voient soudain un grand objet lumineux aérien venir planer au-dessus d'eux puis s'éloigner. L'objet mesure environ 40 pieds (12 mètres) de diamètre, répand une lumière brillante ; une lumière conique et diffuse sort de sa face inférieure. « Alors commen[ce] une singulière poursuite qui, s'étendant sur plus de 70 miles [110 kilomètres] et durant près d'une heure et demie, finit par leur faire quitter l'État de l'Ohio. » Son altitude varie d'environ 100 à 2 000 pieds (30 à 600 mètres). Deux autres policiers participent à la poursuite en Pennsylvanie. Finalement, l'objet s'élève verticalement à grande vitesse et disparaît, selon le témoignage des quatre policiers.

Le NICAP, le principal organisme privé d'enquêtes à l'époque, publie un rapport très détaillé de cent vingt-cinq pages, et McDonald interroge lui-même trois des policiers. En revanche, l'enquête de la commission « Livre bleu » est réduite à sa plus simple expression : un bref coup de téléphone au policier Spaur, ce que confirme Allen Hynek[25]. Le chef de « Livre bleu », le major Quintanilla, ouvre le feu par les mot suivants : « Parlez-moi donc de votre mirage. » Quintanilla cherche à convaincre Spaur qu'il a vu passer le satellite Echo (un grand ballon en plastique, le plus visible à l'époque), puis qu'il a chassé la planète Vénus. Vénus, que de mensonges a-t-on proférés en ton nom ! McDonald se voit refuser l'examen complet du dossier et commence alors à exprimer publiquement des critiques mordantes sur les enquêtes de l'armée de l'Air. Hynek note pour sa part qu'on ne l'a même pas consulté pour l'identification «satellite et Vénus», restée l'explication officielle de «Livre bleu». Il raconte aussi que la vie du témoin principal, Dale Spaur, a été détruite à la suite de l'affaire: «L'opinion publique en a conclu qu'il s'agissait d'un officier frappé de déséquilibre mental et victime d'une hallucination. L'entretien Quintanilla-Spaur le laisse d'ailleurs clairement entendre. Spaur est devenu la risée de tous, et la publicité qui l'a entouré s'est révélée désastreuse. La combinaison de tous ces événements a brisé son foyer – sa femme l'a quitté – et a démoli sa carrière et sa santé[26].» Selon l'éminent astrophysicien français Evry Schatzman, président de l'Union rationaliste, et sceptique non moins éminent, l'enquêteur américain Robert Sheaffer (sceptique convaincu) a ensuite confirmé la confusion avec Vénus[27].

Les cas présentés par le professeur McDonald, docteur en physique et chercheur réputé, constituent un ensemble impressionnant qui, à lui seul, devrait suffire à faire réfléchir les sceptiques les plus endurcis, notamment dans le monde scientifique. En fait, beaucoup sont convaincus mais ne peuvent ou ne veulent pas affronter publiquement le consensus actuel sur (ou plutôt contre) les ovnis, que dicte une profonde méfiance vis-à-vis de tout ce qui paraît irrationnel. Sans cette crainte, renforcée par les aspects extrêmement déroutants du «phénomène ovni» tel qu'il apparaît dans son ensemble aujourd'hui, et sans cette politique si flagrante de *debunking* et de secret officiel, la question des ovnis aurait été intégrée depuis longtemps au grand jour dans le champ de la réflexion scientifique et culturelle.

A l'époque, les travaux du professeur McDonald contribuent à susciter un fort mouvement d'intérêt pour les ovnis, lequel provoque une enquête parlementaire, aboutissant elle-même à la décision de mener une étude scientifique sur les ovnis, officielle mais en principe indépendante. Celle-ci échoit à l'université du Colorado, sous la direction d'un physicien éminent, Edward U. Condon. Or, on apprend assez vite que l'étude est biaisée dès le départ, à la suite d'une indiscrétion d'un membre de l'équipe, furieux de découvrir un mémo de l'administrateur, Robert Low, expliquant comment donner à l'étude une apparence d'impartialité ! Citons malgré tout la conclusion du docteur Condon, en tête du gros rapport publié en janvier 1969 :

Notre conclusion générale est que rien, dans l'étude des ovnis depuis vingt et un ans, n'a apporté quoi que ce soit à la connaissance scientifique. La prise en considération sérieuse de la documentation disponible nous conduit à conclure que la poursuite d'une étude développée des ovnis ne peut probablement pas être justifiée par l'espoir de faire progresser la science[28].

En fait, le texte de Condon rend bien mal compte du contenu du rapport, qui contient des études intéressantes, dont un certain nombre de cas inexpliqués. C'est même la lecture de ce rapport qui suscite l'intérêt nouveau de certains scientifiques pour les ovnis, tel Claude Poher en France.

En dépit de la recommandation désolante du docteur Condon, quelques scientifiques de renom, notamment les astronomes Carl Sagan et Thornton Page (lequel a participé en 1953 à la commission Robertson !), organisent la même année un symposium au cours duquel s'affrontent violemment Menzel et McDonald. McDonald a rouvert le dossier, déjà ancien, du fameux « carrousel » de Washington (juillet 1952), que Menzel se vante d'avoir «expliqué» le jour même à la presse par des effets d'inversion de température (son intervention n'est pourtant pas mentionnée dans le livre de Ruppelt). McDonald, après enquête auprès de plusieurs témoins et étude des données enregistrées par les radiosondes sur l'état de l'atmosphère, a mis en doute ces explications officielles : «J'ai examiné les données fournies par les radiosondages pour les deux nuits, j'ai calculé les gradients des indices de réfraction et j'ai découvert, après avoir tenu compte des effets de traînée dans les radiosondes, que les retours radar n'avaient pu avoir lieu. La suggestion qu'une inversion de température du genre de celles que font apparaître les données fournies par les radiosondages pour cette nuit-là, à Washington, ait pu provoquer les effets rapportés, est absolument absurde.» Dans sa communication, publiée dans les actes du symposium, Menzel réplique en s'exclamant : «Que sait McDonald sur les conditions générales de propagation dans la région entière de Washington ? Rien du tout [29] !» Il y a là, on peut le dire, un flagrant délit de mauvaise foi de la part de l'astronome Menzel, alors que lui-même s'arroge le droit de trancher l'affaire le jour même devant la presse !

La «bataille» de la FOIA

Le dossier des ovnis, qu'on peut croire enterré à la suite du rapport Condon et après la dissolution de la commission «Livre bleu» en 1969, subit une sorte de «passage à vide» médiatique au début des années 70. En réalité, si l'armée de l'Air a mis fin aux enquêtes publiques, les personnels militaires restent tenus de continuer, comme par le passé, à rendre des rapports sur toute observation impliquant la sécurité nationale – rapports qui ne sont d'ailleurs jamais passés entre les mains de la commission « Livre bleu », simple vitrine médiatique. Ce point est attesté par un document déclassifié du secret, bien connu des ufologues américains. Il s'agit du mémorandum signé par le général Bolender, chef adjoint du Développement de l'armée de l'Air, le 20 octobre 1969. Il recommande que l'armée de l'Air mette fin à la commission « Livre bleu ».

Ce texte très instructif procède d'abord à un bref rappel des événements des vingt années précédentes. Il explique qu'il n'est pas utile de maintenir cette commission après le rapport Condon. En effet :

> *Les rapports sur les objets volants non identifiés qui pourraient affecter la sécurité nationale sont faits conformément à la directive JANAP 146 ou au manuel de l'Air Force 55-11 et ne font pas partie du système Blue Book.*

La page est tournée, sans soulever la moindre protestation dans les médias. Pourtant, le dossier ovni ne va pas tarder à faire de nouveau parler de lui. Il convient malgré tout de souligner, pour en finir avec la commission « Livre bleu », que ses archives, qui sont aujourd'hui accessibles, constituent une mine importante d'informations pour les enquêteurs courageux, puisqu'elles renferment pas moins de 12 618 rapports d'observations, dont 701 restent classés « cas inexpliqués ».

Au cours des années suivantes, la loi sur la liberté de l'information va fournir un instrument efficace qui permettra, au fil des années, la communication de nombreux documents déclassifiés. Seuls pourront être divulgués les documents non classifiés, ou déclassifiés du secret, et ne portant pas atteinte à la vie privée de citoyens américains. A partir de 1974, la description exacte des documents par le demandeur n'est plus obligatoire. Cela n'empêche pas que les valeureux enquêteurs partis à la conquête des archives américaines ont beaucoup de mal à en obtenir ne serait-ce qu'une partie. Et encore beaucoup de documents sont-ils livrés censurés...

Le grand jeu des demandes de documents sur les ovnis, adressées presque à toutes les administrations gouvernementales, débute réellement en 1977. De nouveaux documents sont encore exhumés à la fin de 1996... Au début, le FBI et la CIA commencent par nier être en possession de documents sur les ovnis. Face à des demandeurs opiniâtres, tels que le groupement Ground Saucer Watch, auquel participent de nombreux scientifiques, et le groupement CAUS (Citizens Against UFO Secrecy), les agences de renseignement doivent céder. Deux membres du groupe CAUS, Lawrence Fawcett et Barry Greenwood, ont raconté dans un livre remarquable, *The UFO Cover-Up*[30], la véritable bataille juridique qu'ils ont dû mener.

De nombreuses administrations américaines sont visées par les demandes sous FOIA : les armées (Air, Terre et Mer), le NORAD (North American Aerospace Defense Command), le FBI, la CIA, le ministère des Affaires étrangères (State Department), la NSA (National Security Agency), agence de renseignement plus secrète encore que la CIA, spécialisée dans la surveillance des communications à travers le monde entier, ou encore la DIA (Defense Intelligence Agency).

En ce qui concerne le FBI, le physicien de la Marine Bruce Maccabee obtient une première livraison de huit cents pages en 1978. D'autres documents sont divulgués par la suite. En quinze mois, le FBI fournit mille sept cents pages. La CIA se montre plus récalcitrante, mais finit par lâcher près de neuf cents pages en 1979. Le *New*

York Times du 14 janvier 1979 titre ainsi la nouvelle : « Les papiers de la CIA détaillent la surveillance des ovnis », et le *Washington Post* : « Qu'étaient donc tous ces appareils mystérieux ? » Ce dernier titre se rapporte à une série d'intrusions d'engins non identifiés au-dessus des bases aériennes nucléaires en 1975. Les rumeurs qui circulent à ce sujet depuis 1977 se trouvent ainsi confirmées. C'est justement un article paru dans le journal à sensation *National Inquirer*, le 13 décembre 1977, et intitulé « Des ovnis repérés sur des bases nucléaires et des sites de missiles », qui a fourni aux ufologues une première occasion de demander communication de documents confidentiels en application de la loi FOIA.

Les bombardiers et les missiles nucléaires surveillés par les ovnis

1975 a été une année très chargée sur le front des ovnis, fait pourtant difficilement perceptible à la lecture de la presse de l'époque. A l'automne de cette année-là, pendant une quinzaine de jours, les bases de bombardiers et de missiles stratégiques du Strategic Air Command (SAC), situées tout au long de la frontière nord des États-Unis depuis l'État du Maine, au nord-est, jusqu'à celui du Montana, au nord-ouest, reçoivent une série de « visites » nocturnes de véhicules aériens non identifiés, du soir au petit matin. Les nombreux documents relatant ces incidents évoquent plutôt des hélicoptères, mais tous les témoignages rapprochés indiquent clairement que ces véhicules sont tantôt lumineux, tantôt soudainement invisibles, immobiles puis s'éloignant à toute vitesse, toujours silencieux... Drôles d'hélicoptères !

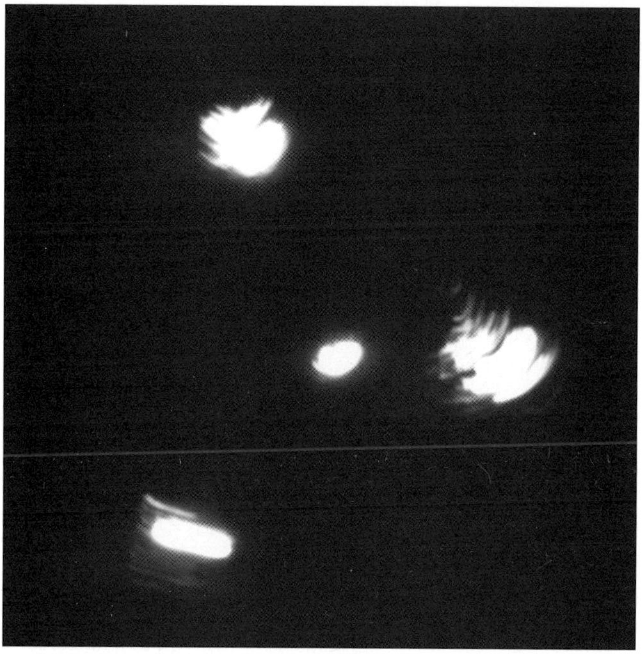

Photo d'ovni prise lors de la vague belge d'avril 1990, à Petit-Rechain. Reproduction de la diapositive originale, sans retraitement ni recadrage (ph. Guy Mossay/Sofam).

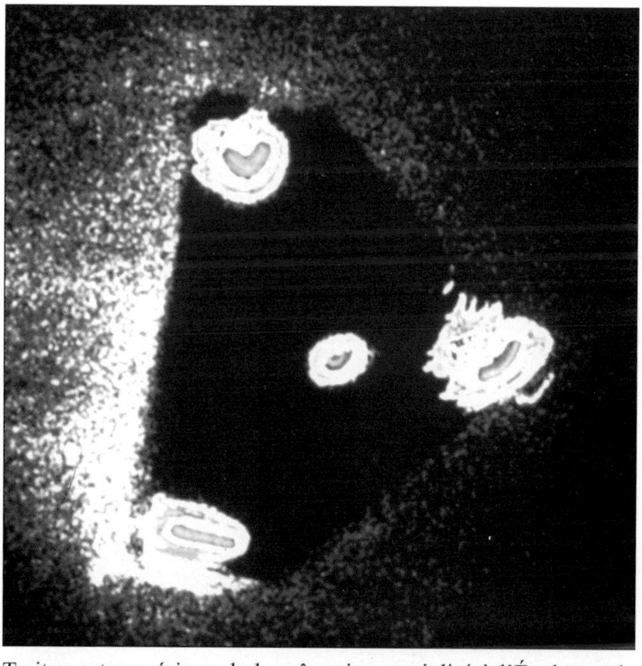

Traitement numérique de la même image réalisé à l'École royale militaire par le professeur Acheroy : version filtrée de la composante bleue de l'image (ph. Guy Mossay/Sofam).

Ovni triangulaire observé le 3 décembre 1994, vers 17 heures, pendant près d'une demi-heure par M. Andy Emmerson, dans la région de Sutton-in-Ashfield, Notts (doc. Omar Fowler).

Ovni triangulaire observé le 26 septembre 1993 à 21 h 30 par de nombreux témoins au-dessus de Bakewell, Derbyshire. Il fit plusieurs manœuvres à basse altitude et fut dépassé par un camion qui roulait à 60 km/h (doc. Omar Fowler).

Ovni observé par Mme Blandine Mariotte le soir du 5 novembre 1990, vers 19 h 15, près de Vert-le-Grand, dans l'Essonne (sur la route D31 en direction de La Ferté-Alais). Il était près de la route, silencieux et immobile (dessin de Joël Mesnard, in *Lumières dans la nuit,* n° 303).

Conférence de presse du 29 juillet 1952 au Pentagone, à la suite des nombreuses observations d'ovnis dans la région de Washington. Assis, le général John Samford, directeur du Renseignement aérien (à droite) et le général Roger Ramey, directeur adjoint des opérations, l'homme du démenti de Roswell en 1947 (à gauche). Derrière eux, le lieutenant Edward Ruppelt, nommé récemment responsable de la commission d'enquête Blue Book (« Livre bleu ») (ph. Marci Brennan/Bettmann).

Le général Nathan Twining, chef de l'Air Matériel Command en 1947, prêtant serment lors de sa nomination au grade de chef d'état-major de l'armée de l'Air en 1955. (ph. Popperfoto).

Portrait officiel du général Hoyt Vanderberg, alors directeur de la Central Intelligence Agency. (doc. CIA).

L'astronome J. Allen Hynek, ancien conseiller scientifique de l'armée de l'Air américaine sur les ovnis (doc. J. Allen Hynek Center for UFO Studies).

Le professeur James E. MacDonald, l'un des premiers scientifiques indépendants ayant étudié le problème des ovnis (ph. Foretean Picture Library).

Le docteur Vannevar Bush, patron de la Recherche et du Développement militaire américain pendant et après la Seconde Guerre mondiale (ph. Popperfoto).

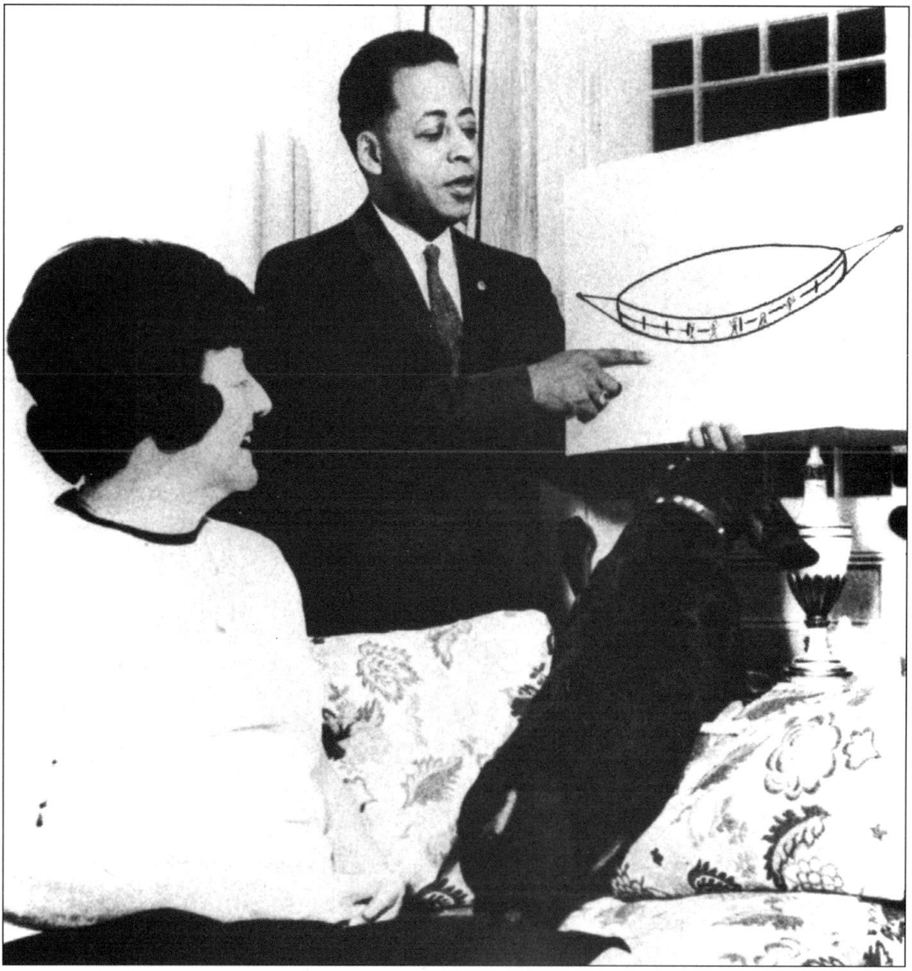

Les époux Betty et Barney Hill, qui se sont souvenu sous hypnose de leur enlèvement à bord d'un ovni, en septembre 1961 (ph. Fortean Picture Library).

Betty Andreasson-Luca en 1990, l'une des plus célèbres « abductées » aux États-Unis. (ph. Dennis Stacy / Fortean Picture Library).

Dessin de Betty Andreasson-Luca montrant une séance d'enlèvement, chez elle, par les petits aliens (in Raymond Fowler, *The Watchers*, d.r.).

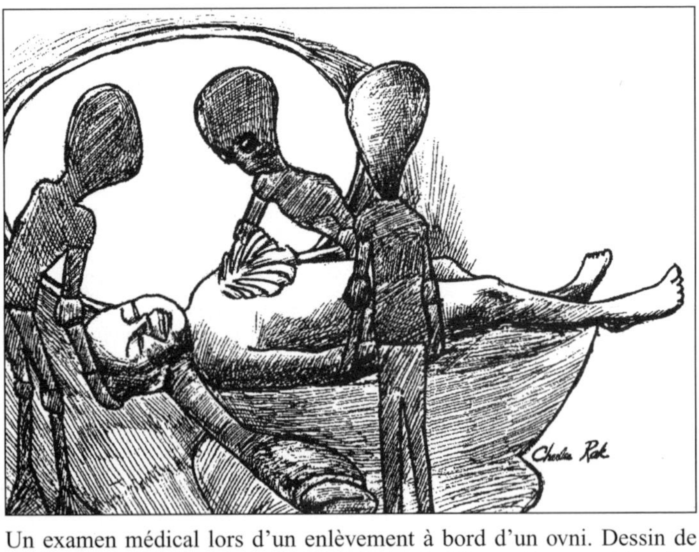

Un examen médical lors d'un enlèvement à bord d'un ovni. Dessin de Chuck Rack illustrant le cas d'Allagash, étudié par Raymond Fowler. Les ravisseurs introduisent un tube dans la cage thoracique de la victime. (*MUFON UFO Journal*, avril 1993, d.r.).

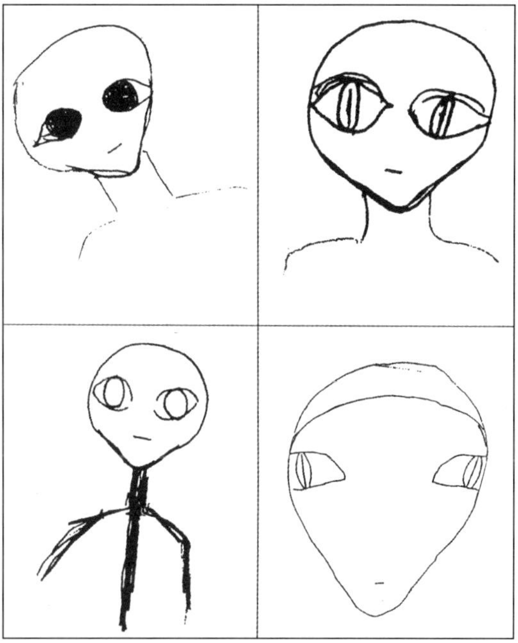

Dessins de leurs ravisseurs par Cindy Tindle et sa mère Judy Doraty, dont elles se sont souvenu sous hypnose. (doc. Linda Moulton Howe, *Glimpses of Other Realities*, d.r.).

Petit alien « gris » décrit par Paula Watson, de Mount Vernon, dans le Missouri. On note la ressemblance avec les aliens de Betty Andreasson-Luca et Judy Doraty (in Linda Moulton Howe, *Glimpses of Other Realities*, d.r.).

Fermier de l'Idaho montrant sa vache mutilée, en juillet 1989, à la journaliste Ellen Carney, du *Idaho State Journal* (ph. E. Carney, *Idaho State Journal*).

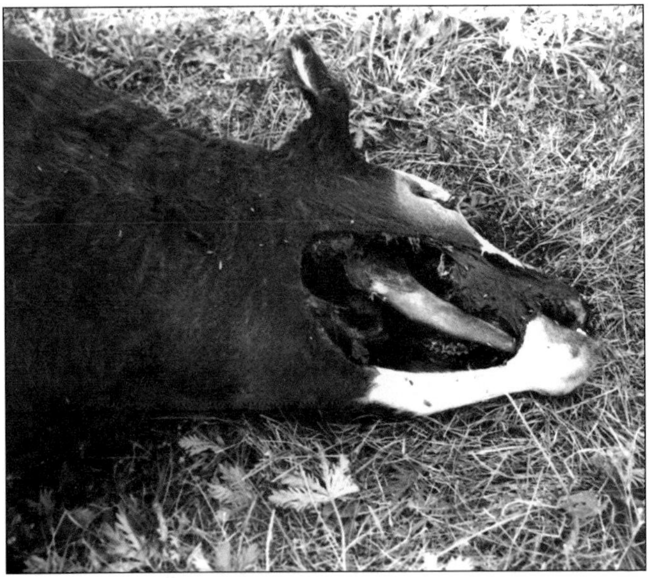

Mâchoire découpée de l'animal.
(ph. Ellen Carney, *Idaho State Journal*).

Bouvillon mutilé, avec la mâchoire complètement dénudée, retrouvée à Caldwell, dans le Kansas, le 31 juin 1992 (ph. Chuck Pine, in Linda Moulton Howe, *Glimpses of Other Realities*, d.r.).

Une première série d'incidents se produit sur la base aérienne de Loring, dans le Maine, au cours des nuits des 27 et 28 octobre 1975. Quelques observations sont encore faites au cours des nuits suivantes. A 7 h 45 du soir, le sous-officier de police Danny Lewis, de garde le long du dépôt de bombes et de têtes de missiles nucléaires, disposées dans des casemates isolées en forme d'igloos, croit voir arriver un « avion » à environ 100 mètres d'altitude. La tour de contrôle repère l'appareil, mais toute tentative de contact radio reste vaine. L'engin inconnu commence à décrire des cercles, à moins de 300 mètres de la zone de stockage. On suppose à ce moment qu'il s'agit d'un hélicoptère. La base est mise en état d'alerte, le commandant demande une intervention aérienne au NORAD, mais celle-ci est refusée. L'engin inconnu disparaît au bout de 40 minutes en direction de la frontière canadienne.

La deuxième nuit, toujours vers 7 h 45, l'« hélicoptère » revient. Lumineux et de couleur ambre, l'appareil émet des éclairs de lumière blanche. On l'aperçoit au bout de la piste, à une altitude de 50 mètres, puis il devient invisible et réapparaît au-dessus de la zone de stockage des têtes nucléaires ! Le sergent Steven Eichner, membre d'une équipe de bombardiers B-52, est en train de travailler sur le terrain avec le sergent Jones et d'autres membres de l'équipe. Eichner et Jones voient l'objet de près ; ils témoigneront qu'il ressemblait à un ballon de football américain « étiré ». L'engin apparaît en vol stationnaire, puis éteint toutes ses lumières, mais il réapparaît plus loin, se déplaçant par mouvements saccadés. Vu de près, expliquera Eichner, l'engin donnait l'impression d'émettre simultanément des lueurs de toutes les couleurs, mêlées les unes aux autres. L'objet paraissait solide et n'émettait pas le moindre bruit.

Soudain, la base se met en état d'alerte, des véhicules de police arrivent, munis de projecteurs : l'engin « s'éteint » alors, mais il est repéré sur le radar. Il s'éloigne vers le Nouveau-Brunswick, au Canada. Cette fois, une assistance aérienne est accordée à la base sous la forme d'un hélicoptère Huey de la Garde nationale. Arrivé au petit matin, il assiste à une nouvelle intrusion de l'ovni. L'un des membres de l'équipage, l'adjudant Bernard Poulin, a témoigné dans un entretien avec Larry Fawcett qu'il a été dirigé par le radar tout près de l'ovni, jusqu'à près de 30 mètres (100 pieds), mais qu'il n'a rien pu voir ! Toutes les bases du Strategic Air Command situées sur la frontière nord sont mises en alerte[31].

Le même type d'incident se reproduit au cours du même automne 1975, comme le révèlent les documents du NORAD divulgués depuis, sur plusieurs des bases du Strategic Air Command, toutes dotées de bombardiers ou de missiles nucléaires, à savoir : la Wurtsmith Air Force Base (AFB), dans le Michigan, le 30 octobre ; la Malmstrom AFB, dans le Montana, le 7 et le 9 novembre, puis le 2 décembre ; la Grand Forks AFB, dans le Dakota du Nord, le 4 novembre ; la Minot AFB, dans le Dakota du Nord, le 10 novembre.

A Wurtsmith, le radar repère un engin non identifié au-dessus du dépôt d'armes nucléaires. Après son départ vers le sud-ouest, un avion de ravitaillement KC-135 (version militaire du Boeing 707) le repère à son tour, à la fois sur son écran radar et visuellement. Le rapport militaire de cet incident précise qu'il a vu l'ovni s'éloigner à la vitesse de 1 000 nœuds, soit à peu près 1 850 km/h[32].

Certains documents militaires font explicitement référence aux ovnis. C'est le cas d'une lettre adressée à l'enquêteur Todd Zechel, du groupe CAUS, par le colonel James, directeur administratif du Quartier général du commandement de la défense aérienne, à Peterson, dans le Colorado. Le colonel répond à une demande d'information sur ces incidents, en vertu de la loi FOIA. Dans sa lettre du 4 octobre 1977, il cite les rapports du NORAD relatifs aux observations de cette période : on y lit que, le soir du 7 novembre, près de la base de Malmstrom, dans le Montana, a été observé un grand objet dont la couleur variait du rouge à l'orange et au jaune. Observé à la jumelle, ce mystérieux objet laissait aussi apparaître de petites lumières. A un moment, on a observé une sorte de tube noir qui en sortait. L'ovni a disparu au lever du soleil. Le 9 novembre, « le SAC CP a appelé et a informé que les équipes du SAC sur les sites L-1, L-6 et M-1 observaient un ovni ». De même, « le SAC CP signale un ovni à 20 miles [32 kilomètres] au sud-est de Lewistown, objet en forme de disque de couleur orange/blanche ». Le 10 novembre, « observation d'ovni signalée par la station de l'Air Force de Minot. Un objet brillant comme une étoile, se déplaçant vers l'est. Il a à peu près la taille d'une voiture. L'objet est passé au-dessus de la station radar à environ 300 à 600 mètres d'altitude, sans aucun bruit. Les trois militaires présents sur le site ont vu l'objet[33]. »

L'armée de l'Air elle-même reconnaît, dans ses réponses à une série de questions posées par le *National Inquirer* en 1977, que l'on n'a jamais vraiment identifié les engins comme étant des hélicoptères : « Il s'agissait, précise la réponse, d'une supposition fondée sur le son et la lumière perçus par les témoins visuels[34]. »

Mais voici un document militaire plus évocateur, qui révèle incidemment pourquoi les bases du NORAD ne semblaient pas pressées de faire décoller la chasse pour intercepter les « hélicoptères ». Il s'agit d'une note du directeur adjoint des opérations (DDO) du National Military Command Center (NMCC) à Washington, qui confirme, au plus haut niveau hiérarchique, la présence d'ovnis :

> *Le CJCS* [chef de la réunion des chefs d'état-major], *au briefing du 10 novembre au matin, a indiqué que, lorsque des observations d'ovnis sont rapportées, le NMCC devrait demander les gradients de température de la région (pour d'éventuelles inversions en altitude). Le CJCS s'est aussi interrogé sur l'opportunité de faire décoller des avions à la poursuite de ces ovnis*[35].

Arrêtons-nous maintenant sur la série d'observations très impressionnante de Malmstrom AFB, dans le Montana. Le site abrite vingt missiles Minuteman, enterrés dans des silos de lancement et dispersés sur une zone très étendue pour éviter le risque de destruction massive par une première frappe nucléaire. L'un de ces silos, le K-7, se trouve assez loin, au sud de la petite ville de Lewistown, dans la région de Judith Gap. Dans la nuit du 7 au 8 novembre 1975, des senseurs électroniques signalent une violation du périmètre de sécurité. Les officiers de garde au sous-sol n'ont pas de télévision de surveillance en surface. Ils déclenchent l'alerte et une « équipe d'alerte de sabotage » arrive d'urgence par la route. A 1 mile de distance, l'équipe aperçoit un objet lumineux orange au-dessus de la zone. Ils s'approchent à un demi-mile et se rendent compte que l'objet est énorme. C'est un disque de la taille d'un terrain de football, qui illumine le site du missile. Les officiers de garde ordonnent à l'équipe de pénétrer sur le site, mais les soldats refusent d'avancer. L'ovni commence alors à s'élever et il est repéré par un radar du NORAD lorsqu'il atteint 300 mètres d'altitude. Cette fois, deux intercepteurs, des Convair F-106 très rapides, sont dépêchés depuis la base de Great Falls. Cependant, l'ovni continue à prendre de l'altitude et finit par disparaître des écrans radar à l'altitude de 200 000 pieds (66 000 mètres). Prodigieux « hélicoptère » ! Les F-106 n'ont même pas pu l'apercevoir. Les membres de l'équipe SAT, traumatisés, ont dû être mis sous surveillance médicale.

Les informations données officiellement ne livrent pas autant de détails ; beaucoup ont été obtenus par une enquête difficile auprès des personnels militaires témoins de l'événement. Un témoin important, James Moulton, était le pilote d'un hélicoptère envoyé lui aussi vers le site K-7. Il a vu l'ovni, « plus brillant que la lumière du soleil[36] ».

Mais les ovnis ne se contentent pas de visiter les sites nucléaires. Selon des témoignages crédibles, ils en mettent quelques-uns hors service. Sur le site K-7 de Malmstrom, des équipes de spécialistes viennent vérifier, en particulier, la programmation informatique de la cible du missile... et découvrent que celle-ci a été modifiée ! On décide alors de changer le véhicule de rentrée dans l'atmosphère, puis le missile tout entier. Les enquêteurs privés n'ont pu avoir confirmation que le même type d'altération a eu lieu sur d'autres missiles à Malmstrom. En revanche, Raymond Fowler, un ufologue réputé, rapporte que ce n'était pas le premier cas du genre sur la base de Malmstrom. Au printemps de 1966, dix missiles auraient été perturbés simultanément. On découvrit qu'aucun ne pouvait être lancé, à cause d'un défaut dans le système de guidage et de contrôle – incident bizarre car il s'agit de la partie la mieux protégée du missile Minuteman. Toujours selon Fowler, un scénario du même type se serait produit à Malmstrom un an plus tard, le 20 mars 1967. Une dizaine de missiles auraient encore été perturbés, alors qu'un ovni était repéré par radar au-dessus de la zone[37].

En Union soviétique aussi...

Depuis la fin du régime soviétique, beaucoup d'informations nouvelles ont fait surface en Russie, qui ont révélé, notamment, des intrusions d'ovnis au-dessus de bases nucléaires soviétiques. Des témoins ont parlé, en particulier des militaires à la retraite, encouragés par la « perestroïka », et un certain nombre d'enquêteurs indépendants ont fait connaître ces incidents. Un épisode assez incroyable, parmi ce déballage d'informations, est la vente d'archives militaires, en 1993, par le colonel Boris Sokolov au journaliste américain George Knapp, qui enquêtait à Moscou pour la chaîne de télévision ABC. L'ufologue russe Boris Chourinov a raconté l'affaire avec beaucoup de verve dans son livre *Ovnis en Russie*[38]. En fait, le KGB a lui-même déclassifié un dossier de cent vingt-quatre pages intitulé « Cas d'observations de phénomènes insolites sur le territoire de l'URSS, 1982-1990 », dans lequel figure le cas suivant.

L'incident se produit au cours de la nuit du 28 au 29 juillet 1989 au-dessus d'une base de missiles militaires du district de Kapoustine Yar, dans la région d'Astrakhan, près de l'embouchure de la Volga, sur la mer Caspienne. Kapoustine Yar est un terrain d'essais comparable à celui de White Sands, au Nouveau-Mexique. Le dossier du KGB contient les dépositions de sept témoins militaires (deux jeunes officiers, un caporal et quatre soldats), des croquis de l'objet par les témoins et un bref résumé par un officier du KGB. Selon ce dernier, un premier groupe de témoins du centre de communications observe trois ovnis entre 22 h 12 et 23 h 55, à une distance d'environ 3 à 5 kilomètres. D'autres témoins, se trouvant sur une autre partie de la base, observent les ovnis de plus près, à une distance variant de quelques kilomètres à 300 mètres, entre 23 h 30 et 1 h 30. Les témoins décrivent ces ovnis comme des disques de 4 à 5 mètres de diamètre, surmontés d'une demi-sphère brillamment éclairée. Ils se déplacent parfois brusquement, mais sans bruit, ou restent en vol stationnaire à faible hauteur, de 20 à 60 mètres. Le commandement de la base appelle un chasseur, mais lorsque l'avion s'approche de l'un des ovnis, celui-ci fait une manœuvre pour s'éloigner, si bien que le pilote ne peut presque rien voir malgré une bonne visibilité.

Ce résumé très succinct du KGB est complété par les témoignages des militaires. Eux aussi ont vu un ovni. Il se dirige vers le dépôt des fusées, à 300 mètres de leur point d'observation. Au début, on ne voit qu'un flash de lumière puissant, puis l'objet devient visible ; c'est un disque de 4 à 5 mètres de diamètre, surmonté d'une coupole. Il s'arrête au-dessus du dépôt, à 20 mètres d'altitude. La coque de l'ovni brille d'une lumière vert sombre, comme phosphorescente. Un faisceau de lumière intense jaillit sous l'ovni, dirigé vers le sol, de l'endroit qui émettait un flash quelques instants auparavant. Le faisceau décrit des cercles pendant quelques secondes puis disparaît, et l'ovni s'éloigne en émettant des flashes. Il donne l'impression de pouvoir accélérer ou stopper brutalement, avec un léger mouvement de balancement. Il survole plusieurs autres parties du site, revient au-dessus des fusées, puis finit par s'éloigner, à 1 h 30 du matin[39].

Un autre dossier russe solidement étayé, cité par Chourinov et d'autres sources, est divulgué par un militaire d'assez haut rang, le « colonel-général » d'aviation Igor Maltsev, et ce toujours à la faveur du dégel soviétique. Son rapport, publié dans le journal moscovite *Rabotchaïa Tribouna* du 19 avril 1990, fait la synthèse de plus d'une centaine d'observations communiquées par des commandants d'unités militaires. Le général Maltsev résume ainsi ces témoignages, concernant un cas d'observation radar et visuelle d'ovnis, avec intervention aérienne d'un chasseur à réaction, dans la région de Peraslavl-Zalesskiy, à l'est de Moscou, dans la nuit du 21 mars 1990 (il parle tantôt d'un ovni, tantôt de plusieurs ovnis) :

> *Je ne suis pas un spécialiste des ovnis et ne puis donc que noter des corrélations de données et faire une supposition personnelle. Il ressort des témoignages visuels que l'ovni était un disque d'un diamètre allant de 100 à 200 mètres. Il avait deux lumières pulsantes sur les côtés [...]. De plus, cet objet tournait sur son axe et opérait des manœuvres en « S », aussi bien dans le plan vertical qu'horizontal. L'ovni a aussi fait du vol stationnaire près du sol, puis a atteint une vitesse deux ou trois fois supérieure à celle d'un chasseur à réaction.*
>
> *[...] Les objets volaient à des altitudes allant de 100 à 7 000 mètres. Ils se déplaçaient sans aucun bruit et se distinguaient par leur étonnante manœuvrabilité. Il semblait que les ovnis fussent complètement dépourvus d'inertie. En d'autres termes, ils paraissaient posséder la faculté de s'affranchir de la gravité. A l'heure actuelle, les machines terrestres sont très loin d'avoir de telles capacités*[40].

Boris Chourinov cite d'autres détails intéressants rapportés par les témoins. Le pilote du chasseur, le capitaine Birine, note, au sujet des lumières clignotantes sur les côtés de l'ovni, que celles-ci s'intensifiaient lorsque la vitesse augmentait alors qu'elles s'éteignaient presque lorsqu'il s'immobilisait. D'autres témoins confirment cette observation.

Chourinov raconte qu'il a pu enquêter lui-même immédiatement après les événements et s'entretenir notamment avec des témoins de stations de radar, qui ont eu « l'impression que l'objet ralentissait quand il passait au-dessus de leur compagnie». Encore un détail qui nous invite à la réflexion sur le caractère ostentatoire des apparitions d'ovnis. Boris Chourinov propose un rapprochement de dates intéressant : neuf jours plus tard, le 30 mars, ont en effet lieu en Belgique de nombreuses et fameuses observations visuelles et radar au sol, avec interception par deux chasseurs F-16 qui vont réussir à verrouiller leur radar à plusieurs reprises sur la cible... (voir chapitre 1, p. 25) Deux autres points importants : d'une part les dimensions importantes des ovnis (100 à 200 mètres de diamètre), d'autre part l'impression qu'ils donnent d'être affranchis de la gravité – idée déjà ancienne et longtemps écartée car elle ne repose sur aucune théorie physique connue.

Un autre cas remarquable de survol d'une base de missiles est cité par Boris Chourinov. Le 4 octobre 1983, un ovni apparaît au-dessus d'une base de missiles intercontinentaux située près du village de Belokorovitchi, en Ukraine. Il se trouve à environ 400 mètres d'altitude quand les habitants du village l'aperçoivent. Selon le colonel Vladimir Platonov, qui se trouve dans le bunker de commandement, les lampes du panneau de contrôle des fusées s'allument alors «en signe d'habilitation des codes de lancement des missiles», alors que cela ne peut normalement se produire que sur ordre direct de Moscou. Cet incident désagréable dure quinze secondes, pendant lesquelles «personne ne contrôle la situation». La commission d'enquête arrivée dès le lendemain de Moscou ne trouvera aucune explication rationnelle à cette panne[41]...

5

RUMEURS ET DÉSINFORMATION

Parmi les témoignages recueillis par les ufologues, un grand nombre évoquent les contacts ultra-secrets qui auraient été établis avec plusieurs civilisations extraterrestres. Beaucoup de ces « révélations » semblent peu crédibles. D'autres, qui paraissent provenir des services secrets eux-mêmes, incitent à la réflexion.

Les autorités politiques et militaires auraient-elles autre chose à cacher que la simple présence – certes préoccupante en soi – de mystérieux ovnis ? La politique du secret mise en œuvre jusqu'à présent sur la question, en particulier aux États-Unis et en Europe, pourra-t-elle être indéfiniment maintenue ? N'assisterions-nous pas, au contraire, depuis des années, à un lent processus de préparation de l'opinion publique en vue d'inévitables révélations ? Telles sont les graves questions qui viennent à l'esprit à la lecture de ces étranges témoignages.

L'affaire de Rendlesham : rencontre rapprochée près d'une base nucléaire

Voici un cas aussi extraordinaire que complexe. Le dossier comporte des témoignages plus ou moins solides, mais l'ensemble mérite d'être analysé avec attention car cette affaire pourrait bien ouvrir des perspectives nouvelles.

Commençons par le témoignage le plus « officiel », celui du colonel Charles Halt – lieutenant-colonel à l'époque des faits –, dont un mémorandum, daté du 13 janvier 1981, a été obtenu en 1983 par le groupe CAUS (Citizens Against UFO Secrecy), aux États-Unis. L'affaire se déroule dans la forêt de Rendlesham, qui borde les bases de la Royal Air Force de Woodbridge (partagée entre l'USAF et la RAF) et de Bentwaters (RAF), dans le Suffolk, en Grande-Bretagne.

Le colonel Halt raconte dans son mémorandum que, dans la nuit du 27 décembre 1980, vers 3 heures du matin, deux soldats américains en patrouille aperçoivent des lumières inhabituelles non loin de la porte d'entrée de Woodbridge. Pensant qu'un avion s'est écrasé, ils demandent l'autorisation de se rendre sur place. Trois hommes partent à pied. Ils diront avoir vu un étrange objet lumineux dans la forêt, qu'ils décriront comme étant

> *d'apparence métallique et de forme triangulaire, d'environ 2 ou 3 mètres de large à la base et d'environ 2 mètres de haut. Il illuminait la forêt tout entière d'une lumière blanche. L'objet lui-même avait une lumière rouge pulsante au sommet et une série de lumières bleues en dessous. Il était soit en vol stationnaire, soit posé sur des pieds. Alors que les gardes s'approchaient, il a manœuvré à travers les arbres et a disparu. A ce moment, les animaux d'une ferme voisine sont devenus très agités. L'objet a encore été vu brièvement près de la porte d'entrée environ une heure plus tard.*

Le lendemain, selon le colonel Halt, on trouve trois empreintes là où l'objet a été vu au sol. Elles mesurent 7 pouces (17,8 centimètres) de diamètre sur 1,5 pouce

(4 centimètres) de profondeur. Il y a des traces de radioactivité bêta et gamma, de 0,1 milliröntgen, avec des pointes dans les trous et au centre du triangle.

Plus tard dans la nuit, une lumière ressemblant à un «soleil rouge» a été vue à travers les arbres. Elle se déplaçait et pulsait. A un moment, elle s'est mise à émettre des particules lumineuses, s'est scindée en cinq objets blancs et a disparu. Juste après, trois objets ressemblant à des étoiles ont été remarqués dans le ciel, deux vers le nord et un vers le sud, tous à environ 10 degrés au-dessus de l'horizon. Les objets se déplaçaient rapidement en mouvements angulaires aigus et arboraient des lumières rouges, vertes et bleues. Les objets au nord étaient de forme elliptique, vus avec des jumelles de 8-12. Ils ont pris ensuite une forme pleinement circulaire. Ces objets sont restés dans le ciel pendant une heure ou plus. L'objet au sud a été visible pendant 2 ou 3 heures et émettait un pinceau de lumière vers le bas, de temps en temps.

Le colonel Halt signale pour finir que de nombreuses personnes, y compris lui-même, ont été témoins de ces observations.

Que penser du témoignage du colonel Halt ? On est frappé par le contraste entre le sérieux du document, à en-tête de l'US Air Force (voir annexes page 311) et l'étrangeté du récit. Comment a réagi la presse à cette divulgation ? L'enquêteur anglais Timothy Good raconte qu'en Grande-Bretagne, où jusque-là presque rien n'avait filtré, elle a été publiée par un journal à sensation, *News of the World*, et a été aussitôt tournée en dérision dans le très sérieux *Daily Telegraph*, sous la plume de son correspondant scientifique, Adrian Berry :

Tout ce qui est arrivé, c'est qu'un colonel de l'armée de l'Air à Woodbridge a vu une lumière inexpliquée dans les bois proches. C'est tout. Un journal a publié son histoire ridicule et deux jours plus tard un garde forestier de la Commission forestière a montré comment la lumière étrange était en fait le faisceau tournant du phare d'Oxford Ness, à 5 miles [8 kilomètres] *de là*[1].

Nick Pope réexamine l'affaire alors qu'il travaille au ministère de l'Air, de 1991 à 1993. Il note que le niveau de radiation relevé par le colonel Halt est dix fois supérieur au niveau normal dans la campagne anglaise[2]. Mais surtout, il affirme que le secret a plané sur toute cette affaire :

Un nuage de secret a recouvert Rendlesham. Le personnel de la base, comme le lieutenant Jim Penniston, a remarqué une activité inhabituelle dans les jours qui ont suivi. Des vols non annoncés sont arrivés et repartis. On a dit à Penniston de se tenir tranquille et d'oublier. Même Halt a été laissé dans le noir. Ses supérieurs lui ont dit de soumettre son rapport au ministère de la Défense, ce qu'il a fait. Mes prédécesseurs ne semblent pas avoir réagit et Halt, très justement, trouve cela incompréhensible.

Apparemment, la trace de son rapport s'est perdue dans les méandres du ministère, et Halt, surpris et irrité, attend toujours une réaction quinze ans plus tard[3]. L'opinion de Nick Pope est partagée par l'un de ses prédécesseurs au ministère de l'Air, Ralph Noyes, ainsi que par lord Hill-Norton, ancien chef d'état-major de la Défense britannique[4].

En 1994, Charles Halt, alors à la retraite, admet qu'il n'a pas tout dit dans son rapport (il attendait un *debriefing* complet qui n'eut jamais lieu) et donne de nouvelles informations à l'occasion d'une conférence à Leeds. Selon lui, un avion de transport militaire C-141 Starlifter a atterri à Bentwaters peu après l'incident avec, à son bord, un « groupe spécial » qui est allé directement à la zone de la porte Est. Personne n'a su ce qu'ils y faisaient et quels avaient été les résultats de leurs investigations. Un autre témoin militaire, Larry Warren, a appris qu'une équipe était venue d'Allemagne pour vérifier les armes nucléaires. Il y avait un important dépôt d'armes nucléaires à Woodbridge et Bentwaters, qui étaient à l'époque l'un des piliers de la défense de l'OTAN (ces bases ont été fermées depuis). Selon plusieurs témoins, des faisceaux de lumière provenant des ovnis sont allés frapper les bunkers renforcés contenant ces armes, et les ont peut-être affectées de quelque façon[5].

Beaucoup d'autres témoignages ont été recueillis par les enquêteurs américains et anglais, si bien que l'affaire de Rendlesham commence à ressembler à un « Roswell britannique », selon le mot de Nick Pope. Elle s'avère bien plus complexe que le simple récit initial du colonel Halt, et certains aspects en sont encore obscurs.

Un premier incident a eu lieu dans la nuit du 25 au 26 décembre. L'ovni est revenu sur place deux nuits plus tard. Une équipe plus importante, dirigée par le colonel Halt, s'est alors rendue sur les lieux et a enregistré l'opération au magnétophone. 18 minutes de cet enregistrement de 2 heures ont été rendues publiques. Elles révèlent une grande tension au sein de l'équipe. Les hommes ont apporté des projecteurs, mais ceux-ci sont tombés en panne, de même que les véhicules. Les trois radios ont connu des problèmes d'interférences. Ils se sont approchés à pied, et c'est à ce moment que le colonel Halt a vu l'objet au sol. Sa description est corroborée par d'autres témoins, notamment le sergent Jim Penniston, l'un des témoins de la première observation par la patrouille de trois hommes. Lors de l'émission de télévision « Strange but True » à laquelle il a participé avec le colonel Halt en 1994, il a raconté qu'ils avaient beaucoup de mal à avancer, comme s'ils avaient rencontré une barrière invisible :

> *L'air était rempli d'électricité. Nous pouvions la sentir sur notre peau en approchant de l'objet. Une lumière blanche de grande intensité émanait du dessous de l'engin, qui était bordé par une lumière alternativement rouge et bleue...*

La surface de l'objet paraissait moulée dans un matériau vitreux d'aspect noir fumeux, sans aspérités. Les hommes de la sécurité ont observé ce spectacle pendant environ 20 minutes, après quoi l'engin a commencé à se déplacer en contournant les arbres, avant de s'éloigner à toute vitesse[6]. D'autres témoins ont remarqué un brouillard jaune flottant à 2 ou 3 pieds (60 à 90 centimètres) au-dessus du sol. Enfin, une partie très controversée de l'incident est rapportée par deux témoins, Larry Warren et Adrian Bustinza, mais est niée par d'autres. Selon les premiers, le colonel Gordon Williams, commandant de la base (Halt était son adjoint), serait venu sur place et serait entré en contact avec les êtres qui se trouvaient à l'intérieur du vaisseau spatial ! Ce qui est sûr, c'est qu'il y a eu observation très rapprochée d'un ovni au sol à Rendlesham, et que cet incident est aujourd'hui encore largement couvert par le secret militaire...

Un quasi-atterrissage sur la base d'Edwards

La NASA est, avec la NSA (National Security Agency), l'une des administrations américaines les plus silencieuses sur les ovnis, ce qui n'a pas manqué d'exciter les imaginations. Beaucoup de rumeurs circulent en effet sur des observations d'ovnis par des astronautes dans l'espace, voire sur la Lune, mais elles ont été démenties par les astronautes eux-mêmes. Est-ce à dire qu'ils n'ont jamais rien vu ? Plusieurs ont admis avoir observé des ovnis, mais en tant que pilotes d'avion, et avant leur carrière astronautique. Tel est le cas du colonel Gordon Cooper, qui a fait partie de la toute première sélection de sept astronautes triés sur le volet. Cooper, connu pour son sang-froid un peu nonchalant, a accompli le dernier vol de la première capsule spatiale, Mercury, en mai 1963, avec vingt-deux orbites autour de la Terre. Aujourd'hui à la retraite, il dirige une petite entreprise d'aviation. Cooper a commencé à s'exprimer publiquement en 1978 lors d'un débat organisé par les Nations unies. Il raconte, dans un entretien publié par *UFO Magazine*, le quasi-atterrissage, en 1957, d'une soucoupe sur le terrain d'essais militaires d'Edwards, sur le lac asséché de Rogers dans le désert Mojave, en Californie, où il était à l'époque chef de projet pour plusieurs prototypes.

Ce jour-là, une équipe de photographes de l'armée de l'Air est installée sur le terrain avec trois caméras pour filmer des essais d'atterrissage de précision. Des hommes font irruption dans son bureau, très excités, raconte Cooper, pour signaler que les photographes viennent de filmer un engin en forme de soucoupe avec un train d'atterrissage à trois pieds qui est venu se poser pratiquement sous leur nez, à 50 mètres d'eux... juste devant trois caméras prêtes à filmer ! Peut-on choisir meilleur endroit pour un atterrissage ? Encore un bel exemple de mise en scène ufologique ! Quand l'équipe s'est approchée, l'ovni a décollé et est parti à très grande vitesse. Cooper, appliquant les règlements concernant les observations d'ovnis, appelle alors le Quartier général de l'Air Force. Un colonel l'informe que les dispositions sont déjà prises avec le colonel commandant la base pour porter le film à Washington, dès qu'il sera développé. « Ne faites aucune copie du film », lui précise-t-il... Cooper respecte la consigne, mais visionne quand même l'exemplaire unique avant son départ : « C'était une soucoupe typique formée de deux lentilles inversées [...], explique-t-il. Elle avait un train d'atterrissage à trois pieds [...]. L'équipe l'a filmée au sol et au décollage. Elle avait une surface d'apparence métallique et semblait être assez grande pour loger un équipage d'êtres de taille normale *[full-sized].* » Pour Cooper, ce n'est sûrement pas un prototype secret, et il est bien placé pour en juger. Quant aux cameramen, ils étaient des professionnels confirmés. Curieusement, il n'a même pas reçu l'ordre de garder le silence.

Cooper fait par la suite un rapport à la commission Blue Book, mais n'en reçoit aucune réponse. En revanche, l'un des sceptiques américains les plus acharnés à démolir tous les témoignages d'ovnis, James Oberg, est depuis monté au créneau pour mettre en doute celui de Cooper. Pour lui, ce récit est « indirect, vieux de plusieurs décennies et extrêmement confus ». Oberg prétend avoir étudié le dossier de la commission Blue Book, qui ne mentionne qu'un ovni en vol. Ces dossiers étant maintenant disponibles sur microfiches, celui de cette observation a été vérifié par le journal *UFO Magazine*, qui n'y a trouvé qu'une citation dans une liste de cas, sans aucun détail, avec quelques photos floues d'un ovni en vol. Seulement voilà, tous ceux qui ont étudié les archives de Blue Book, à commencer par l'astronome Hynek, ont constaté l'absence des cas les plus « chauds ». Rappelons-nous le mémo du général Bolender, en 1969, précisant aux personnels militaires qu'il faut continuer à rapporter ces cas, mais hors du circuit Blue Book... Oberg ne l'ignore certainement pas ; comment ne pas y voir de la mauvaise foi ? Et il s'enfonce un peu plus encore en affirmant avoir rencontré à ce sujet le responsable de la commission et les photographes... mais en refusant de donner leurs noms[7].

Au sujet des cas disparus des archives de Blue Book, l'astronome Allen Hynek, le conseiller scientifique de la commission, rapporte un cas tout à fait analogue. Donald Slayton, un autre astronaute de la première équipe Mercury, n'est pas non plus n'importe quel témoin. Il a été pendant des années le directeur du corps des astronautes à la NASA ; il a piloté la cabine Apollo pour le premier rendez-vous spatial avec un Soyouz soviétique ; il a été responsable des essais d'approche et d'atterrisage de la navette spatiale sur la base d'Edwards, tâche particulièrement délicate. Hynek se demande pourquoi « bon nombre de notifications d'ovnis véritablement déconcertantes et dues à des personnalités de premier plan, tant civiles que militaires [notifications dont il a eu connaissance par d'autres canaux], ne figurent pas dans les dossiers de Blue Book ». Et il cite en exemple le cas de Slayton :

> *C'est ainsi qu'un rapport d'ovni déposé en 1951 par l'astronaute Slayton, alors qu'il était pilote d'essai, ne figure pas dans les archives de Blue Book, alors que Slayton m'a confirmé, dans une lettre personnelle, à la fois l'événement lui-même et le fait qu'il avait remis un rapport pour être transmis par les voies officielles.*

Slayton raconte dans sa lettre, annexée au livre de Hynek, comment il a approché en vol un objet d'apparence discoïdale, à environ 150 mètres sous son avion, et comment l'objet « a accéléré et est monté en virage à gauche[8] ».

Que de tels témoignages soient mis en doute par les sceptiques nous laisse présager le pire dès lors qu'on aborde des affaires plus « chaudes », tels les témoignages sur des accidents d'ovnis, les contacts secrets avec ces ufonautes mystérieux, d'autant plus que foisonnent les rumeurs incontrôlées, dont un bon nombre suggèrent la désinformation. La manœuvre est classique : répandre des histoires invraisemblables pour « couler » les vraies. L'un des ufologues propagateurs de ces fausses rumeurs, William Moore, a d'ailleurs avoué publiquement l'avoir fait pour le compte des services de renseignement de l'armée de l'Air, dans le but de ridiculiser les enquêtes menées sur ce terrain. Nous voilà avertis...

Accidents d'ovnis : canulars et cas douteux

Rappelons pour mémoire le livre du journaliste américain Frank Scully, *Behind the Flying Saucers*, qui, en 1950, « révèle » la récupération secrète de pas moins de quatre soucoupes volantes par l'armée américaine, sur le seul territoire des États-Unis. Deux ans plus tard, le magazine *True* révèle à son tour que les informateurs de Scully étaient des escrocs ; l'« affaire Scully » devient aussitôt un repoussoir dont aucun ufologue ne veut plus entendre parler. Notons tout de même que, dans l'hypothèse où l'affaire Scully était un coup monté pour atteindre précisément cet objectif, la réussite est totale. Nous l'avons vu, le même doute plane sur le cadavre suspect de Roswell. Rappelons-nous cependant le témoignage du professeur Sarbacher (voir chapitre 3, page 66), confirmant à l'ingénieur canadien Wilbert Smith que le livre de Scully est véridique sur le fond. Qu'il est difficile, sur ce terrain obscur, de savoir la vérité !

Il faut attendre la fin des années 70 pour que les ufologues recommencent à prendre ces histoires au sérieux, malgré quelques témoignages intéressants apparus dès les années 60. Mais, selon le mot de Kevin Randle, le meilleur enquêteur sur Roswell, ces histoires sont « autoprotectrices du secret » car la plupart des témoins préfèrent se taire, ou, s'ils parlent, souhaitent souvent garder l'anonymat (Roswell faisant figure d'exception). C'est le cas des nombreux témoignages recueillis par Leonard Stringfield, qui les a publiés dans plusieurs rapports successifs sur les *crashs/retrievals*, c'est-à-dire les accidents avec récupération d'ovnis et de cadavres.

Les deux cas de faux accidents les plus connus, cités par Scully en 1950, sont ceux de Paradise Valley (Californie, octobre 1947) et de Aztec (Nouveau-Mexique, 1948). Il se trouve que ce dernier est cité dans le fameux document « Majestic 12 », d'origine suspecte, apparu dans les années 80 et qui a fait lui aussi merveille pour déconsidérer les enquêtes sur certains dossiers secrets. Parmi les cas dont on a parlé mais qui ne reposent sur rien de sérieux ou sont des supercheries caractérisées, figurent par exemple ceux du Spitzberg (1952), de l'île de Heligoland, sur la côte nord de l'Allemagne (1952), du mont Stolovaïa en URSS (1983), ou encore du désert du Kalahari (1989). Des ufologues de qualité se sont donné la peine de les vérifier. Ce sont, notamment, Jerome Clark, du CUFOS, auteur d'une remarquable encyclopédie des ovnis en trois volumes *(The UFO Encyclopedia)*, et Kevin Randle (auteur de *A History of UFO Crashes)*, deux sources très fiables sur ce sujet jonché d'embûches[9].

Passons aussi rapidement sur le cas de Laredo (Texas, juillet 1948). Une photo a circulé, celle d'un extraterrestre mort, surnommé l'« homme-tomate » à cause de sa tête énorme et ronde. Hélas, on aperçoit une paire de lunettes à côté ; il s'agit en réalité d'un aviateur brûlé dans un accident d'avion. Le cas de Del Rio se situe également au Texas, dans la région de Laredo, mais en décembre 1950. Il n'est pas un canular avéré, mais les témoignages paraissent insuffisants pour l'établir comme un cas solide.

Il faut peut-être rapprocher cette histoire du deuxième cas rapporté dans le document controversé « Majestic 12 », qui se serait produit le 6 décembre 1950, le même mois qu'à Del Rio, mais à une centaine de miles plus au sud, près des villages de El Indio (au Texas) et Guerrero (au Mexique). Cela fait beaucoup de cas, presque au même lieu et au même moment ! Des enquêteurs du MUFON (Mutual UFO Network), Dennis Stacy et Tom Deuley (un ancien de la NSA !), ont fait plusieurs voyages dans la région, mais n'y ont trouvé aucune preuve de ce crash, au demeurant suspect pour le seul motif qu'il est cité dans le document controversé « Majestic 12 », évoqué plus loin[10].

Des cas d'accidents plus crédibles

Un incident survenu près de Kingman, dans l'Arizona, en 1953, apparaît plus solidement établi. L'ufologue Raymond Fowler commence son enquête en 1973 et fait publiquement état des informations qu'il a recueillies en 1976. Le témoin principal, Fritz Werner (il s'agit d'un pseudonyme), est un ingénieur très compétent et de bonne réputation dans son milieu professionnel, mais son récit varie quelque peu au fil de plusieurs entretiens ; il a même avoué qu'il lui arrivait de fabuler sous l'effet de la boisson. Faut-il écarter ce témoignage ? Non, car il a été corroboré en partie par d'autres.

Dans son entretien avec Fowler, Fritz Werner raconte qu'en 1953, il a été conduit avec d'autres personnes dans le désert de l'Arizona, à quelque distance de la ville de Phoenix, dans un autobus aux vitres masquées pour qu'ils ne puissent pas repérer le lieu exact. Là, un officier fait l'appel, détail jugé peu crédible par Randle (lui-même ancien officier de renseignement) car contraire aux règles élémentaires de sécurité. Il s'agit d'étudier sur place un ovni accidenté qui a la forme de « deux soucoupes pressées l'une contre l'autre ». La soucoupe mesure environ 10 mètres (30 pieds) de diamètre et est cerclée par le milieu d'une bande foncée. La surface est terne, pareille à de l'aluminium érodé. Werner estime son poids à environ 5 tonnes. Il est chargé d'évaluer la vitesse et la force de l'impact, qui lui paraît très violent étant donné l'enfoncement de l'engin dans le sable. Werner aperçoit le corps d'un humanoïde sous une tente gardée par la police militaire. Ce corps mesure environ 1,20 mètre (4 pieds) et porte un vêtement argenté. Sa face est visible, de couleur brun foncé, une coloration peut-être due à l'accident. Au retour, dans l'autobus, tout le monde doit prêter serment de secret.

Leonard Stringfield a recueilli un autre témoignage qui corrobore en partie celui de Werner. Un certain « Major Daly » (pseudonyme) a rapporté à un chercheur de Cincinnati, Charles Wilhelm, que son père avait été conduit dans le désert en avril 1953 pour examiner une soucoupe écrasée. Son récit recoupe assez bien celui de Werner, mais c'est un témoignage de seconde main, donc invérifiable. Un autre témoignage indirect provient de la base de Wright-Patterson, où une femme travaillant dans la section des parachutes a vu un sergent entrer dans le bureau et prétendre qu'il venait de participer à la récupération d'un ovni écrasé. Elle ne se rappelle pas la date exacte, mais il ne peut s'agir de Roswell car elle n'a travaillé à cette base qu'à partir de 1950. Dans l'heure qui a suivi, le commandant de la base, le colonel Pratt Brown (plus tard général), est venu en personne dans leur bureau pour leur signifier que l'histoire du sergent n'était qu'une rumeur sans fondement. Il a fait signer par tout le personnel un formulaire leur interdisant de parler et les menaçant de 20 000 dollars d'amende et de vingt ans de prison !

Un autre cas de crash d'ovni est considéré comme presque certainement authentique par Kevin Randle, malgré son étrangeté, car il est corroboré par de nombreux témoignages. Il s'agit du cas de Las Vegas, le 18 avril 1962, que Jerome Clark considère aussi comme sérieux : « Il est hors de doute qu'il a eu lieu ; de nombreux témoins et un suivi radar ont attesté le passage d'un objet volant inhabituel. » La commission Blue Book a expliqué officiellement que cet objet était un bolide, mais, dit Clark, certains aspects défient l'interprétation. L'affaire commence par l'observation d'un objet rouge lumineux se déplaçant vers l'ouest au-dessus de Oneida, dans l'État de New York. Les premiers témoins ne l'ont vu que quelques secondes, ce qui semble accréditer l'hypothèse d'un météore. Cependant, l'objet est suivi au radar alors qu'il survole le centre (Middle West) et le sud-ouest des États-Unis. L'Air Defense Command alerte des bases aériennes le long de son trajet. Au moins l'une d'entre elles, la base de Luke, près de Phoenix, lance des intercepteurs à sa poursuite. Lorsque l'objet – l'appellerons-nous un ovni ? – passe au-dessus de Nephi, dans l'Utah, des témoins au sol entendent le bruit des réacteurs des chasseurs lancés à sa poursuite. A Eureka, dans l'Utah, on voit l'objet atterrir – et l'on me permettra de l'appeler maintenant un ovni ! Un témoin le décrit comme un ovale orange lumineux émettant un sourd vrombissement. Au même moment, une station électrique proche tombe en panne. L'ovni décolle ensuite vers le Nevada, et un radar le perd sur son écran à l'est de Las Vegas. Selon le *Las Vegas Sun* du 19 avril, des témoins rapportent que l'objet, qui ressemble à une « effrayante épée enflammée », description digne de visions médiévales, disparaît alors dans une explosion en direction de Mesquite, dans le Nevada. Le dossier de Blue Book confirme le suivi radar par la base de Nellis, au nord de Las Vegas, qui observe un changement de vitesse *(« speed of object varied »)*, détail suffisant à lui seul pour écarter l'hypothèse d'un météore. De plus, le porte-parole de la base explique que, dans le cas d'un météore, le radar n'aurait enregistré que sa traînée ionisée dans l'atmosphère, qui n'aurait pas produit un point défini, comme c'est le cas. Un pilote de l'armée de l'Air, le capitaine Shields, en vol de nuit dans l'Utah à 8 500 pieds d'altitude (2 800 mètres) à bord d'un C-119 (bimoteur de transport), à un peu plus de 300 km/h, voit sa cabine illuminée progressivement par au-dessus. L'intensité devient telle que le sol est éclairé sur une surface d'environ 30 kilomètres de diamètre, puis elle diminue assez rapidement. Le pilote voit alors l'ovni, qui lui apparaît comme un long objet lumineux effilé. La partie arrière est d'un blanc intense, comme un feu de magnésium. La partie avant est nettement de couleur jaune. Il serait trop long ici de citer tous les témoins dont le récit est relaté dans les livres de Clark et Randle[11]. Au total, l'ovni a été suivi pendant quelque 32 minutes à travers les trois quarts des États-Unis, bien trop longuement pour un météore !

Le recoupement des témoignages indique que l'ovni a changé de direction au cours de son vol. Un avion de transport civil le voit passer sous lui, alors qu'il vole à 11 000 pieds (3 700 mètres). Le shérif du comté de Clark, dans le Nevada, est submergé d'appels téléphoniques et entreprend des recherches sur le terrain, qui restent sans résultat. Tous ces éléments permettent à Randle de conclure ainsi sur ce cas remarquable :

Quelque chose de tout à fait extraordinaire est arrivé dans la nuit du 18 avril 1962. L'armée de l'Air a avancé une série d'explications qui ne tiennent pas face aux faits. Mais les témoins connaissent la vérité. Ils ont vu quelque chose provenant de l'espace, et ce n'était pas un météore. C'était un engin venu d'un autre monde[12].

De vrais fragments d'ovni à Ubatuba ?

L'un des arguments inlassablement avancés par les sceptiques est que les enquêteurs n'ont jamais mis la main sur la moindre preuve matérielle d'un crash d'ovni. Mais comment le feraient-ils, si celles-ci sont supprimées au fur et à mesure qu'elles sont produites ? Il existe au moins un cas remarquable de débris supposés d'ovni, ceux trouvés près d'Ubatuba au Brésil, en septembre 1957. Ces débris ont été étudiés par plusieurs laboratoires au Brésil et aux États-Unis, sans que l'on puisse conclure de manière certaine sur leur nature terrestre ou extraterrestre ; il se trouve que l'échantillon le plus important a été détruit par un laboratoire de l'armée brésilienne !

Le 14 septembre 1957, le journaliste brésilien Ibrahim Sued reçoit une lettre à la signature illisible accompagnée de trois échantillons d'une substance d'apparence métallique. Le témoin dit avoir assisté avec des amis à l'explosion en vol, au bord de l'océan, d'une soucoupe dont les débris incandescants sont retombés dans l'eau comme un feu d'artifices, dont il a toutefois pu récupérer quelques morceaux sur la plage. Le médecin Olavo Fontes, ufologue bien connu, lit l'article du journaliste. Aussitôt, il obtient de lui les fragments. Un premier fragment, l'échantillon n° 1, est étudié par le laboratoire des Mines du gouvernement. Plusieurs tests établissent qu'il s'agit de magnésium extrêmement pur, un premier résultat très curieux, sachant que le magnésium, corps très réactif, n'existe pas à l'état pur dans la nature et n'est jamais utilisé dans la construction de véhicules. A l'époque, l'astronome Donald Menzel, père de tous les *debunkers*, suppose que c'est un fragment de météorite ; mais l'idée d'un météorite de magnésium pur est parfaitement inconcevable et personne ne se satisfait de cette explication.

Résumons les points essentiels de cette longue histoire qui va remonter jusqu'à la commission Condon. Le physicien Paul Hill en a donné une analyse très claire et convaincante dans un livre remarquable, *Unconventional Flying Objects. A Scientific Analysis*[13]. Précisons que Paul Hill a fait toute sa carrière à la NASA, où il a atteint des postes de responsabilités importants. Il s'est intéressé personnellement aux ovnis après en avoir observés à deux reprises en 1952 (une grande année). Avec humour, il raconte comment il a reçu l'instruction de se taire par voie hiérarchique alors qu'il était à la NACA, ancêtre de la NASA, et comment, ayant étudié les ovnis toute sa vie à titre personnel, il a écrit ce livre de réflexions sur la physique des ovnis (livre sur lequel nous reviendrons dans le chapitre 8, page 261). En lisant Paul Hill, on comprend comment certaines erreurs ont finalement permis de semer le doute. L'analyse du premier échantillon, explique-t-il, fournit un résultat étonnant. Non seulement le magnésium est d'une très grande pureté (on note seulement de faibles traces d'hydroxyde dues sans doute à l'eau de mer), mais la densité (ou poids spécifique) de cet échantillon, de 1,866 g/cm^3, est supérieure de 6,7 % à celle du magnésium ordinaire (1,741 g/cm³). En revanche, elle est presque exactement celle de l'isotope 26, dont Paul Hill donne en détail le calcul : 1,861, soit un très faible écart, de 0,005 % seulement, explicable par la précision des mesures. Ce bout de métal, explique Paul Hill, n'a pu être obtenu que par séparation isotopique, un procédé qui n'existe à ce jour, sur Terre, que pour la séparation des isotopes de l'uranium, et avec quelle difficulté !

La suite de l'histoire devient rocambolesque. Le laboratoire, pourtant très compétent, ne songe pas à vérifier ce résultat extraordinaire sur les deux autres échantillons et détruit le premier dans d'autres tests moins importants. Le docteur Fontes, qui possède un deuxième morceau du premier échantillon, l'a fourni au laboratoire militaire de la Marine, qui l'a réclamé ; or celui-ci, à son tour, détruit l'échantillon ! Il devient donc impossible de poursuivre l'étude, et notamment de faire un test décisif au spectromètre de masse. Les deux autres échantillons ont été fournis, en plusieurs morceaux, à des laboratoires américains, par l'intermédiaire de l'APRO, excellent organisme d'enquêtes dont le docteur Fontes est correspondant. Là, la trace des échantillons devient plus difficile à suivre, explique Paul Hill. Des analyses faites aux laboratoires de Oak Ridge et de la Dow Chemical révèlent une densité proche de la normale, et un certain nombre d'impuretés, avec quand même un résultat curieux : une proportion importante d'aluminium, que l'on ne trouve pas dans les produits courants. (Il faut remarquer ici que, si ces fragments sont bien ceux d'un ovni ayant explosé, ils proviennent sans doute de nombreuses pièces faites de matériaux différents.)

Un fragment fourni par l'APRO à l'armée de l'Air est déclaré détruit sans résultats (oh ! naïveté des premiers ufologues...). Le dernier fragment échoue, si l'on ose dire, à la commission Condon de l'université du Colorado. Il est testé dans un laboratoire du FBI, après avoir été rendu radioactif dans une pile atomique. On y trouve cette fois une proportion importante de zinc et de strontium. Or la commission Condon découvre que la compagnie Dow Chemical a testé, pendant la guerre, du magnésium très pur avec une part de strontium ; cela lui suffit pour disqualifier toute l'affaire, même s'il est impossible d'expliquer comment un tel échantillon a pu échouer au Brésil. On ne peut évidemment exclure totalement une supercherie, d'autant plus que le premier témoin demeure introuvable (et il n'a tiré aucun bénéfice de l'histoire). L'affaire d'Ubatuba conserve encore aujourd'hui tout son mystère.

Un cas remarquable : Shag Harbour, au Canada

Le dossier déjà épais des accidents d'ovnis s'est encore enrichi ces dernières années. On a parlé d'un crash possible en Bolivie, dans la région de Tarija en 1978, mais les preuves sont insuffisantes. En revanche, un cas très intéressant se serait produit à Shag Harbour, au Canada, en 1967, mais ce n'est que récemment, depuis 1993, qu'il a été sérieusement soumis à enquête par le Canadien Chris Styles, qui en a présenté un résumé[14] au symposium annuel du MUFON en 1996.

Dans la nuit du 4 octobre 1967, peu après 11 heures du soir, un ovni est observé, volant lentement au-dessus de l'eau près du village de pêcheurs de Shag Harbour, en Nouvelle-Écosse. Sa taille est estimée à environ 30 mètres de diamètre. Il présente quatre lumières brillantes qui émettent des éclairs en cadence. Au bout de plusieurs minutes, l'ovni s'incline à 45 degrés et descend rapidement jusqu'à la surface de l'eau. L'impact produit un éclair brillant, et le bruit d'une explosion se fait entendre. Plusieurs témoins voient le crash depuis un poste proche de la police montée canadienne, à Barrington Passage. Trois officiers parviennent rapidement sur la berge proche du site, où toute une foule de spectateurs est déjà rassemblée, mais ceux-ci n'ont observé qu'une lumière jaune pâle flottant sur l'eau, à moins de 1 kilomètre de la berge. Un bateau de la marine canadienne, le *Granby*, explore le fond sous-marin avec une équipe de sept plongeurs, jusqu'au 8 octobre, en vain, et l'incident, largement médiatisé, est vite oublié. Où est donc passé l'ovni de 30 mètres de diamètre ? Apparemment, nul ne peut le dire, mais l'observation est néanmoins classée « objet non identifié ». A l'époque, la commission Condon confie le cas à un ingénieur électricien de l'université de l'Arizona, le docteur Norman Levine. Cependant, après quelques appels aux autorités canadiennes, celui-ci juge inutile de se déplacer et classe ce dossier, qui est ensuite resté enterré pendant vingt-six ans.

Lorsqu'il reprend cette enquête en 1993, Chris Styles a l'impression que les autorités canadiennes sont très ouvertes à ses démarches ; il peut vérifier que le cas est toujours officiellement classé comme un crash d'ovni, fait encourageant par les temps qui courent. Il retrouve ensuite des témoins et des documents qui font rebondir l'affaire : une partie des recherches serait en effet restée cachée au public. Tout d'abord, plusieurs témoins de Shag Harbour disent avoir vu la marine remonter quelques débris ressemblant à des pièces en aluminium. Surtout, l'un des plongeurs révèle qu'une autre recherche sous-marine a eu lieu. Selon lui, les informations recueillies par les militaires auprès de la station de Shelburne, centre de coordination de la détection des sous-marins dans l'Atlantique, ainsi que de la base aérienne de Greenwood, dont les avions larguaient des bouées sonores pour ces opérations de détection, les auraient convaincus que l'ovni endommagé qui avait plongé dans les eaux de Shag Harbour aurait navigué sous l'eau jusqu'à un fond sous-marin au large de Government Point, dans le comté de Shelburne. Une flottille de bateaux se serait positionnée au-dessus du site supposé où se trouvait l'ovni, mais se serait limitée à un rôle d'observation car un second ovni était en train de réparer le premier ! Cette opération navale aurait duré sept jours, au terme desquels un sous-marin soviétique serait arrivé sur les lieux, violant la limite de 12 miles (19 kilomètres) des eaux territoriales. Peu après, on aurait vu les deux ovnis sortir de l'eau et s'éloigner à très grande vitesse... Ce plongeur a confirmé d'autre part que l'on a bien récupéré des débris à Shag Harbour, qui auraient été examinés dans un établissement de recherche militaire à Darmouth, en Nouvelle-Écosse.

Chris Styles retrouve ensuite un certain nombre de témoins, militaires notamment, qui ont apporté des éléments tendant à confirmer cette incroyable histoire. Il a également retrouvé des documents dans les archives nationales du Canada puis dans les archives personnelles d'un jésuite, le père Michael Burke-Gaffney, astronome et membre du Conseil national de la recherche canadien (NRC), qui lui donnent accès à des informations confidentielles. Publiquement, le père Burke-Gaffney affecte de ne pas s'intéresser aux ovnis, mais des lettres prouvent le contraire. En l'occurrence, il s'est intéressé au cas de Shag Harbour, ainsi qu'à un autre cas qui se serait produit à cette époque, également en Nouvelle-Écosse, dans la Debert Mountain. Il faut préciser que cette région a été prodigue en observations d'ovnis pendant plusieurs années. En 1995, Chris Styles réussit à organiser une petite opération d'étude au sonar des fonds marins de Shag Harbour, avec le concours de la chaîne de télévision Paramount, dans l'espoir, en réalité très mince, de repérer des débris. Hélas, rien de remarquable n'est trouvé et l'analyse des enregistrements reste à faire.

Un cas étrange au Brésil

Un autre cas, très curieux mais reposant sur de nombreux témoignages, s'est produit en janvier 1996 dans la région de Minas Gerais au Brésil, près de la ville de Varginha. Plusieurs témoignages font état d'êtres d'étrange apparence qui auraient été embarqués par l'armée, mais deux seulement évoquent un passage d'ovni à très faible altitude dans la région et aucun un crash proprement dit.

Les sceptiques ne manquent pas de souligner que les histoires d'ovnis en provenance d'Amérique du Sud sont souvent plus colorées et dramatiques qu'ailleurs. On a aussi observé, dans le même ordre d'idée, que les rencontres rapprochées à la française sont généralement paisibles et raisonnables, tel le cas de Maurice Masse, qui aurait rencontré de gentils petits extraterrestres dans son champ de lavande, sans doute en train d'herboriser. Ne voyez-vous pas, disent les sceptiques, que tout cela relève de la sociopsychologie ? Le cas de Maurice Masse est cependant très solide, étayé par une enquête de la gendarmerie et un relevé de traces au sol, comme à Trans-en-Provence.

L'affaire du crash de Varginha, aussi « colorée » soit-elle, doit cependant être prise au sérieux, étant donné le nombre des témoins retrouvés – une soixantaine à la fin de 1996, dont plus d'une dizaine sont des militaires, ce qui est exceptionnel – et la qualité des enquêtes, qui ne sont d'ailleurs pas terminées. Notons que, s'il s'agit d'un vulgaire canular, il comporte une lacune incroyable : l'absence de témoignage sur un atterrissage ou un accident d'ovni, malgré le nombre élevé des témoins. Malgré tout, cette histoire paraît difficilement croyable, même pour un esprit bien disposé. Si nous devions risquer un commentaire sociopsychologique, ce serait plutôt le suivant : méfions-nous des mises en scène extraterrestres ! Le résumé que voici fera comprendre l'utilité de ce prudent préambule.

Une première originalité de ce cas est qu'il s'est produit dans une région assez peuplée, quasiment aux portes d'une ville de 180 000 habitants, Varginha, à environ 240 kilomètres de Rio de Janeiro à vol d'oiseau. Le premier récit est celui de trois jeunes filles, qui comptent parmi les témoins importants. Vers 15 h 30, le samedi 20 janvier 1996 (donc par une chaude journée d'été austral), Liliane Fatima Silva, 16 ans, sa sœur Valquiria Aparecida Silva, 14 ans, et leur amie Latia Andrade Xavier, 22 ans, employées de maison, rentrent chez elles dans le quartier de banlieue de Jardim Andere. Alors qu'elles traversent un terrain vague, elles découvrent une étrange créature de forme humanoïde (une tête, un tronc et quatre membres) accroupie contre le mur d'un garage abandonné. De petite taille, 1 mètre environ, l'être est nu ; sa peau est foncée et luisante, dépourvue de poils. Sa tête est assez grosse, chauve, effrayante, portant deux grands yeux rouges sans pupille et trois protubérances sur le haut du front (mais ce ne sont pas des cornes !). De grosses veines sont visibles à la base du cou. Ses mains ne possèdent que trois doigts – semble-t-il – et ses pieds sont plus grands que les nôtres, toutes proportions gardées. L'être dégage une forte odeur semblable à de l'ammoniaque. Lorsque les jeunes filles s'approchent de lui à quelques mètres, il tourne la tête dans leur direction et elles s'enfuient, terrifiées, croyant voir un démon ! Plusieurs personnes entendent leurs cris et alertent les pompiers, qui arrivent très rapidement, accompagnés de militaires. Des habitants du quartier les voient alors capturer l'humanoïde à l'aide d'un filet et l'embarquer dans un camion. L'histoire s'enrichit rapidement car il se trouve qu'un enquêteur est alerté et arrive sur les lieux dès le lendemain. Franco Rodrigues, avocat et enseignant en droit, est connu comme un enquêteur rigoureux. Il s'entretient avec les jeunes filles et la mère des deux plus jeunes, Luisa Helena Silva, puis rencontre peu après un autre ufologue, Rodrigues e Pacaccini, qui vient d'enquêter sur un autre incident analogue, ignorant tout du premier ! Ils coordonnent leur travail, et c'est sans doute grâce à la rapidité de leur enquête qu'ils peuvent recueillir des témoignages militaires ; quelques jours plus tard, ceux-ci se verront en effet signifier une consigne de silence sous peine de prison.

Résumons la suite de cette affaire, déjà longue et compliquée, qui a été fortement médiatisée au Brésil et présentée en détail lors d'un congrès d'ufologie en juin 1996, et au cours des mois suivants dans la presse ufologique du monde entier[15]. Nous disposons même d'une vidéo filmée par l'Américain John Carpenter lors de ce congrès, comportant un long entretien avec Pacaccini, auquel ont participé Stanton Friedman et l'Anglais Graham Birdsall[16]. Pacaccini, jeune homme plein de vivacité et d'humour, y paraît tout à fait crédible. Un autre témoignage disponible est celui d'un éminent psychiatre américain, le docteur John Mack (par ailleurs enquêteur important sur les histoires d'enlèvements, voir chapitre 6, page 223) ; celui-ci, après un entretien approfondi avec les jeunes filles, les considère comme sincères et crédibles.

Il convient de signaler qu'une vague importante d'observations a eu lieu au Brésil, au début de 1996. L'un de ces témoignages pourrait être lié au cas qui nous intéresse ; c'est celui d'Afranio da Costa Brasil. Le 13 janvier, celui-ci voit un étrange appareil planer au-dessus de sa maison, aux environs de Varginha. Ensuite, dans la nuit du 20 janvier, le fermier Eurico de Freitas et sa femme sont réveillés par les animaux, très agités ; ils observent un objet gris, ressemblant à un « sous-marin », se déplaçant lentement au-dessus des champs, à environ 5 mètres du sol, silencieusement. Il émet un peu de fumée et semble être secoué de vibrations. Encore une fois : gare aux mises en scène burlesques d'extraterrestres ! Cela dit, leur description corrobore assez bien l'observation de la semaine précédente. Or la ferme des Freitas ne se trouve qu'à 10 kilomètres de la banlieue de Varginha où les trois jeunes filles ont vu l'humanoïde, le même jour.

Que signifie cette comédie ? On est tenté d'imaginer une audacieuse « expérience » d'extraterrestres un peu fous lâchant sur un coin de la planète Terre quelques spécimens plutôt repoussants, kidnappés sur une planète à l'atmosphère fortement ammoniaquée, pour observer leurs réactions et celles des humains ! Amusant, n'est-ce pas ? A moins qu'il s'agisse seulement, une fois de plus, de semer une confusion infernale et de saper les enquêtes ufologiques, pour la grande joie des sceptiques... Kevin Randle, très réticent, m'a personnellement écrit qu'à son avis, mieux vaut attendre d'en savoir plus sur cette affaire. Pourtant, le dossier comporte bien d'autres témoignages, impliquant qu'il y aurait eu plusieurs captures. La première aurait été réalisée dès 10 heures du matin, par les pompiers, dans le parc de Jardim Andere. Dans ce pays de grands espaces, les pompiers sont entraînés à la capture d'animaux sauvages avec des filets. Un témoin, Henrique Jose, a vu toute la scène depuis sa maison. L'être ressemblait à celui vu par les trois jeunes filles. Selon d'autres témoignages recueillis par Pacaccini, la créature était blessée et émettait, par une petite bouche, une sorte de bourdonnement, tel celui d'un essaim d'abeilles. Un détachement militaire, appelé par les pompiers, est venu de l'école de sous-officiers de Tres Coracoes, a bouclé le parc et est reparti rapidement après avoir chargé l'humanoïde dans un camion. La suite des opérations est incertaine. Selon des témoins, la créature capturée l'après-midi aurait été conduite à l'hôpital régional de Varginha, puis à un autre hôpital, Humanitus, mieux équipé, où elle serait morte le 22 janvier à 6 heures du soir. Une autopsie aurait été pratiquée en présence d'une quinzaine de médecins. Si tout cela est vrai, combien de temps un tel secret pourra-t-il être maintenu ? Des militaires seraient ensuite venus chercher le cadavre, protégés de masques et de gants. Le corps aurait alors été conduit à un autre établissement militaire, l'école des Cadets, à Campinas, dans l'État de Sao Paulo. D'autres témoins disent avoir remarqué un avion militaire américain gros porteur sur l'aéroport de Sao Paulo le 20 janvier, puis sur celui de Campinas le 22. Autre aspect impressionnant de cette sombre histoire, un jeune policier ayant participé à une capture serait mort deux jours plus tard, officiellement de pneumonie (en plein été !). Sa famille aurait été priée de se taire. Bien entendu, les autorités civiles et militaires nient en bloc toute l'affaire, notamment le général Coelho Lima, commandant de l'école des Cadets, qui serait le principal responsable des opérations. La mère des deux jeunes filles affirme qu'on lui a offert une forte somme d'argent pour obtenir que celles-ci reviennent sur leur témoignage, et le jeune enquêteur Pacaccini explique, dans la vidéo de Carpenter, qu'il se sent menacé. Souhaitons-lui bonne chance pour la suite de son enquête sur un incident qui n'a pas eu lieu !

Cette atmosphère de secret pesant sur une affaire très récente nous invite à examiner toutes les rumeurs qui circulent, depuis un quart de siècle au moins, sur des opérations ultra-secrètes. Peut-on dégager des certitudes de ce labyrinthe où se mêlent sans doute vérités et mensonges ?

Témoignages sur des opérations ultra-secrètes

Des révélations récentes en la matière sont celles d'Edgar Mitchell, ancien astronaute et physicien de la NASA, qui a fait partie de l'équipe d'Apollo 14. Si la NASA ne dit rien, certains astronautes, en revanche, parlent...

Le 19 avril 1996, lors d'une émission de télévision de la NBC intitulée « Dateline News Program », Mitchell évoque l'existence des ovnis. Questionné par le journaliste Dennis Murphy, il explique qu'il connaît des gens qui ont rencontré des extraterrestres dans le cadre de leur travail, et réclame que l'on dise enfin la vérité, fustigeant l'explication ridicule des ballons pour l'affaire de Roswell. Mitchell précise que ses informations proviennent de cadres gouvernementaux de haut niveau, non seulement américains, mais aussi russes et belges !

Le 28 avril, répondant aux questions de la journaliste et productrice Linda Moulton Howe lors d'une émission de radio d'Art Bell, il nuance son propos et précise que ces gens lui ont dit « avoir été dans des réunions ou des endroits où ont eu lieu des contacts entre des extraterrestres et des hommes ». Par ailleurs, ajoute-t-il, un certain nombre de témoins, maintenant âgés, désireraient parler avant de mourir. Mitchell a assisté à des réunions dont l'objet était de trouver une solution pour mettre fin au secret : par exemple, l'amnistie présidentielle accordée à tous ceux qui ont prêté serment et participé à des opération ultra-secrètes. La parole est au président[17]... Les déclarations d'Edgar Mitchell n'ont pas été démenties. Le ministère de la Défense a seulement refusé de les commenter...

Voici un autre exemple de verrouillage pur et simple de la part de l'armée de l'Air. L'ancien sénateur Barry Goldwater, connu pour s'intéresser aux ovnis, a avoué publiquement n'avoir jamais rien pu savoir de l'armée. Trois lettres de Goldwater ont été publiées, datées de 1975, 1981 et 1983. Elles démontrent qu'il lui a été impossible de recueillir la moindre information. Or le sénateur Goldwater était président du Comité sénatorial sur le renseignement et membre du Comité sur les armements. Voilà bien la preuve du refus de la part des militaires d'informer le pouvoir législatif. De plus, Goldwater était bien introduit dans l'armée et personnellement lié au général Curtis LeMay, chef du Strategic Air Command !

Dans une lettre du 28 mars 1975 adressée à Shlomo Arnon, du Collège expérimental de l'université de Californie (UCLA), le sénateur Goldwater écrit :

Voilà environ douze ans, sur la base aérienne de Wright-Patterson, j'ai essayé d'en savoir plus sur ce qui se trouvait dans le bâtiment où étaient conservées les informations sur ce qui avait été récupéré par l'US Air Force. Je me suis heurté à un refus compréhensible. Ces données sont toujours classifiées top-secret. J'ai cepen-

dant appris que ces informations devraient être divulguées dans un proche avenir.

Citons aussi sa lettre du 19 octobre 1981 à Lee Graham, ingénieur en aéronautique et ufologue :

> *Pour vous dire la vérité, Monsieur Graham, ce sujet est si hautement classifié que, bien que bon nombre d'informations aient déjà été divulguées, il est tout simplement impossible de mettre la main sur quoi que ce soit*[18].

Le mot « divulguées » est en fait inadéquat : mieux vaudrait parler de fuites, organisées ou non... Notons aussi le changement de ton entre les deux lettres. Que s'est-il passé entre 1975 et 1981 ? Mystère...

De nombreux témoignages circulent actuellement sur des opérations secrètes liées aux ovnis. On ne peut guère que signaler les sources les plus fiables. L'Américain Leonard Stringfield compte parmi les ufologues les plus prolifiques dans ce domaine. De 1978 à 1994, il a publié sept brochures sous le titre *UFO Crash/Retrieval*[19] (« Crash/ Récupération d'ovnis »). La plupart de ses témoins désirant garder l'anonymat, toute vérification se révèle impossible.

L'ufologue américain Jerome Clark cite également plusieurs témoignages intéressants dans son *Encyclopédie des ovnis* en trois volumes. Ainsi un témoignage recueilli vers la fin des années 50 par l'ufologue Isabel Davis, réputée pour son sérieux : une femme médecin et biologiste de sa connaissance lui a révélé avoir été conduite dans un établissement secret pour y étudier des fragments de corps qu'elle a immédiatement reconnus comme étant non humains. Aucune explication ne lui a été délivrée, et il lui a été interdit d'évoquer l'affaire...

En 1962, Coral Lorenzen, autre ufologue réputée citée par Jerome Clark, fondatrice avec son mari de l'APRO,

Aerial Phenomena Research Organization, a divulgué le témoignage étonnant d'un jeune météorologue auquel un ami travaillant pour l'US Air Force a montré, en 1948, sur la base de Wright (à l'époque Air Development Center), une série de vêtements spatiaux extraterrestres de petite taille, récupérés à la suite d'un crash, ainsi que le schéma d'un véhicule volant.

Un autre témoignage, divulgué par l'APRO en 1964, provient de la base de Holloman, près d'Alamogordo, au Nouveau-Mexique – région décidément très riche du point de vue ufologique [20]... Le 30 avril 1964, un pilote de bombardier B-57 aurait signalé par radio à la tour de contrôle qu'il observait un « ovni blanc en forme d'œuf », avec des marques semblables à celles observées sur l'ovni de Socorro. Le pilote aurait vu l'ovni atterrir sur la base de Holloman ! L'événement se serait produit douze heures après l'atterrissage supposé d'un ovni près de Socorro, plus au nord, dans la vallée du Rio Grande. L'incident de Socorro compte parmi les cas les plus solides de l'histoire des ovnis, cas sur lequel la commission Blue Book a enquêté immédiatement. Son chef, le major Quintanilla, et son conseiller scientifique, l'astronome Allen Hynek, ont étudié les traces au sol. Elles étaient toutes fraîches. Le témoignage du policier Zamorra était en outre convaincant. Philip Klass, qui a enquêté deux ans plus tard, suppose pour sa part que le maire de la ville avait monté un canular pour se faire un peu de publicité : une explication qui a beaucoup fait rire ce dernier.

Il faut également citer le récit de Robert Emenegger, producteur de cinéma à Los Angeles, qui a raconté avoir été sollicité par l'armée de l'Air en 1973, avec son partenaire Allan Sandler, sur la base de Norton, en Californie, pour tourner un documentaire sur les premiers contacts avec une civilisation extraterrestre. On leur aurait promis 3 200 pieds de film 16 mm (soit une durée de 1 h 30). Le premier contact était censé avoir eu lieu sur la base de Holloman, en 1971. Mais la promesse n'a pas été tenue à cause de circonstances politiques défavorables, raconte Emenegger (il s'agissait du scandale du Watergate). Il a néanmoins pu produire un documentaire et publier un livre[21] en 1974. Les dessins reproduits dans cet ouvrage, supposés représenter des extraterrestres, ne sont pas conformes au modèle courant des « petits humanoïdes gris », chauves à grosse tête et aux grands yeux noirs. Ils sont de taille normale et dotés d'un grand nez ! Emenegger et Sandler auraient été reçus, selon leur récit, par le commandant de la base de Norton (où se trouvent les archives cinématographiques de l'armée de l'Air) et le responsable audiovisuel, Paul Shartle. Or celui-ci a témoigné à son tour, en 1988, avoir vu ce film, qui montrait trois appareils en forme de disque, dont un seulement a atterri. Il a confirmé la description des aliens donnée dans le livre d'Emenegger – un teint gris étrange, des vêtements collants et une sorte de casque qui semblait servir d'appareil de communication. Ils tenaient dans leur main une sorte de « décodeur ». Il s'agissait de « scientifiques », venus pour échanger des informations et récupérer des cadavres de victimes d'un accident antérieur...

La date de 1971 a par la suite été contestée. 1964 serait la bonne année, celle de l'incident de Socorro, lequel serait la conséquence d'une erreur de manœuvre, suite à un malentendu... Tout cela ressemble à de la la science-fiction ; peut-être ce récit a-t-il inspiré Steven Spielberg pour son film *Rencontres du troisième type* (1977), dans lequel figure brièvement l'astronome Allen Hynek. On a dit qu'un agent de la CIA aurait été présent sur le plateau de tournage. Ce film entrait-il dans le plan de divulgation progressive évoqué par le sénateur Goldwater ? Nul ne peut l'affirmer. Quoi qu'il en soit, les rumeurs vont prendre une tournure beaucoup plus inquiétante au cours des années suivantes.

Le physicien de la Marine Bruce Maccabee a évoqué, dans une note de 1985 intitulée « Atterrissages d'ovnis près de Kirtland AFB, ou Bienvenue au Watergate cosmique », une affaire d'atterrissage d'ovni à proximité d'un dépôt d'armes nucléaires [22]. Voici le résumé des faits tels qu'ils figurent dans un rapport officiel de l'AFOSI (Air Force Office of Special Investigations) de la base de Kirtland – rapport établi par l'agent Richard Doty et contresigné par son chef, le major Ernest Edwards. Plusieurs témoins militaires ont observé des atterrissages d'ovnis dans le vaste périmètre de la base de Kirtland et des laboratoires Sandia, près d'Albuquerque, au Nouveau-Mexique, où se trouve le dépôt d'armes nucléaires de Manzano. Dans la nuit du 8 au 9 août 1980, trois policiers de la sécurité militaire voient un objet lumineux se poser dans la zone de Coyotte Canyon, puis décoller et s'éloigner à très grande vitesse. Cette observation est confirmée par un garde de la sécurité de Sandia, qui demande à garder l'anonymat. Il a vu de près, au sol, un objet en forme de disque, a voulu aussitôt le signaler par radio, mais celle-ci ne marchait plus. Il s'est alors approché à pied, un fusil à la main, mais l'objet a décollé verticalement à toute vitesse. Le rapport de l'AFOSI précise que ce garde, ancien mécanicien d'hélicoptère de l'armée, a affirmé qu'il ne pouvait s'agir d'un hélicoptère.

Un autre atterrissage semblable est observé, le 10 août 1980, dans la zone de Manzano, par un policier de l'État du Nouveau-Mexique, et encore un autre, le 22 août, au Coyotte Canyon, par trois autres policiers de la sécurité militaire. Il convient néanmoins de signaler que Richard

Doty, l'auteur de ce rapport de l'AFOSI, va jouer le rôle de désinformateur dans d'autres affaires d'ovnis, avec l'aide de l'ufologue William Moore. Lors de son enquête sur Manzano, Maccabee a déjà senti que Doty lui cache une partie de l'histoire, d'où l'allusion au Watergate dans le titre de son enquête.

Au cours des années 80, surgissent des « informations » de plus en plus fantaisistes sur des contacts et accords secrets passés avec plusieurs races d'extraterrestres. Ces affaires apparaissent plus que douteuses. Il faut pourtant les évoquer car, derrière les mensonges, une part de vérité peut se dévoiler.

Rumeurs de pactes secrets

En 1989, l'ufologue William Moore avoue, lors du symposium du MUFON, avoir collaboré au cours des années 80 avec l'agent de l'AFOSI Richard Doty à des opérations de désinformation. Celles-ci avaient notamment pour but de discréditer et de rendre fou l'ingénieur Paul Bennewitz, l'un des premiers à avoir évoqué l'existence d'un vaste complot liant les extraterrestres, le gouvernement américain, l'ONU et certaines organisations secrètes afin de réduire l'espèce humaine en esclavage – un thème de plus en plus répandu dans l'extrême droite américaine. Ces informations ont ensuite été reprises par William Lear et William Cooper.

Moore et Doty sont liés à la divulgation d'un document intitulé « Briefing pour le président des États-Unis », censé révéler les premières années de l'histoire secrète des ovnis, à commencer par l'affaire Roswell, qui aurait provoqué dès 1947 la création par le président Harry Truman d'une commission d'étude ultra-secrète, baptisée

« Majestic 12 », ou « MJ-12 ». Richard Doty est le premier à montrer un tel document à la productrice Linda Moulton Howe, en 1983, sur la base de Kirtland. William Moore et Jaime Shandera eux aussi ont par la suite eu en main un document analogue. Ils l'ont divulgué en 1987. L'ufologue anglais Timothy Good, qui l'a également reçu et publié, estime comme Linda Howe qu'il y a beaucoup de vérité dans l'histoire de « Majestic 12 », même si la plupart de leurs collègues américains sont maintenant convaincus qu'il s'agit d'un faux[23].

Le document montré par Richard Doty à Linda Howe serait plus récent que celui de Moore et évoquerait déjà des premiers contacts avec les extraterrestres. On a dit que ce *briefing paper* avait été préparé à l'intention du président Jimmy Carter. En fait, Linda Howe m'a précisé que rien de tel n'était mentionné et que le texte lui-même n'était pas daté. Mais pourquoi un agent du Renseignement en poste sur une base aérienne a-t-il divulgué à une productrice de télévision un tel document, sorti du bureau de son patron de l'AFOSI ? Selon certains ufologues, tel Kevin Randle, Richard Doty serait le véritable auteur de ce texte, et il aurait été « sanctionné » pour sa divulgation. Saura-t-on jamais le fin mot de cette histoire ?

Richard Doty n'a pas permis à Linda Howe de prendre la moindre note, mais celle-ci a mémorisé le contenu du document en question. Un premier crash d'ovni aurait eu lieu en 1946. Roswell, en 1947, aurait été le deuxième. En 1949, puis au début des années 50, d'autres accidents se seraient produits. Un point faible du document est qu'il mentionne un crash à Aztec, au Nouveau-Mexique, cas aujourd'hui considéré comme faux. Il cite en outre le cas de Kingman, plus crédible, et un autre au Mexique, près de la frontière du Texas.

Quoi qu'il en soit, la suite mérite d'être citée. Corps d'extraterrestres et « disques volants » auraient été acheminés à Los Alamos, et certains débris transportés à Wright Field (Wright-Patterson AFB). Les êtres retrouvés, alors baptisés EBEs (Extraterrestrial Biological Entities), étaient petits (de 1 à 1,20 mètre de haut), avaient la peau grise et présentaient quatre longs doigts à chaque main. Un autre crash aurait eu lieu près de Roswell en 1949, où l'on aurait trouvé six créatures dont l'une encore vivante, qui aurait été gardée à Los Alamos jusqu'à sa mort, le 18 juin 1952... Un colonel de l'US Air Force aurait été nommé « responsable » de cet EBE et une communication aurait été établie avec lui, à la fois verbale et télépathique. La civilisation dont il était originaire proviendrait d'un système binaire (Zeta reticuli 1 et 2) situé à environ 37 années-lumière du Soleil. Ces EBE connaîtraient notre planète depuis 25 000 ans ou plus. Une colonie souterraine existerait sur Terre en un lieu non précisé.

Le document évoque également un certain nombre de projets de recherche : le projet Garnet, maintenant clos, après avoir répondu à toutes les questions sur les origines de l'humanité (notre ADN aurait été manipulé plusieurs fois, il y a 25 000, 15 000, 5 000 et 2 500 ans !) ; le projet Sigma, sur les communications qui auraient commencé en 1964 à Holloman ; le projet Snowbird, sur l'étude des disques, qui serait poursuivi en collaboration avec les aliens sur le site de Groom Lake, alias Zone 51 (et S-4), dans le vaste périmètre militaire de Nellis, au nord de Las Vegas, dans le Nevada ; enfin, le projet Aquarius, plus global, consacré à l'étude de l'ensemble des formes de vie extraterrestres. Linda Howe retient aussi cette phrase : « Voilà 2 000 ans, les extraterrestres ont créé un être qui a été placé sur cette Terre pour enseigner à l'humanité l'amour et la non-violence[24] »...

En 1988, une émission de télévision grand public intitulée « UFO Cover-up/Live » présente ces informations, avec en vedette deux agents masqués, surnommés Faucon et Condor, dont l'un aurait été identifié comme étant le chef direct de Richard Doty, le capitaine Robert Collins, de l'AFOSI. Mais l'émission tourne toute l'affaire en ridicule : les extraterrestres sont présentés comme des nains de jardin aimant la musique tibétaine et... la glace à la fraise !

Un développement récent de la saga « Majestic 12 » doit être signalé. Un nouveau document a fait surface, adressé par la poste à l'ufologue Don Berliner. Il est intitulé « MJ-12 Operation Manual ». Une fois de plus, Stanton Friedman s'est lancé dans son étude. L'ouvrage qu'il a publié à ce sujet en 1996, *Top Secret Majic*[25], livre le contenu de ce nouveau document : il s'agit de la description minutieuse des procédures destinées à emballer, étiqueter et transporter des débris de soucoupe volante. Kevin Randle, l'un des critiques les plus incisifs du premier document, n'a pas tardé à contester l'authenticité de celui-ci, révélant notamment en avoir trouvé lui-même une copie... chez un armurier[26] !

Venons-en maintenant à l'analyse des allégations de plus en plus fantastiques qui circulent aux marges de l'ufologie, dans la *lunatic fringe* américaine. La plus connue est la théorie de la conspiration de John Lear, un pilote d'avion ayant travaillé pour la CIA, apparue également en 1988. Selon Lear, c'est au début des années 60 qu'un accord secret de coopération aurait été passé avec les aliens. En échange d'informations sur leur technologie, ils se seraient vus offrir des bases souterraines (en particulier la « Zone 51 » dans le désert du Nevada, et une autre dans la région de Dulce, au nord du Nouveau-Mexique), ainsi que l'autorisation de procéder à des expériences sur des humains enlevés discrètement. Ces accords seraient également à l'origine des nombreuses mutilations d'animaux avec prélèvement du sang et d'organes. Les aliens dépassant leur quota d'enlèvements, un conflit aurait éclaté en 1973, faisant un certain nombre de victimes parmi les scientifiques et les militaires. Puis la collaboration aurait repris de plus belle !

Passons sur les détails de cette fresque terrifiante, qui a alimenté les théories d'extrême droite sur de sombres complots gouvernementaux. Nous disposons, d'une part, de solides enquêtes sur les affaires d'enlèvements et de mutilations, et d'autre part de témoignages sur les activités clandestines de la Zone 51, aussi appelée « Dreamland » et « Groom Lake ». Le journaliste George Knapp, de Las Vegas, affirme en avoir recueilli un certain nombre. Un des témoins est sorti de l'anonymat : il s'agit du jeune ingénieur Bob Lazar, qui paraît sincère mais est probablement manipulé. Peu après ses révélations, il s'est trouvé impliqué dans un procès qui a porté atteinte à sa crédibilité. L'existence de la Zone 51 est maintenant si bien établie que les autorités locales ont baptisé la route qui la longe Extraterrestrial Highway ! L'armée américaine, quant à elle, continue à nier en bloc son existence. Récemment, des familles de travailleurs ayant été empoisonnés sur ce site par des produits toxiques ont entamé des actions en justice. Celles-ci ne peuvent aboutir tant que l'existence même de la base n'est pas reconnue. Est-ce la seule raison pour laquelle le secret est maintenu ? Une directive présidentielle du 29 septembre 1995 a exempté la zone de Groom Lake de toute contrainte concernant la protection de l'environnement – une disposition qui place la zone hors de toute légalité [27].

A la fin de 1988, Milton William Cooper, ancien sous-officier dans les services de renseignement de la flotte du Pacifique, a surenchéri de façon extravagante sur les « révélations » de John Lear. Dans un document ahurissant de vingt-cinq pages présenté lors d'une conférence à Las Vegas en 1989, Cooper dévoile le noir complot du « gouvernement secret », tramé à l'insu des autorités légales par des agents de la CIA et d'autres services. Ses instigateurs seraient en relation avec le groupe des « Bilderbergers », basé à Genève, et la « Trilatérale » (dont l'emblème serait emprunté à un drapeau extraterrestre !). Selon Cooper, on retrouve en première ligne de ces comploteurs les « Gris à grand nez », ceux qui ont atterri à Holloman. Seraient également dans le coup les trente-cinq membres d'élite de la Jason Society, liés au Conseil des relations étrangères, où l'on retrouve des personnages bien connus tels Henry Kissinger et Nelson Rockefeller ! Ces derniers auraient décidé de ne pas révéler quoi que ce soit au Congrès.

Cooper joue également les prophètes : en 1992, annonce-t-il, un enfant unira le monde sous la bannière d'une fausse religion ; en 1995, l'humanité prendra conscience qu'il s'agit en fait de l'Antéchrist. La même année, les Arabes envahiront Israël et la Troisième Guerre mondiale sera déclenchée. La guerre nucléaire est prévue pour 1999, suivie de quatre années de désastres et du retour du Christ en 2011 [28].

Il est navrant de voir cette littérature prise au sérieux et se répandre, notamment sur Internet...

6

DOSSIER « ENLÈVEMENTS »

Le cas Barney et Betty Hill

Tout commence un soir d'automne, sur une petite route de montagne, le 19 septembre 1961 exactement.

Ce soir-là, quand les Hill sortent de l'unique restaurant de Colebrook, à une demi-heure de la frontière qui sépare le Canada des États-Unis, l'horloge accrochée au-dessus du comptoir indique 22 h 05. Barney Hill calcule qu'il leur faut encore quatre bonnes heures avant d'arriver chez eux, à Porthmouth, 250 kilomètres plus au sud, sur la côte.

Après quatre jours de vacances passées au Canada – c'est la première fois que Betty voit les chutes du Niagara –, les Hill ont décidé ce retour un peu précipité à cause des bulletins météo. On annonce une tempête pour le lendemain. Mieux vaut rouler de nuit plutôt que risquer de se retrouver bloqué dans les White Mountains.

Les Hill forment un couple sans histoire. Avec le temps, ils ont appris à ne plus s'offusquer de certaines réactions hostiles, dues au fait que Barney est noir. Leur engagement commun dans le Mouvement des droits civils, initié par le pasteur Martin Luther King, cimente leur union. Une chose est sûre : les Hill ont les pieds bien

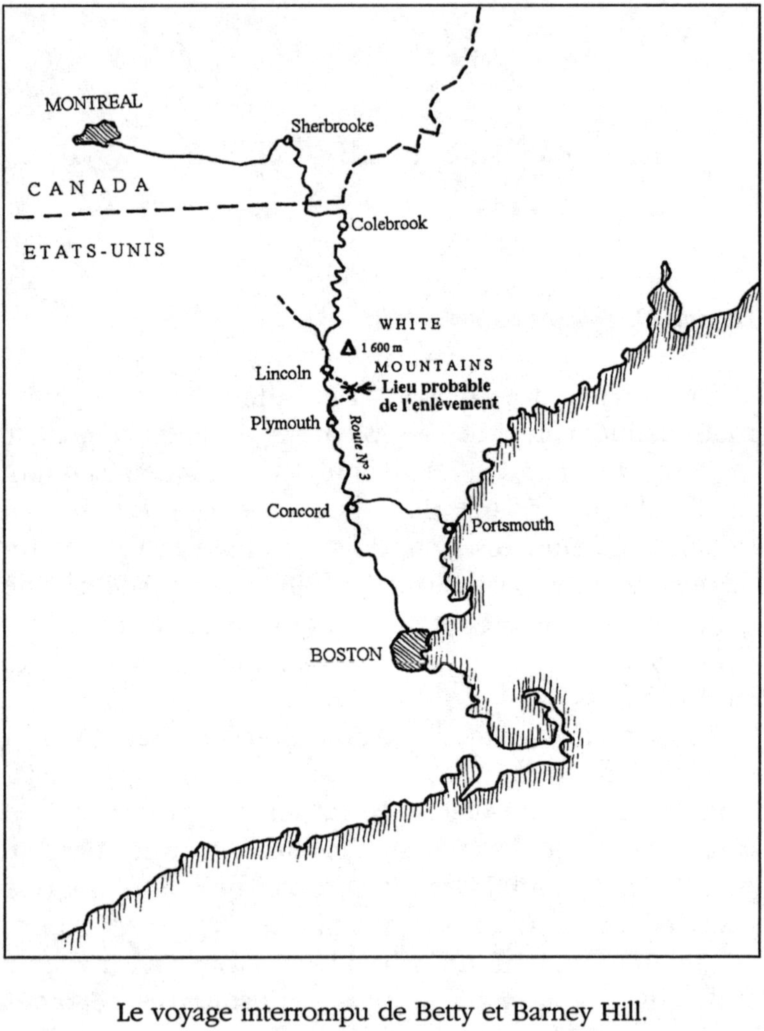

Le voyage interrompu de Betty et Barney Hill.

sur terre et rien ne les destine à devenir les héros – ou les victimes – d'une histoire d'extraterrestres et de soucoupe volante.

La route n° 3 devient plus étroite à mesure qu'elle grimpe dans la montagne. Barney négocie chaque virage en douceur pendant que Betty contemple les étoiles. Un peu à gauche de la lune, Betty remarque soudain une étoile particulièrement lumineuse. Peut-être une planète, songe-t-elle. Quelques minutes plus tard, elle constate la présence d'une autre étoile – ou est-ce aussi une planète ? –, plus grosse et plus brillante encore, apparue juste au-dessus de la première. Intriguée, elle demande à Barney de ralentir et de jeter un coup d'œil par la portière. « L'"étoile" était en mouvement, racontera Barney des années après les faits. J'ai pensé qu'il s'agissait d'un satellite. »

Les Hill ne quittent plus des yeux le mystérieux point lumineux qui semble d'ailleurs se rapprocher d'eux. « On dirait qu'il nous suit », dit Betty. Ils s'arrêtent sur une aire de pique-nique. Betty sort de la boîte à gants la paire de jumelles qu'ils ont emportée aux chutes du Niagara. Ils croient d'abord reconnaître le fuselage d'un avion. Des lumières rouges, jaunes, vertes et bleues clignotent sur les flancs de l'appareil, mais ils ne parviennent pas à distinguer les ailes. « C'est peut-être un hélicoptère, suggère Barney. Le vent doit emporter le bruit des hélices dans une direction opposée à la nôtre. – Il n'y a pas le moindre souffle de vent », rétorque Betty.

L'« avion » trace maintenant d'étranges zigzags dans le ciel, tout en continuant à se diriger dans leur direction. Les Hill décident de reprendre la route. Au sortir d'un virage, Barney l'aperçoit de nouveau, droit devant, à quelques dizaines de mètres au-dessus de la route. Il lui paraît énorme. Betty saisit les jumelles et les braque à nouveau sur l'engin. Elle devine une double rangée d'ouvertures vitrées. Une lumière rouge s'allume sur le côté gauche de l'appareil, puis une seconde sur la droite, placées chacune au bout d'une sorte de pointe.

Barney ne prend même pas la peine de garer la Chevrolet sur le bas-côté. Il laisse le moteur tourner et sort de la voiture pour observer l'étrange appareil avec les jumelles, sans être gêné cette fois par les vibrations de la voiture. Il peut alors distinguer avec précision la silhouette de l'objet volant : c'est un grand disque épais, large de plusieurs dizaines de mètres. Irrésistiblement attiré, Barney fait quelques pas vers lui. La soucoupe, maintenant en vol stationnaire et parfaitement silencieuse, s'incline vers lui puis commence à descendre lentement vers le sol. Betty lui crie de revenir. Barney a le temps d'apercevoir une demi-douzaine de visages derrière les hublots éclairés. De grands yeux en amande comme il n'en a jamais vu. Saisi de frayeur, il regagne la voiture en courant et démarre en trombe.

Betty descend la vitre, passe la tête au dehors et tente de repérer la soucoupe. Celle-ci a disparu. Avec effort, elle regarde au-dessus de la voiture mais ne peut rien distinguer, même pas les étoiles qui brillaient tout à l'heure dans le ciel sans nuage. C'est alors qu'ils entendent un son strident, comme un bip électronique, qui paraît provenir de l'arrière de la voiture. La somnolence s'empare alors d'eux. Puis c'est le « trou noir ».

Pendant des mois, à la suite de l'événement qui vient de bouleverser leur vie, Barney et Betty Hill vont essayer de se souvenir de ce qui s'est passé *après*. En vain. C'est le fameux *missing time*, le « temps manquant », une composante classique de presque tous les scénarios d'enlèvement. Tout ce qu'ils savent, c'est qu'ils se sont réveillés deux heures plus tard, dans leur voiture, en train de rouler sur la route n° 3, la tête lourde, comme groggy, les membres curieusement engourdis. Le reste s'est complètement effacé de leur mémoire.

Il fait jour quand les Hill atteignent Porthmouth. Barney veut jeter un coup d'œil à sa montre, mais constate qu'elle s'est arrêtée – tout comme celle de Betty. La pendule de la cuisine indique 5 heures. « On dirait que nous sommes rentrés un peu plus tard que prévu », constate Barney.

On a volé aux Hill deux heures de leur vie. Qui et dans quel but ? Qu'est-il arrivé au juste sur la route n° 3 ? Barney et Betty Hill ne sont pas en mesure d'apporter des éléments de réponse à ces questions qui les troublent tant.

Plusieurs années plus tard, ils comprendront alors qu'ils ont bel et bien été kidnappés par des visiteurs venus d'une autre planète à bord de cet étrange disque lumineux qu'ils n'ont fait qu'entrevoir, une nuit d'automne, sur une petite route de montagne...

Révélations sous hypnose

Il a fallu des années à Barney et Betty Hill pour reconstituer le fil des événements. Sans l'aide d'un psychiatre et sans le recours à l'hypnose, ils n'y seraient sans doute jamais parvenus.

Le 19 décembre 1963 – plus de deux ans après les faits –, les Hill sonnent à la porte du docteur Benjamin Simon, praticien réputé de Boston. Celui-ci ne met pas longtemps à se convaincre de l'état de détresse dans lequel se trouvent ses nouveaux patients. Tous deux souffrent depuis des mois d'anxiété chronique. Barney se montre extrêmement nerveux. Quant à Betty, elle ne cesse de se plaindre de cauchemars à répétition. Leur angoisse commune a un point de fixation : cette nuit du 19 septembre 1961, et plus particulièrement les deux heures dont, malgré leurs efforts, ils ne parviennent pas à se souvenir. La seule solution est de tenter d'entrouvrir la porte de leur mémoire. Pour le docteur Simon, le recours à l'hypnose s'impose. Il est décidé que les Hill viendront en consultation le samedi. Tous les propos tenus sous transe hypnotique par Barney et Betty seront enregistrés sur magnétophone.

La première séance d'hypnose a lieu le 4 janvier 1964. Jusqu'en juin 1964, le docteur Simon hypnotise les Hill à tour de rôle, sans leur faire écouter les enregistrements. Le résultat est saisissant : leurs singuliers récits se recoupent point par point.

Betty et Barney décrivent de la même façon les humanoïdes venus à leur rencontre au cours de cette nuit de 1961, sur un chemin où ils ont été attirés, non loin de la route n° 3. De petite taille, plutôt frêles, ils ont de grosses têtes et de grands yeux en amandes, le teint gris. Les Hill évoquent avec beaucoup de précision l'habitacle nu, à l'éclairage cru, où les petits hommes gris les ont fait pénétrer pour procéder à un examen médical en règle de leurs prisonniers – tel semble en effet avoir été l'épisode essentiel de cette extraordinaire rencontre entre deux humains et des êtres venus de l'espace.

Betty Hill raconte que les aliens l'ont forcée à s'allonger sur une sorte de table, puis lui ont enfoncé une longue et fine aiguille près du nombril. Elle croit comprendre qu'il s'agit d'une espèce de « test de grossesse ». Elle commence par protester, se plaint d'une douleur aiguë, crie. L'un des extraterrestres présents, qu'elle identifie comme le « médecin », lui place la main devant les yeux ; sa douleur est aussitôt fortement soulagée.

Le témoignage de Barney Hill apparaît moins significatif que celui de son épouse. Terrorisé par la présence des humanoïdes, il semble se comporter comme un somnambule tout le temps de la confrontation. Sous hypnose, il évoque néanmoins une étrange opération de prélèvement de sperme au moyen d'un appareil fixé sur son pénis. Le plus troublant est que les traces de cette intervention sont encore visibles plusieurs années après les événements : un cercle de verrues s'est formé au niveau de l'aine, dont il faut pratiquer l'ablation.

Lors d'une séance chez le docteur Simon, alors que Betty est sous transe hypnotique, elle demande du papier et un crayon et trace un croquis de l'« espace interstellaire ». Selon ses explications, un des aliens, celui qui semblait être leur chef, lui a montré sur une carte les voies empruntées par les vaisseaux extraterrestres pour se rendre d'une planète à l'autre. Le même alien a demandé à Betty – la communication entre les Hill et les extraterrestres passait par les yeux, sans que la moindre parole fût prononcée – si elle pouvait repérer la place du Soleil sur cette carte. Comme elle s'en montrait incapable, il a refusé en riant de désigner pour elle son étoile d'origine, avant de s'amuser à poser à sa captive une série de questions pièges sur la nature du temps.

L'attitude du docteur Simon mérite d'être distinguée : l'éminent praticien, reconnu à l'époque comme l'un des meilleurs psychothérapeutes américains, tente, lors de chacune des séances, de convaincre les époux Hill qu'ils ont rêvé, mais ils refusent chaque fois de l'admettre. Tout en étant persuadé de leur sincérité, Benjamin Simon ne peut croire qu'ils ont réellement vu un ovni et rencontré des extraterrestres. Selon l'analyse du psychiatre, Betty Hill a rêvé toute l'aventure, puis a réussi à convaincre son mari, au point que Barney a fini par y croire lui aussi.

Ces entorses répétées au principe de la neutralité traditionnelle du thérapeute illustrent les limites de l'ascendant que celui-ci est susceptible d'exercer sur les patients qu'il traite par l'hypnose : les Hill, bien que profondément troublés, s'en tiennent à leur version des faits.

Quelle crédibilité accorder à leurs récits ? Betty décrit des comportements quelque peu surprenants de la part des extraterrestres. Après avoir pratiqué sur sa personne des interventions chirurgicales assez délicates, ils découvrent par exemple que Barney porte un dentier et s'en étonnent. Par ailleurs, l'épisode de la « carte interstellaire » sent fort la mise en scène... Après avoir lu le témoignage de Betty Hill, Marjorie Fish, une jeune ufologue, a construit un modèle en trois dimensions des étoiles proches en sélectionnant celles qui ressemblent le plus à notre Soleil. Vu sous un certain angle, ce modèle reflète assez précisément la carte crayonnée par Betty, mais l'astronome Carl Sagan a démontré, grâce à un savant calcul sur ordinateur, que cela ne prouve rien...

Jacques Vallée, quant à lui, très sceptique sur les récits d'enlèvements – et sur la présence même d'aliens dans notre environnement terrestre –, croit pouvoir affirmer que l'opération décrite par Betty Hill ne peut être que le fait de médecins maladroits, en retard sur les connaissances médicales humaines des années 60. Or l'opération en question ressemble fort à une cœlioscopie, ou laparoscopie, intervention qui se pratique encore aujourd'hui au moyen d'un endoscope de fort calibre : la description de Betty Hill (« une longue et fine aiguille ») est donc déjà en avance sur la technologie actuelle ! En 1961, il s'agit encore d'une technique expérimentale dont Betty n'a sans doute pas connaissance.

Philip Klass, enfin, a mis en cause l'intégrité des Hill et du docteur Simon en révélant, dans son livre *UFO*

Abductions. A Dangerous Game, que le partage des droits d'auteur du livre qui a fait connaître l'affaire a été âprement discuté entre eux[1]. Voilà qui ne concorde pas du tout avec la discrétion des Hill, qui ont attendu des années avant d'accepter la divulgation de leur histoire.

L'affaire Hill a été révélée par le journaliste John G. Fuller en 1966 dans son livre *The Interrupted Journey*[2], soit cinq ans après les faits. Grâce au travail remarquable de Fuller, mais aussi à l'infatigable activité de Betty Hill – qui n'a cessé, depuis la disparition de son mari, en 1969, d'intervenir lors de conférences ou d'émissions télévisées afin de témoigner de l'extraordinaire expérience qu'elle a vécue –, cette affaire demeure aujourd'hui encore l'un des cas les mieux documentés d'enlèvements d'êtres humains par des visiteurs de l'espace.

Reste que le récit de Betty et Barney Hill nous place d'emblée face aux aspects les plus obscurs du dossier des enlèvements : pourquoi ces mystérieuses opérations gynécologiques ? Pourquoi tous ces souvenirs pénibles qui reviennent le plus souvent sous hypnose, alors qu'il eût été si simple pour les aliens d'endormir leurs victimes avant de procéder à leurs étranges manipulations ? Pourquoi, enfin, ces indices de mise en scène concertée ?

Psychose collective ou réalité ?

Depuis l'affaire Hill, le dossier s'est considérablement étoffé, au point que les récits d'enlèvements par des visiteurs de l'espace constituent la cible privilégiée de tous ceux qui rêvent de tourner en ridicule la question des ovnis.

Comment ces récits, a priori invraisemblables, ne seraient-ils pas considérés comme pain bénit par les sceptiques ? Non seulement les témoins racontent des histoires qui paraissent absurdes, mais en outre la plupart ne parviennent à se souvenir des circonstances de l'événement que sous hypnose – une méthode contestée, dans la mesure où l'on considère qu'elle permet d'influencer le témoin à son insu (nous avons vu cependant les limites de l'argument dans le cas Hill). Or les récits des victimes d'enlèvements se recoupent si précisément qu'ils apparaissent de moins en moins contestables. Sont-ils de nature à étayer les inquiétantes rumeurs de complot menaçant l'humanité (voir chapitre 5, p. 175) ? Même si nombre d'informations rassemblées à propos des enlèvements proviennent d'enquêteurs fiables, il convient de ne pas négliger le risque de désinformation. Des récits mensongers, propres à discréditer l'ensemble des témoignages sur la réalité des ovnis, ont pu être mis en circulation. Par ailleurs, si les récits des victimes sont souvent inquiétants, ils comportent aussi des aspects positifs. Un certain nombre de témoins connaissent, à la suite de leur rencontre avec les aliens, une authentique mutation spirituelle. Quelques-uns acquièrent des dons de guérison, d'autres se relèvent de manière inattendue de maladies graves. La publication de leurs récits a d'ailleurs contribué à la formation, chez les ufologues, de deux tendances opposées. Les tenants de l'interprétation pessimiste sont convaincus des mauvaises intentions des aliens à notre égard. Les optimistes, quant à eux, croient que les extraterrestres ont connaissance des dangers qui menacent la Terre et ses habitants, et qu'ils ont pour mission de nous en avertir, voire de sauver l'humanité.

Aux États-Unis, les cas d'enlèvements par des extraterrestres sont devenus si nombreux que l'on pourrait croire à une épidémie. « Les extraterrestres envahissent l'Amérique », titre *Le Figaro Magazine* en couverture de son numéro du 31 août 1996. S'agit-il d'une psychose collective, gonflée par les médias ? L'affaire n'est pas si simple. De nombreux psychiatres et psychologues ont étudié un nombre significatif de cas. Tous concluent à la sincérité de la grande majorité des témoins.

Mais, avant d'évoquer les récits d'enlèvements les plus remarquables, il convient de rappeler une étape antérieure de l'histoire des ovnis. Les témoignages des « contactés » des années 50 présentent en effet de nombreux points communs avec ceux des victimes d'enlèvements, qu'il est désormais d'usage de désigner sous le terme « abductés », un anglicisme issu du verbe *to abduct* (kidnapper).

Des « contactés » aux « abductés »

A priori, ces deux types de récits semblent radicalement différents. Pourtant, le dossier « enlèvements » s'est singulièrement rapproché, ces dernières années, de celui des « contactés », si bien qu'il est à nouveau intéressant d'évoquer ce phénomène ancien. Jerome Clark résume ainsi le scénario type des récits de « contactés » :

> *Ces personnes croient ou prétendent qu'elles sont en communication régulière avec des intelligences extraterrestres bienveillantes, souvent appelées « Frères de l'espace ». Ce sont des anges en combinaison spatiale, de fière allure (il y a aussi des femmes parmi eux, mais l'expression « Sœurs de l'espace » n'a, semble-t-il, jamais eu de succès), qui arborent en général une longue chevelure blonde et montrent une attitude sage et patiente. Ils expliquent qu'ils sont venus sur Terre parce que notre planète s'est mise « hors la loi ». Le comportement guerrier de l'humanité inquiéterait les membres de la*

« Fédération galactique », une alliance de bons extraterrestres en lutte contre des forces mauvaises présentes dans l'univers. La Terre, annoncent les Frères de l'espace, va subir une série de grands bouleversements inaugurés par des cataclysmes géologiques. Une grande partie de la population de la planète disparaîtra. Ceux qui survivront entreront dans un âge d'or sous la tutelle des « Frères de l'espace » et de leurs agents terrestres, les « contactés[3] ».

Parmi les « contactés » célèbres, il faut citer George Adamsky, qui a rencontré le Vénusien Orthon, en 1952, dans le désert de Californie ; Howard Menger et sa belle Vénusienne Marla ; Orfeo Angelucci, un mystique dont le cas a été étudié par Carl Gustav Jung ; Daniel Fry, ami de Richard Nixon, qui disait avoir été approché par un ovni à White Sands ; ou encore Truman Bethurun, qui a rencontré la belle Aura Rhanes, de la planète Clarion. En Europe, le cas du chauffeur de taxi anglais George King, qui a fini par fonder une sorte d'Église aux États-Unis, a été évoqué dans la presse, comme ceux de l'Italien Siragusa et du Français Guy Monnet. Plus récemment, le Suisse Eduard (Billy) Meier a fait beaucoup parler de lui grâce à des photographies d'ovnis un peu trop belles pour ne pas être sujettes à caution...

Les « contactés » ont fait l'objet d'études psychologiques et sociologiques approfondies, notamment l'Américaine Dorothy Martin, connue en Californie sous le nom de Sœur Thedra, qui prophétisait un cataclysme pour le 20 décembre 1954 et avait rassemblé autour d'elle un groupe de disciples. La non-réalisation de sa prédiction n'a pas mis fin à l'existence de la secte. Voilà, disent les sceptiques, un bon exemple de croyance irrationnelle à propos d'ovnis ! Pourtant, la psychologue June Parnell, qui a étudié deux cents cas de « contactés », a mis en évidence l'absence de pathologie mentale chez ses sujets[4]. Et si les « contactés » n'avaient été ni des fous ni des fabulateurs ? Qu'ont-ils vu ? Ont-ils été manipulés ? Et dans ce cas, par qui et pourquoi ? Autant de questions auxquelles nous sommes aujourd'hui encore incapables de répondre.

Autre mystère qui reste à éclaircir : la similitude entre les messages reçus par les « contactés » et ceux de certaines apparitions religieuses, telle la vierge de Fatima. Faut-il rappeler, à cet égard, que le « soleil » de Fatima ressemble fort à ce que l'on appellerait aujourd'hui un ovni[5] ?

Les premiers témoignages d'« abductés »

Jusqu'aux années 70, la presse n'a révélé qu'un petit nombre de cas de « contactés », dont celui de Barney et Betty Hill. C'est alors que de nouveaux témoignages attirent l'attention des médias : celui des deux pêcheurs Hickson et Parker, à Pascagoula, dans le Mississipi, en 1973 ; celui du bûcheron Travis Walton, dans l'Arizona, en 1975 ; celui, enfin, très complexe, de Betty Andreasson-Luca, dans le Massachusetts, en 1979 et au cours des années suivantes. Le retentissement médiatique réservé à ces affaires est-il à l'origine de la vague d'enlèvements qui n'a cessé de s'amplifier depuis ? L'explication, à laquelle certains spécialistes ajoutent l'influence des récits et des films de science-fiction, peut paraître satisfaisante à première vue. Nous aurions alors affaire à un phénomène de psychose collective... Une étude attentive des témoignages suffit pourtant à faire sentir l'insuffisance de cette analyse. Rappelons d'abord les faits.

La première affaire d'enlèvement répertoriée a pour héros involontaire un jeune paysan brésilien nommé

Antonio Villas Boas, qui aurait été obligé de faire l'amour avec une extraterrestre à bord d'un ovni. L'incident date de 1957. Villas Boas raconte que, travaillant de nuit en plein champ, il a vu atterrir un ovni lumineux muni d'une triple pointe à l'avant, plutôt atypique. Plusieurs êtres portant cagoules en sortent, s'emparent de lui et l'entraînent à bord de l'appareil. Là, les aliens lui ôtent ses vêtements, lui badigeonnent le corps d'une mystérieuse substance – sans doute un antiseptique –, puis l'introduisent dans une pièce où une odeur étrange lui donne la nausée. Une extraterrestre apparaît. Nue. Après l'acte sexuel, l'alien aux grands yeux en amande le quitte en pointant son doigt vers son ventre puis vers le ciel... L'histoire paraît alors si ridicule aux ufologues qu'elle ne sera divulguée que bien des années plus tard, par la revue britannique *Flying Saucer Review*. Le cas a pourtant été bien étudié. On apprendra notamment que Villas Boas est tombé malade au cours des mois suivants, et qu'il présentait les symptômes caractéristiques d'une irradiation[6].

A l'époque où le cas Hill est révélé, la commission Condon, officiellement chargée par le président Gerald Ford d'enquêter sur le phénomène des ovnis, étudie le cas du policier Herbert Schirmer. Le psychologue Leo Sprinkle, de l'université du Wyoming, interroge Schirmer sous hypnose. Bouleversé par l'expérience qu'il a vécue dans la nuit du 3 décembre 1967, près de Ashland, dans le Nebraska, le témoin fait le récit de son enlèvement par des êtres de l'espace qui lui auraient délivré un message proche de ceux rapportés par les « contactés » des années 50. Sprinkle est convaincu de la réalité de son expérience, mais l'équipe de chercheurs présidée par le professeur Edward Condon ne se laisse pas convaincre.

Un autre cas célèbre a pour théâtre, en 1973, un petit port du Mississipi nommé Pascagoula. Un soir, deux paisibles pêcheurs à la ligne arrivent au poste de police local en état de choc. Charles Hickson et Calvin Parker racontent aux fonctionnaires de police qu'ils ont vu atterrir un objet volant émettant une lumière bleutée, d'où sont sortis trois êtres étranges qui ont volé vers eux. Ces mystérieux visiteurs avaient la peau ridée, les yeux en amande, les oreilles et le nez pointus. Les humanoïdes se sont emparés des pêcheurs et les ont conduits jusqu'à l'ovni, où ils les ont soumis à une sorte d'examen médical. Pour le docteur James Harder, de l'université de Californie, venu aussitôt enquêter sur place et interroger les témoins sous hypnose, il s'agit d'une « expérience réelle ». L'astronome Allen Hynek, qui rejoint sur place le docteur Harder, partage cette opinion : « Il s'est passé ici quelque chose qui dépasse notre entendement », déclare-t-il. Fred Diamond, le shérif de la ville, témoigne en faveur des deux pêcheurs : « Ils sont sincères. S'ils avaient inventé tout cela, ils devraient être à Hollywood. » Les deux hommes sont terrifiés par ce qu'ils ont vu. Parker, le plus jeune, s'est évanoui lors de l'enlèvement, et le docteur Harder doit abréger la séance d'hypnose de Hickson tant certaines des scènes qu'il revit le rendent nerveux[7].

L'affaire Travis Walton reste un des plus remarquables cas d'enlèvement à témoins multiples. Plus de vingt ans après, Walton et ses camarades ne sont jamais revenus sur leurs déclarations et n'ont pas été contredits par d'autres témoins. Travis Walton est un jeune bûcheron travaillant dans l'Arizona au sein d'une équipe de sept hommes. Un soir de 1975, en rentrant de leur travail, les hommes aperçoivent un grand ovni lumineux de couleur dorée, surmonté d'un dôme. L'engin est en vol stationnaire au-dessus d'une clairière. Il y a eu déjà beaucoup d'observations d'ovnis dans la région. Travis, que ces récits passionnent, saute de la camionnette et s'élance vers l'objet lumineux, malgré les appels de ses camarades. Ceux-ci aperçoivent alors un faisceau de lumière qui frappe Travis, le projetant à terre. Affolés, ils prennent aussitôt la fuite. Quand le chef d'équipe, reprenant ses esprits, revient sur les lieux, Travis Walton a disparu. Les recherches, entreprises immédiatement, restent vaines. La police soupçonne d'abord un meurtre – il y a des dissensions dans l'équipe à cause du retard pris dans le travail. Soumis au détecteur de mensonge, les hommes font tous le même récit.

Walton est retrouvé cinq jours plus tard, au bord d'une route, hagard. La mémoire lui revient peu à peu. Il se rappelle s'être réveillé dans une petite salle, allongé sur un lit. Deux petits êtres effrayants, dotés d'une grosse tête et de grands yeux, qui se sont approchés de lui, ont pris la fuite quand il les a repoussés brutalement. Il entreprend alors d'explorer l'ovni. Après avoir parcouru un couloir incurvé, il pénètre dans une seconde salle, circulaire. Au centre, il voit un fauteuil. A mesure que Travis s'en approche, la lumière s'atténue. Il distingue au-dessus de sa tête une voûte étoilée, s'assoit sur le siège face à une sorte de tableau de bord et commence à essayer de le manipuler. Un humanoïde d'assez grande taille entre alors dans la pièce, lui adresse un sourire et le conduit dans une autre partie du vaisseau – lequel se révèle beaucoup plus grand que Travis ne l'a d'abord pensé. Apercevant plusieurs soucoupes réunies dans une vaste salle, il suppose qu'il s'agit d'un « vaisseau-mère ». Il se retrouve finalement dans une autre salle, de dimensions plus réduites, où des êtres d'apparence humaine sont rassemblés. Il y a une femme parmi eux, mais tous se ressemblent comme des jumaux. A cet instant, les visiteurs cosmiques endorment Travis, qui ne réussira pas, par la suite, à se souvenir de ce qui s'est passé après. Travis Walton a raconté son histoire dans un livre, *Fire in the Sky*[8], qui a inspiré un film du même nom. Celui-ci se révèle assez fidèle à son récit, sauf en ce qui concerne la séquence de l'enlèvement, purement hollywoodienne !

Autre cas spectaculaire, celui de Carl Higdon. Le 25 octobre 1974, ce technicien de forage pétrolier âgé de quarante et un ans part seul chasser l'élan dans la forêt de Medecine Bow, au sud de Rawlins, dans le Wyoming. Ayant pu lancer un appel au secours par radio, il est localisé au bout de cinq heures de recherches, embourbé au beau milieu d'un marécage. En état de choc, il a du mal à parler. Il ne se rappelle pas son nom, ne reconnaît pas sa femme et crie sans cesse : « Ils ont pris mon élan ! » Finalement, après un séjour à l'hôpital, il est bientôt en mesure de raconter son aventure. Ce jour-là, il a repéré cinq élans immobiles. Il a tiré, en vain : la balle est tombée à environ 15 mètres de lui avec un bruit mat, comme si elle avait heurté une barrière invisible. La forêt est soudain devenue silencieuse. Ses souvenirs sont confus, mais il se rappelle qu'un être étrange, à l'allure de spationaute, est apparu, lui a fait avaler des pilules et l'a conduit dans une cabine. Higdon raconte que les extraterrestres lui ont placé un casque sur la tête en lui expliquant qu'ils l'emmenaient à 262 000 kilomètres de là... Ils sont bientôt parvenus à une tour comportant une sorte de restaurant tournant au sommet. La lumière était si intense qu'elle faisait mal aux yeux, mais les humanoïdes ont expliqué à Higdon que la lumière de notre soleil les affectait de la même façon. Sous hypnose, Higdon se souvient d'autres détails (le traitement est conduit par le psychologue Leo Sprinkle, un pionnier de ce type d'enquêtes, qui a déjà étudié les « contactés »). Il se rappelle notamment avoir aperçu un humanoïde de 1,80 mètre de haut se tenant sous un arbre à quelque distance des élans. Son visage paraissait humain à ceci près qu'il n'avait pas de menton ; son nez était plat et il semblait n'avoir ni oreilles ni sourcils. Ses cheveux étaient dressés comme des brins de paille sur sa tête. Il était vêtu d'une combinaison noire et de chaussures noires. Deux ceintures se croisaient sur sa poitrine, une autre lui enserrait la taille dont la boucle était ornée d'un emblème ressemblant à une étoile[9].

On peut rapprocher l'expérience de Carl Higdon de celle du militaire chilien Armando Valdès. Le 25 avril 1977, Valdès, caporal dans l'armée de terre, commande une patrouille dans les Andes, au nord du pays. Il est enlevé par un ovni presque devant ses hommes. Sa disparition est brève – environ un quart d'heure –, mais ses compagnons le retrouvent évanoui... avec une barbe de cinq jours ! De plus, Valdès s'aperçoit que sa montre, arrêtée à l'heure exacte de sa réapparition, avance de cinq jours, comme s'il avait passé ce temps dans un monde parallèle, où le temps s'écoulerait plus vite que le nôtre !

Autre cas. La scène se déroule au bord du lac Champlain, dans le Vermont, au camp de vacances pour jeunes filles de Buff Ledge. Le mercredi 7 août 1968, vers 18 h 10, juste après le coucher du soleil, deux adolescents sont assis face au lac, à l'extrémité d'un ponton. « Michael Lapp », un garçon de seize ans, et « Janet Cornell », une jeune fille de dix-neuf ans (il s'agit de pseudonymes), sont isolés du camp par un talus de 5 mètres de haut, surmonté d'une rangée d'arbres. Soudain, ils aperçoivent au loin une lumière brillante qui décrit une longue trajectoire avant de s'immobiliser dans le ciel. Michael et Janet distinguent les contours d'un objet en forme de cigare qui semble très éloigné, peut-être à plus de 10 miles

(16 kilomètres). Michael racontera plus tard avoir vu trois lumières blanches s'allumer dans la partie inférieure droite de l'ovni. Puis celui-ci repart dans la direction d'où il est venu et disparaît au bout de quelques secondes. Les trois petits ovnis accomplissent des manœuvres spectaculaires tout en se rapprochant. Ils apparaissent bientôt comme des disques surmontés d'un dôme. Cinq minutes plus tard, ils se positionnent en triange horizontal, puis deux d'entre eux filent respectivement vers le nord et le sud. Les adolescents perçoivent alors un bruit étrange, « comme si mille diapasons vibraient ensemble ». Le troisième disque se rapproche encore à environ 1,5 kilomètre des témoins, en émettant lui aussi un son bizarre. Michael et Janet commencent à avoir peur. L'ovni, qui a la taille d'une petite maison, reste immobile pendant une minute. Des lumières colorées semblent tourner sur son pourtour. Brusquement, il monte dans le ciel, puis disparaît en quelques secondes avant de redescendre très vite et de plonger dans l'eau du lac, faisant hurler tous les chiens présents sur les berges. Enfin, l'ovni refait surface et vient se positionner tout près des deux jeunes témoins, planant à 5 mètres au-dessus des eaux. Les adolescents aperçoivent alors, à travers le dôme transparent de l'ovni, deux visages avec de grands yeux ovales et une petite bouche. Visibles jusqu'à la ceinture, les visiteurs de l'espace sont de petite taille et portent un uniforme gris argenté. Michael se tourne vers Janet. Elle semble pétrifiée et ne lui répond pas. Il s'adresse alors aux entités pour leur demander qui elles sont. Leur réponse résonne dans sa tête : « Nous ne sommes pas là pour vous faire du mal. » La voix lui explique que ses semblables ont décidé de revenir sur Terre après les premières explosions atomiques. Ils sont engagés dans un conflit avec d'autres membres de leur propre race, qualifiés de « mauvais ».

Soudain frappé par l'absurdité de la situation, Michael se met à rire en se tapant sur les genoux. Il voit alors l'un des inconnus en faire autant, cependant que l'autre semble imiter la paralysie de Janet ! L'ovni se rapproche encore. Il n'est plus qu'à 3 mètres au-dessus des adolescents. Un cône de lumière brillante descend alors sur eux. Michael a la sensation de quitter son corps et perd conscience. Lorsqu'il revient à lui, il est toujours sur le ponton, avec Janet à ses côtés. Ils voient quelques campeurs sur le talus, intrigués par l'ovni. Celui-ci leur dispense alors quelques rayons lumineux et s'en va à toute vitesse. Les deux jeunes gens se sentent à cet instant très fatigués et doivent aller se reposer.

A la suite de cet incident, Michael, très troublé, est attiré par la spiritualité mystique. En 1978, onze ans après les faits, il entre en contact avec Walter Webb, enquêteur réputé. Celui-ci vérifie que les deux témoins ne se sont jamais revus après l'incident. Or, sous hypnose, Michael et Janet racontent la même histoire, la version de Michael étant toutefois plus détaillée. Les séances d'hypnose, cinq pour Michael et trois pour Janet, sont conduites par deux professionnels réputés, le docteur Harold Edelstein et Claire Hayward. Michael se souvient qu'il s'est retrouvé à bord de l'ovni avec les aliens. Sur le « pont » supérieur du vaisseau spatial, il a aperçu, à travers un dôme transparent, un autre vaisseau, en forme d'énorme cigare, ainsi que la Terre, la lune et les étoiles. Il a également pu observer l'étage inférieur de l'ovni, où se trouvait Janet, étendue sur une table, entourée de deux humanoïdes. Un autre était posté à une console, sous un grand panneau rectangulaire comportant des écrans qui semblaient enregistrer différents éléments de l'examen. Des rayons de lumière colorée parcouraient la table d'examen et son support conique. Les extraterrestres, qui mesuraient de

1,50 à 1,65 mètre, avaient une tête allongée avec de grands yeux ovales et de larges pupilles noires, un corps mince, trois doigts palmés à chaque main. Michael dit avoir assisté d'assez près à l'examen de Janet. Un appareil en forme de « cœur renversé » est descendu du plafond et a pompé des fluides corporels par des tubes flexibles, puis est remonté. Comme Michael s'inquiétait, son guide lui a expliqué qu'ils étaient en train d'« élargir la conscience » de Janet ! Ce fut ensuite son tour, mais il s'est évanoui et n'a conservé aucun souvenir de l'examen. Lorsqu'il s'est réveillé, l'ovni était apparemment à l'intérieur du grand vaisseau. Son guide l'a fait « flotter » à l'intérieur d'un « tube de lumière ». Il a alors découvert qu'ils se trouvaient dans un vaste hangar. Ils l'ont traversé comme tirés par un faisceau lumineux et sont passés à travers une paroi comme si elle n'existait pas ! Ils ont fini par pénétrer dans une grande salle couronnée d'un dôme, où une multitude d'extraterrestres étaient rassemblés. Michael a été assis sur une chaise, on lui a placé un casque sur la tête. Les humanoïdes fixaient avec attention un écran que lui-même ne pouvait voir. Son guide l'a emmené ensuite dans une autre pièce. Il lui a touché les mains et Michael s'est retrouvé dans un étrange paysage planté d'arbres et d'herbe sous un ciel pourpre. Des humains déambulaient dans une sorte de transe. Là, il a revu Janet, effrayée, en pleurs. Puis il a de nouveau perdu conscience avant de se réveiller, en compagnie de Janet, sur le ponton. Michael a entendu un dernier message rassurant : ils étaient des amis et tout allait bien pour eux. Janet, quant à elle, s'est rappelée consciemment l'arrivée d'une « grosse lumière ». Tous deux s'étaient alors jetés à terre.

Sous hypnose, les souvenirs de Janet, tenue dans l'ignorance du récit de Michael, sont moins précis que ceux du jeune homme, mais ils concordent avec les siens. Elle se souvient avoir été allongée sur une table, entourée par des humanoïdes qui l'examinaient. Elle était si effrayée qu'elle n'osait regarder, mais elle a néanmoins pu faire une description des êtres de l'espace comparable à celle de Michael. Ce cas remarquable a fait l'objet d'une enquête approfondie par Walter Webb, qui l'a relatée dans son livre *Encounter at Buff Ledge : A UFO Case History*[10].

Les cas d'enlèvements hors des États-Unis

Le dossier des enlèvements paraît essentiellement américain. Quelques cas intéressants ont néanmoins été signalés dans d'autres pays. Au Brésil, Irene Granchi, ufologue renommée, en a publié un certain nombre[11]. En France, Joël Mesnard a rendu compte d'une trentaine de cas, étalés sur plusieurs décennies[12] – autant dire très peu. Les autres pays d'Europe sont, semble-t-il, dans une situation comparable. Les extraterrestres préféreraient-ils les Américains ou les Américains seraient-ils moins réticents que les autres à reconnaître la réalité du phénomène ?

Les Anglais Philip Mantle et Carl Naigitis, qui ont relaté une trentaine de cas britanniques[13], se sont interrogés sur la relative rareté des enlèvements hors des États-Unis. Au Royaume-Uni, expliquent-ils, le seul fait de mentionner le sujet des enlèvements déclenche les sarcasmes. La situation n'est guère différente en France.

Le soir du 24 octobre 1974, John Day rentre en voiture avec sa femme Sue et ses enfants, Kevin, Karen et Stuart, près d'Aveley, dans l'Essex, en Grande-Bretagne[14]. Il est près de 22 heures, la nuit est claire et il y a peu de circulation sur la petite route de campagne. John et Sue remarquent d'abord une lumière bizarre près de la route – un halo ovale, d'un bleu iridescent, comme une grosse étoile. Le point d'émission de la lueur ne semble pas très éloigné. D'abord dissimulée derrière un bois, elle réapparaît, traversant très rapidement la route, puis disparaît de nouveau. Soudain, le moteur de l'auto tombe en panne. Au sortir d'un virage, les Day se trouvent plongés dans un épais brouillard vert. Toutes les lumières du véhicule s'éteignent d'un coup. Un brouillard glacial pénètre à l'intérieur de l'habitacle qui subit des secousses violentes. Enfin, il s'immobilise. Quand le brouillard disparaît, les Day se trouvent moins de 1 kilomètre plus loin, mais il est 1 heure du matin et non plus 22 h 20, comme ils le croient. Trois heures se sont effacées de leur mémoire ! Le lendemain, tous les membres de la famille sont extrêmement fatigués. John souffre de dépression quelques semaines plus tard. Agé de trente-deux ans, il est contraint de quitter sa place de charpentier et choisit un an plus tard d'assister des handicapés mentaux. Pourtant, John et Sue se sentent plus confiants et mieux assurés dans leur vie, tout comme Kevin, leur fils aîné, qui est resté éveillé pendant le trajet. Cependant, ce mystère de la nuit du 24 octobre continue à les hanter.

Trois ans plus tard, John lit un article sur les ovnis et décide de prendre contact avec un groupe local d'enquêteurs. Les Day acceptent une thérapie sous hypnose. Trois séances sont conduites par le docteur Leonard Wilder. En état de transe, ils font un récit étonnant de ce qui leur est arrivé. Un faisceau de lumière blanche a traversé le brouillard vert, a frappé la voiture et l'a soulevée et déposée à bord d'un ovni. Ils se sont retrouvés dans une grande salle et ont eu l'impression de se voir eux-mêmes, dans leur voiture, du haut d'un balcon ! Ils ont aperçu près d'eux un humanoïde de grande taille, qui les a emmenés à l'étage supérieur, dans une pièce meublée seulement d'une table. Ils ont alors perdu conscience et se sont réveillés étendus sur la table d'examen. Des aliens de grande taille les entouraient, avec d'autres extraterrestres, plus petits. Ces derniers étaient très laids, avec une sorte de fourrure brune sur la tête et les mains, de grands yeux fendus, des oreilles pointues. Ils portaient une tunique blanche. Les grands, qui semblaient diriger les opérations, avaient eux aussi de grands yeux couleur crème avec des iris roses. Le bas de leur visage, sans doute couvert par un masque, n'était pas visible. John a remarqué que leurs mains avaient trois doigts. Un appareil a inspecté tout le corps de John, qui a ressenti une sensation de picotement et de chaleur. Après l'examen médical, ils ont eu droit à quelques explications. On leur a proposé une séance de projection, avec cartes d'étoiles, diagrammes, coupes de véhicules défilant à toute vitesse, puis ils ont vu une image holographique d'une planète en train de mourir, « ruinée par la pollution ». Telle était, leur expliqua-t-on, la vision de leur passé et de notre futur... On leur a également montré le système solaire, mais celui-ci ne comptait pas neuf, mais onze planètes ! Avouons que le cas étrange d'Aveley laisse une forte impression de mise en scène trompeuse...

La même année, un incident se produit au Brésil. Un soir, près d'Ipaucu, petite ville au sud-ouest de l'État de São Paulo, un jeune couple de fiancés, Edison et Lucia, revient du cinéma en voiture. Le long d'un cimetière, ils remarquent une rangée de grosses voitures d'un modèle ancien, aussi brillantes que si elles étaient neuves. Ayant fait un détour pour prendre de l'essence, ils repassent au même endroit cinq minutes plus tard. Les autos ont disparu. Intrigués, ils s'arrêtent pour inspecter les lieux. A cet instant, leur auto décolle légèrement du sol, retombe, puis redécolle et retombe une deuxième fois. Croyant à une mauvaise plaisanterie, Lucia ouvre sa portière, mais la voiture redécolle une troisième fois et la jeune femme a tout à coup extrêmement froid. Elle ne voit rien et claque la porte aussitôt. Elle se tourne alors vers Edison et s'aperçoit qu'il a les cheveux dressés sur la tête. Il est très pâle et prononce avec peine : « Allons-nous-en ! » Lucia veut répondre, mais est incapable de prononcer un mot. Puis la voiture retombe à terre et ils peuvent repartir. Alors qu'ils roulent le long du cimetière, Lucia voit un personnage vêtu d'une combinaison argentée, comme fluorescente, haut d'environ 1,30 mètre. Il porte en outre une sorte de casque et une cape. Edison lui crie : « Ne regarde pas ! », si bien qu'elle ne peut distinguer d'autres détails, mais elle a cependant l'impression que cette entité lui fait signe. Ils s'aperçoivent en rentrant chez eux qu'ils ont perdu environ vingt minutes. A dater de cette étrange nuit, leur voiture ne marchera plus jamais correctement.

Dix ans plus tard, Lucia a été hypnotisée par le docteur Silvio Lago. Elle a éprouvé de nouveau la sensation de froid intense et s'est sentie très mal à l'aise, sans parvenir à libérer ses souvenirs... Sans doute ne saura-t-on jamais ce qui s'est passé à Ipaucu [15].

Que penser des cas français ? Dans le dossier rassemblé par Joël Mesnard et publié dans sa revue *Lumières dans la nuit*, plusieurs récits remarquables évoquent les expériences des « contactés », ou des phénomènes paranormaux. Les cas d'enlèvements, à proprement parler, sont très rares. Par ailleurs, l'hypnose est peu pratiquée en France, et de manière très discutable.

Le cas le plus connu est celui d'Hélène Guiliana [16]. Le 11 juin 1976, cette jeune femme de vingt et un ans quitte Romans vers 1 h 15 du matin, au volant de sa voiture. Sur la petite route qui la mène à Chatuzange-le-Goubet, dans la Drôme, son moteur s'arrête et ses lumières s'éteignent. Hélène a tout juste le temps de se garer sur le bas-côté. C'est alors qu'elle aperçoit, à environ 15 mètres devant elle, une masse lumineuse hémisphérique, de couleur orange, comme posée sur la route. Effrayée, elle ferme les yeux. Lorsqu'elle les rouvre après un long moment, l'objet a disparu. Sa voiture est de nouveau en état de marche et elle peut rentrer chez elle, mais elle découvre qu'elle a un « trou » de deux heures et demie dans son emploi du temps ! Son cas est signalé dans *Le Progrès de Lyon* et *Le Dauphiné libéré*. André Revol, un ufologue local, fait alors intervenir un hypnotiseur. Le récit des séances est très médiatisé, jusque dans *France-Dimanche*. Hélène raconte que deux nains se sont approchés de sa voiture, se sont emparés d'elle et l'ont emmenée dans leur vaisseau. Elle y a subi un examen, allongée sur une table dans une pièce ronde. Ces êtres étaient laids, avec un petit nez « écrasé » et une très petite bouche. Ils étaient vêtus de combinaisons moulantes, violettes ou noires, couvrant même leur tête, et ils gesticulaient beaucoup.

En 1992, interrogée par un autre enquêteur, Hélène Guiliana a confirmé la partie consciente de son histoire, mais a mis en doute ce qu'elle avait révélé sous hypnose. Elle garde un très mauvais souvenir des deux séances chez l'hypnotiseur et estime que tout a été inventé « pour des raisons médiatiques ».

Un cas exceptionnel : Betty Andreasson-Luca

L'histoire singulière de Betty Andreasson-Luca a fait l'objet de quatre livres depuis 1979, tous écrits par Raymond Fowler, directeur des enquêtes du MUFON

(Mutual UFO Network). Elle est particulièrement riche en visions extraordinaires, remémorées peu à peu sous hypnose. Les « voyages » de Betty Andreasson-Luca font davantage penser à des visions initiatiques qu'à de vulgaires enlèvements par des extraterrestres. On y trouve pourtant la mention de manipulations génétiques sur lesquelles Budd Hopkins et David Jacobs ont mis l'accent à partir des années 80. Plusieurs cas, étudiés notamment par le psychiatre John Mack, professeur à l'école de médecine de Harvard, présentent des analogies, d'une part avec les dimensions parareligieuses et mystiques de l'affaire Andreasson-Luca, d'autre part avec les manipulations physiques et mentales qu'elle révèle. Autre trait commun à cette famille de cas : les prédictions apocalyptiques, rappelant les visions des prophètes et annonçant qu'une grande partie de l'humanité périra bientôt, mais qu'un petit nombre sera sauvé !

Le premier livre de Raymond Fowler, *The Andreasson Affair*[17], publié en 1979, dévoile les étapes initiales d'une sorte d'initiation qui apparaît comme « programmée ». Les enquêteurs se heurtent à plusieurs reprises à des blocages, même sous hypnose, qui sont ensuite levés, permettant la reprise de l'enquête. Betty Andreasson-Luca rapporte une longue suite d'enlèvements, de visions et de messages, mais aussi des opérations gynécologiques ou de pose d'implants qui commencent dès son enfance, en 1944, alors qu'elle n'est âgée que de sept ans.

Le premier événement dont Betty se souvient a lieu un soir de janvier 1967. Elle est âgée de trente ans, mariée et mère de sept enfants, et vit avec ses parents dans une maison entourée de champs et de bois, dans le Massachusetts. Alors qu'elle se trouve dans sa cuisine, toutes les lampes s'éteignent soudainement. Par la fenêtre, elle aperçoit une lumière pulsante rouge. Son mari se trouve alors à l'hôpital, mais son père témoignera, dans une déposition signée, qu'il a vu s'approcher de la maison des humanoïdes qui semblaient s'amuser... à jouer à saute-mouton ! « Lorsqu'ils m'ont vu, ils se sont arrêtés. Celui qui était devant m'a regardé et j'ai ressenti une sensation bizarre. C'est tout ce que je sais. » Les autres témoins voient les êtres entrer dans la maison en traversant la porte de bois comme si elle n'existait pas ! Les visiteurs sont de petite taille et se ressemblent, sauf le « chef », qui semble plus grand. Ils ont la peau grise, une grosse tête, de grands yeux, des trous à la place du nez et des oreilles, une petite bouche fendue comme une cicatrice. Ils portent un uniforme bleu-noir brillant, avec un insigne sur la manche gauche en forme d'oiseau aux ailes déployées. C'est tout ce dont se souviennent Betty et ses enfants. Sur le moment, elle leur demande de ne pas en parler. Betty est chrétienne, très croyante et, ne sachant rien des ovnis et des extraterrestres, elle croit qu'elle a vu des anges ! Elle n'évoquera ouvertement l'événement que huit années plus tard, après avoir lu dans un journal une annonce de l'astronome Hynek qui vient de fonder son centre d'études sur les ovnis, le CUFOS (Center for UFO Studies), et lance un appel à témoins.

Quatorze séances d'hypnose seront nécessaires pour que Betty se souvienne de ce premier incident comme d'un enlèvement à bord d'un ovni. L'engin, de dimensions réduites, est allé en rejoindre un plus grand, à bord duquel Betty a subi un examen médical et a pu observer d'étranges installations, qu'elles a dessinées ensuite avec précision. Selon le récit recueilli par Fowler, il semble qu'on lui ait alors montré une sorte de spectacle holographique, allégorique, comportant la traversée d'une ville étrange et la vision d'un grand oiseau, d'abord consumé par le feu puis renaissant de ses cendres comme le Phénix légendaire. A ce moment a retenti un chœur de voix « célestes » lui annonçant qu'elle était « choisie » pour porter un message aux humains !

Dans les livres suivants de Fowler[18] apparaissent bien d'autres épisodes, tantôt des visions ésotériques, tantôt d'effrayantes descriptions d'opérations chirurgicales : pose d'implants sous un œil, prélèvement d'ovules et de fœtus, pose d'embryon. Betty a la vision de fœtus hybrides élevés dans des bocaux. Il y a aussi des scènes fantasmagoriques de rencontre d'ovnis qui semblent changer de dimensions, ou encore la description d'un jardin féerique où Betty se voit entourée d'êtres minuscules. Elle fait des expériences de « sortie du corps » ou encore, avec son mari Bob Luca, se transforme en boule d'énergie.

Détail intéressant à signaler : les extraterrestres de Betty Andreasson-Luca ont trois gros doigts et non pas quatre comme dans les descriptions « habituelles » de petits humanoïdes gris. Leur comportement, également, fait davantage penser à des androïdes de science-fiction qu'à de véritables êtres vivants*. La fin du témoignage de Betty est consacrée à des visions de plus en plus étranges et mystiques, ce que reflète le titre du troisième livre, *The Watchers* (« Les Veilleurs »), allusion directe au Livre d'Enoch. (Le prophète Enoch aurait été enlevé par un « tourbillon » dans les cieux. Là, il aurait d'abord rencontré les anges déchus, également appelés les Veilleurs car, bien que déchus de leur statut d'anges célestes, ils sont néanmoins chargés de veiller sur les humains...) Les « veilleurs » de Betty, qui sont peut-être les patrons des

* Voir cahier photos hors texte, p. VI.

petits androïdes, lui expliquent qu'ils sont chargés de sauvegarder la vie terrestre, menacée par la pollution. Message classique de « contacté », mais la suite l'est beaucoup moins, car ils révèlent alors que les hommes vont devenir stériles et qu'ils sauveront l'espèce en prélevant des embryons et des fœtus ! L'ennui, c'est que cette explication des enlèvements ne concorde pas très bien avec la description donnée par Betty (comme dans d'autres récits) de la fabrication d'êtres hybrides, mi-humains, mi-aliens aux grands yeux noirs : est-ce leur manière de sauver l'humanité ? Il paraît intéressant de citer ici l'opinion de l'astronome Allen Hynek sur le cas de Betty dans sa préface au premier livre de Fowler :

> *L'approfondissement de l'étude [des ovnis] révèle [...] des aspects importants, non seulement scientifiques, mais aussi sociologiques, psychologiques et même théologiques. Le cas Andreasson comprend tous ces aspects [...]. Il n'est pas absurde [...], il n'y a pas non plus la moindre preuve d'une supercherie ou d'une invention [...]. De plus en plus de cas de ce genre, à haute étrangeté, se font jour. Comme le cas Andreasson, ils portent atteinte au bon sens et [...] constituent un défi à nos systèmes de croyance existants.*

Les enquêtes de Budd Hopkins

Selon l'ethnologue Thomas E. Bullard, vingt-six cas d'enlèvements par des extraterrestres ont été recensés dans le monde entre 1967 et 1972. 1975 marque un tournant. Cette année-là, le cas Barney et Betty Hill est révélé à la télévision américaine par un téléfilm intitulé *The UFO Incident.* Celui-ci est-il responsable des témoignages qui commencent alors à affluer ? Dans les mois suivants, on dénombre vingt-quatre récits d'enlèvements. Le record est atteint en 1980 et 1981 : pas moins de quarante témoignages recueillis par an !

A cette date, plusieurs enquêteurs, dont le psychologue Leo Sprinkle, spécialiste de l'hypnose, ont déjà étudié un grand nombre de cas. C'est cependant un artiste new-yorkais qui apporte la contribution la plus importante à l'étude des enlèvements en publiant les résultats de ses enquêtes. Budd Hopkins a lui-même rapporté comment il a commencé à s'intéresser aux ovnis à la suite d'une observation personnelle, puis de la découverte fortuite d'un cas de quasi-atterrissage dans le New Jersey.

Dans son remarquable livre *Missing Time*[19], Hopkins relate une série d'enquêtes conduites sous hypnose avec l'aide d'une psychothérapeute, le docteur Klamar. Celle-ci a d'ailleurs tenu à confirmer elle-même le sérieux du travail de Hopkins, dans une postface à son livre. Selon elle, les douze sujets qu'elle a suivis pendant deux ans – cinq de ces cas sont présentés dans *Missing Time* – sont des personnes en parfaite santé mentale. En revanche, sous hypnose, ils rapportent de terrifiantes histoires d'enlèvements à bord d'ovnis, suivis d'une série d'examens, parfois douloureux, toujours traumatisants. Ces expériences sont-elles réelles ou imaginaires ? « Je ne peux pas répondre à la question, explique le docteur Klamar. Et pourtant... Les événements relatés par ces personnes venues des quatre coins du pays se ressemblent beaucoup, suggérant qu'il pourrait y avoir là plus qu'une série de coïncidences. »

Le cas le plus fascinant révélé par Budd Hopkins est peut-être celui de Virginia Horton, une jeune femme mariée, cadre dans une entreprise, qui s'est souvenue de deux incidents bizarres au cours desquels elle a fait l'expérience du fameux *missing time.* L'un s'est produit alors qu'elle avait six ans, l'autre dix ans plus tard. Sous hypnose, elle a relaté ses étranges relations avec de mystérieux « visiteurs ». Virginia se souvient des révélations et des descriptions d'autres mondes faites par les aliens : « Il m'a dépeint un tableau mystérieux de tout ce qu'il y a à voir. Des choses belles, incroyables [...] et qui n'ont pas de fin. Aussi longtemps que vous cherchiez, aussi loin que vous alliez, vous n'en verriez jamais la fin. » Virginia mentionne également d'inquiétantes opérations chirurgicales. Lorsqu'elle avait six ans, elle s'est réveillée avec une large et profonde entaille au mollet. Lors de sa deuxième expérience, une probable extraction d'implant a provoqué un saignement du nez. Le récit de sa deuxième rencontre avec des extraterrestres, lors d'une promenade en forêt, laisse penser qu'elle a subi le phénomène de la « mémoire écran » : elle croit voir un cerf qui la regarde et lui dit au revoir par télépathie !

L'aventure de Steven Kilburn est plus dramatique : sous hypnose, Kilburn revit son enlèvement au bord d'une route peu fréquentée, ainsi qu'un examen médical assez pénible. Après une séance d'hypnose dirigée par le docteur Klamar, Kilburn a un entretien avec le docteur Paul Cooper, un neurologue, qui confie à Budd Hopkins sa stupéfaction devant la description par Kilburn de l'examen qu'il a subi : il correspond exactement au test des nerfs moteurs. « Il aurait fallu qu'il en sache beaucoup pour inventer tout cela, déclara le docteur Cooper. Je suis certain qu'il n'est pas du genre à mentir. Kilburn est honnête et m'a beaucoup impressionné. Toute cette affaire est étonnante. » Un détail intéressant noté par Kilburn : il a eu l'impression, comme Virginia Horton et d'autres témoins, que les visiteurs cosmiques étaient masqués ou protégés par une combinaison – peut-être destinée à les protéger de germes infectieux.

Le cas de Kathie Davis (il s'agit d'un pseudonyme), relaté par Hopkins dans son deuxième livre, *Intruders*[20], est une longue histoire d'enlèvements multiples, touchant plusieurs membres (et plusieurs générations !) d'une même famille. Cette fois, les mystérieuses opérations gynécologiques pratiquées par les aliens sur les humains comportent non seulement des prélèvements d'ovules, mais aussi des implants d'embryons et des prélèvements de fœtus ! Les visiteurs de l'espace présentent à Kathie Davis une petite fille, très jolie mais d'allure fragile, au teint pâle et aux grands yeux. Ils lui expliquent qu'il s'agit de son enfant hybride ! La jeune femme, fait remarquer Philip Klass, est en très mauvaise santé : à première vue, elle est mal choisie pour une telle manipulation. A moins que les choses ne soient beaucoup plus complexes que ne le suppose Klass, l'histoire de Kathie Davis, comme celle d'autres « abductées », se déroulant sur plusieurs générations...

Hopkins mentionne enfin une opération de prélèvement de sperme pratiquée sur un « abducté » qu'il nomme Ed Duvall, à l'aide d'une sorte d'appareil aspirant placé sur son pénis. Les « médecins » ne font rien pour atténuer la douleur et procèdent à trois prélèvements consécutifs ! Une telle intervention paraît si humiliante que beaucoup de témoins, tel Kilburn, semblent préférer la refouler complètement, même sous hypnose.

Les cas révélés par Budd Hopkins ont choqué de nombreux lecteurs. On l'a accusé d'avoir forgé de toutes pièces ses scénarios effrayants, n'hésitant pas à influencer les témoins. La vérité est à l'opposé : il est manifeste, à la lecture des travaux de Budd Hopkins, que les « abductés » ont été interrogés avec beaucoup de tact. La qualité de ce travail d'enquête, conduit avec l'aide de plusieurs psychologues et médecins, a même été attestée par une contre-épreuve.

En 1981, Hopkins et le docteur Klamar demandent au docteur Elizabeth Slater une étude psychologique approfondie de neuf cas, sans la prévenir que ses patients ont été témoins ou victimes d'enlèvements par des extraterrestres. Il s'agit d'étudier les similitudes et les différences entre les cas, ainsi que les indices éventuels de fragilité psychologique. Dans un premier rapport, remis en 1983, le docteur Slater estime les sujets mentalement sains. Cependant, tous semblent avoir subi un grave traumatisme. Elle se montre très surprise lorsque le docteur Klamar et Budd Hopkins lui révèlent les récits d'enlèvement. Dans son rapport final[21], publié en 1985, elle apporte certaines précisions :

La première question, cruciale, est de savoir si les expériences rapportées par les sujets peuvent s'expliquer par la psychopathologie, autrement dit par des désordres mentaux. Cette possibilité est catégoriquement exclue. Si ces histoires d'enlèvements étaient de purs fantasmes, relevant de ce que nous savons sur les désordres psychologiques, elles ne pourraient être le fait que de menteurs pathologiques, de schizophrènes paranoïaques, de sujets gravement perturbés, à tendance hystérique, affectés de troubles de dissociation de la personnalité. Il est important de noter que pas un seul des sujets, sur la base des résultats des tests, ne se classe dans une de ces catégories. C'est pourquoi, bien que ces tests ne puissent prouver la véracité des récits d'enlèvements, il est possible de conclure que les résultats de l'enquête ne sont pas incompatibles avec la possibilité que les enlèvements rapportés aient réellement eu lieu.

Un ethnologue s'en mêle

Au début des années 80, l'ethnologue Thomas Bullard se livre à une étude statistique approfondie sur deux cent soixante et onze cas d'enlèvements, répartis un peu partout à travers le monde, mais surtout aux États-Unis (47 %). Cinquante cas (18 %) proviennent d'autres pays de langue anglaise, soixante-neuf cas (24 %) d'Amérique latine et vingt-neuf cas (11 %) de pays européens. Thomas Bullard n'a pu trouver aucun cas sérieusement documenté en provenance d'Afrique et d'Asie, mais nous savons maintenant que ces régions du monde n'ont pas été épargnées par la vague d'enlèvements. L'étude de Bullard, publiée en 1987, n'en constitue pas moins l'une des plus sérieuses qui aient été menées sur le phénomène [22].

Bullard constate d'abord que les témoins sont d'origines sociales variées. Contrairement à une opinion répandue, les deux tiers sont de sexe masculin. Surtout, ils sont jeunes, à une écrasante majorité, avec des pics à l'âge de sept, douze ou treize, seize ou dix-sept et vingt ans. « Les enlèvements, conclut-il, sont un péril qui menace la jeunesse. Passé trente ans, il n'y a plus beaucoup de soucis à se faire. » Le résultat essentiel de cette importante étude réside dans son analyse de la réalité objective des enlèvements :

> *Leur étude comparative conduit à la conclusion que ces récits présentent une concordance de forme et de contenu que l'on ne peut raisonnablement attribuer au hasard. Les différents épisodes se répètent de cas en cas, les mêmes événements se reproduisent continuellement. Les différents témoins utilisent chacun leurs propres mots pour décrire leur expérience, mais les mots convergent, malgré leur diversité, vers les mêmes significations.*

Le même « noyau dur » de similitudes persiste à travers une étonnante majorité d'exemples. Cette démonstration réfute l'hypothèse selon laquelle les récits d'enlèvements représentent des fantasmes individuels ou des mystifications dues au hasard. Ces rapports reflètent un phénomène cohérent – que les sceptiques en prennent note.

Les interprétations critiques du phénomène

On a prétendu que la médiatisation des premiers récits d'« abductés » est à l'origine de la multiplication des témoignages. Le livre de Whitley Strieber, *Communion*[23], paru en 1987, s'est vendu à près d'un million d'exemplaires et a beaucoup influencé le public américain. Observons que les cas étudiés par Thomas Bullard sont tous antérieurs.

Aucun aspect de l'ufologie n'a été autant raillé que les récits de victimes d'enlèvements par des extraterrestres. Philip Klass soutient que les « abductés » sont des sujets insignifiants qui cherchent à faire leur propre publicité. Rien n'est plus calomnieux et plus éloigné de la vérité. Au contraire, les « abductés » se montrent en général très réticents pour évoquer leur expérience, les séances d'hypnose les terrorisent et il n'est pas rare qu'ils refusent eux-mêmes de croire à leur histoire. Ce n'est que peu à peu qu'ils finissent par l'admettre et à accepter que l'on en parle.

Kathie Davis a décrit ce processus à l'œuvre sur elle-même dans son livre *Abducted !*, publié sous le nom de Debbie Jordan[24] ; elle raconte comment une adolescente rebelle et mal dans sa peau acquiert une vision du monde apaisée, empreinte de religiosité. Kathie Davis rend hommage au rôle bénéfique joué dans cette évolution par Budd Hopkins et le docteur Klamar. Elle répond ainsi aux critiques de Jacques Vallée, qui a accusé Budd Hopkins de jouer avec la santé mentale des témoins qu'il interroge.

En France, la plupart des chercheurs universitaires, viscéralement hostiles à tout ce qui s'éloigne tant soit peu des sentiers battus de la science « rationnelle », sont partisans de l'interprétation psychosociologique. Selon Pierre Lagrange, Bertrand Meheust et Michel Meurger, tout s'expliquerait par l'influence de la science-fiction sur les fantasmes de nos contemporains.

D'autres explications ont un temps fait couler beaucoup d'encre. Alvin Lawson, un professeur de lettres, a demandé à des volontaires d'imaginer un scénario d'enlèvement sous hypnose. L'expérience est loin d'être concluante : les descriptions d'extraterrestres divergent de manière radicale, les sujets montrent une totale absence d'émotion et il faut sans cesse relancer leurs récits par des questions très orientées. La supposition de Lawson est que les victimes d'enlèvements revivent en fait le stress de la naissance. Cette théorie a fait long feu : Bullard a souligné combien l'« imagerie de la naissance » est différente du scénario type de l'enlèvement.

Michael Persinger, un médecin canadien, a proposé une interprétation apparemment plus solide : le sujet serait victime d'hallucinations engendrées dans le cerveau par des phénomènes électromagnétiques. Persinger affirme avoir mené en laboratoire des expériences concluantes. La théorie dite des « contraintes tectoniques » (TST : Tectonic Strain Theory), développée notamment par l'Anglais Paul Devereux, expliquerait les fantasmes d'enlèvement ainsi que les expériences mystiques et les « sorties du corps ». Les forces tectoniques terrestres, à l'origine des tremblements de terre, provoqueraient également des perturbations électromagnétiques responsables de troubles du lobe temporal. Cette théorie, très médiatisée[25], si elle ne paraît pas en mesure d'expliquer les scénarios d'enlèvements, a au moins le mérite de soulever la question des manipulations mentales à distance, non pas par d'improbables effets naturels, mais plutôt par une science beaucoup plus avancée que la nôtre. Une question tout à fait pertinente à propos des ovnis...

Toutes ces interprétations négligent plusieurs aspects importants du phénomène. Elles ne prennent en compte ni la qualité des enquêtes, ni les cas où les témoins sont plusieurs à avoir vu un ovni, ni, enfin, les traces matérielles, marques et coupures subsistant sur le corps des victimes. On a même relevé une trace circulaire au sol dans le jardin de Kathie Davis. Dans ce cas remarquable, les voisins ont aperçu à travers les arbres un éclair brillant lorsque l'ovni a décollé. Quelques secondes plus tard, ils ont perçu le vrombissement d'un appareil passant au-dessus d'eux dans les airs (les ovnis ne sont pas toujours inaudibles, surtout au décollage). Enfin, au même instant, une panne totale d'électricité s'est déclarée dans la maison. Peu après, la lumière est revenue. Les circuits électriques n'avaient subi aucun dommage.

Voici maintenant deux cas de témoignages multiples, celui d'Allagash, en 1976, dans le Maine, sur lequel Raymond Fowler a mené une enquête approfondie[26], et celui de Dandenong, en Australie, en 1993.

Le soir du 20 août 1976, quatre jeunes étudiants pêchent en canoë sur un lac de la rivière Allagash, dans le nord de l'État du Maine, aux États-Unis. Il fait nuit noire et ils ont allumé un grand feu sur la berge. L'un d'eux a soudain l'impression d'être observé. Il remarque une grande sphère brillante et colorée, en vol stationnaire à quelque distance. Aucun bruit n'est perceptible. Il fait signe à ses camarades qui voient s'élever au-dessus des arbres un énorme objet ovale et lumineux. L'un d'eux a l'idée d'envoyer un signal avec une lampe électrique. Aussitôt, l'objet commence à se rapprocher lentement. En même temps, il émet un faisceau de lumière qui va frapper l'eau, produisant un cercle lumineux qui se déplace vers le canoë. Terrifiés, les quatre jeunes gens pagayent à toute vitesse pour se rapprocher de leur campement, mais le faisceau lumineux les rejoint et les enveloppe. A partir de cet instant, leurs souvenirs divergent, mais il est clair qu'aucun d'eux ne se rappelle tout ce qui s'est passé. La mémoire leur revient durant le traitement par hypnose : il y a bien eu enlèvement à bord de l'ovni, suivi d'un examen médical *.

Dans le cas australien de Dandenong Foothills, les passagers de trois voitures sont arrêtés le long d'une route par un ovni. Le premier témoignage, le plus important, est celui de Kelly Cahill, qui observe avec son mari un énorme ovni posé dans un champ. Un scénario classique d'enlèvement se déroule ensuite, avec perte de mémoire, retrouvée en partie sous hypnose. Les passagers des deux autres voitures, retrouvés non sans mal, confirment le récit des premiers témoins [27].

Ces cas ne constituent pas des « preuves » certaines, mais des indices pour le moins convergents quant à l'authenticité des enlèvements. La question a été passée au crible lors d'un symposium organisé en 1994 par le CSICOP (Committee for the Scientific Investigation of Claims of the Paranormal). L'ethnologue Thomas Bullard, invité, a souligné la convergence remarquable des récits

* Voir cahier photos hors texte, p. VI.

et leur originalité par rapport au folklore de la science-fiction : « Les petits hommes gris sont peu courants dans les "space movies" et le folklore ; pourtant, malgré le grand choix d'autres descriptions davantage susceptibles de nourrir fantasmes et supercheries, les témoins en reviennent toujours, avec une ennuyeuse régularité, à ce modèle si terne des petits êtres gris[28]. »

Le scénario génétique

Eddie Bullard a décrit les étapes du scénario type de l'enlèvement. Elles se succèdent presque toujours dans le même ordre : capture, examen médical, entretien avec les extraterrestres, visite du vaisseau, voyage dans un autre monde, délivrance d'un message par un être céleste, retour, séquelles et événements étranges apparaissant plus ou moins longtemps après l'événement.

Eddie Bullard l'a montré et Budd Hopkins l'a illustré en étudiant le cas de Kathie Davis : l'enlèvement est rarement un événement isolé. Il s'inscrit dans une série de péripéties commençant dans l'enfance (parfois dès l'âge de trois ans) et pouvant même toucher, comme l'ont révélé certaines enquêtes approfondies, plusieurs générations.

En 1992, David Jacobs a complété le scénario de Bullard et Hopkins dans son livre *Secret Life*[29]. En cinq ans, cet historien universitaire a étudié plus de soixante cas. Ses enquêtes confirment le scénario gynécologique et génétique révélé par Hopkins. Parmi les éléments nouveaux figure l'« inspection psychique » *(mindscan)*. Le « médecin » responsable, plus grand que les autres, observe le sujet intensément, les yeux dans les yeux, lui donnant l'impression de lire dans ses pensées... Ensuite se crée un lien affectif. L'étranger dominateur semble capable de susciter un sentiment très vif de la part de la victime : « Je pense que l'on devient uni à cet être. On est heureux. C'est comme une relation symbiotique », déclare l'un des témoins de Jacobs. Les opérations de reproduction sont dévoilées avec plus de détails : prélèvement d'ovules par le vagin (à l'aide d'un tube fin) ou au niveau du nombril (avec une aiguille fine prolongée par une sorte de seringue) ; implantation d'un embryon ; prélèvement d'un fœtus vivant, mettant fin à la grossesse (il convient cependant de souligner qu'aucun cas n'a été vérifié médicalement). Viennent ensuite des tests psychologiques, puis la « présentation d'enfant ». La mère, lors d'un autre enlèvement, est invitée à materner un être d'apparence hybride, généralement chétif et prostré. Aux mères qui s'y refusent, on présente l'image-écran d'un bel enfant !

La conclusion de David Jacobs est très alarmiste :

> *Nous sommes envahis. Nous constatons un programme inquiétant d'occupation apparente d'une espèce par une autre. Nous ne savons pas comment cela a commencé ni comment cela se terminera, mais nous devons faire face à ce phénomène d'enlèvements et commencer à réfléchir à ce que nous pouvons faire.*

Autre aspect, très médiatisé, du dossier des enlèvements : selon un sondage réalisé sur plus de 6 000 personnes par l'organisation Roper, un institut professionnel, plusieurs millions d'Américains auraient été victimes d'enlèvements par des extraterrestres. Tout repose en fait sur une série de six questions telles que : « Avez-vous eu la sensation d'une présence dans votre chambre la nuit ? » Les résultats de ce type d'enquête sont sans nul doute à interpréter avec précaution.

Budd Hopkins exprime lui aussi une opinion pessimiste, quoique plus nuancée que celle de David Jacobs, dans son introduction au livre de Debbie Jordan (Kathie Davis[30]) :

Ce que le récit de Debbie a révélé n'est rien moins que la raison principale de l'interaction entre aliens et humains. Malgré la curiosité profonde des aliens pour la sexualité humaine, pour nos instincts maternel et paternel et pour la manière dont nous nouons des relations entre nous, c'est notre constitution génétique qui apparaît comme étant le point focal de leur attention.

Et il résume ainsi le bilan de ses enquêtes :

Au fil des années, j'ai beaucoup appris sur le phénomène des enlèvements. Je sais qu'une sorte d'intelligence non humaine est en train d'interagir avec nous, mais dans des conditions qu'elle fixe elle-même, ne nous révélant que ce qu'elle veut bien nous révéler, et nous manipulant avec une froide objectivité. Je sais aussi qu'une partie de nos gouvernants sont conscients de ces intrusions et déprédations, mais, pour des raisons qui leur sont propres, nient délibérément ces faits face au grand public. Il y a là un parallèle triste et déprimant : le gouvernement ment, les aliens mentent. Chacun, apparemment, a un agenda secret. On ne peut leur faire confiance.

Longtemps attendues, les conclusions d'une longue enquête de Budd Hopkins sur une affaire aussi extraordinaire que controversée, l'enlèvement supposé de Linda Cortile (il s'agit d'un pseudonyme), en plein New York, près du pont de Brooklyn, le 30 novembre 1989, ont finalement été publiées.

Hopkins commence à étudier le cas de Linda Cortile dès le printemps 1989. Elle a en effet pris contact avec lui au sujet de souvenirs antérieurs. Hopkins va enquêter pendant sept ans sur une affaire qui semble un véritable roman d'espionnage, avec des personnages mystérieux dont l'identité véritable n'est pas révélée, notamment un homme politique important travaillant pour l'ONU. Le récit de Linda, qui se souvient avoir été enlevée en pleine nuit, par sa fenêtre, au douzième étage d'un immeuble proche du pont de Brooklyn, par un ovni lumineux, est corroboré par un certain nombre de témoignages. A la lecture de l'enquête, on a le sentiment que s'est déroulée une sorte d'expérience complexe visant à étudier le comportement humain. Le message écologique destiné à accréditer l'idée que les visiteurs cosmiques sont bienveillants et viennent protéger la Terre apparaît comme un prétexte :

> *Tout ce que j'ai appris en vingt ans de recherche sur le phénomène des enlèvements à bord d'ovnis,* écrit Hopkins, *me conduit à conclure que l'objectif principal des aliens n'est pas de nous apprendre à mieux nous occuper de notre environnement. Au lieu de cela, tout indique qu'ils poursuivent une expérimentation complexe sur la reproduction humaine, à laquelle ils semblent travailler pour créer une espèce hybride, comportant des caractères humains et extraterrestres*[31].

John Mack ou le point de vue « optimiste »

Tous les enquêteurs ne partagent pas la vision pessimiste de Budd Hopkins ou de David Jacobs. Le représentant le plus connu de la tendance « optimiste » est le psychiatre John Mack. John Mack a lui-même raconté comment, très sceptique a priori, il s'est intéressé aux récits d'enlèvements après avoir rencontré Budd Hopkins, en 1990. Pendant quatre ans, il a étudié à son tour soixante-seize cas.

L'irruption d'un professeur de psychiatrie réputé sur le terrain de l'ufologie a eu un impact contradictoire. Mack a apporté un renfort spectaculaire de nature à creuser une brèche dans le mur du scepticisme « scientifique ». Pour la première fois, en effet, un universitaire de renom prend au sérieux les récits d'enlèvements, étudie lui-même toute une série de cas et va jusqu'à publier un gros livre, *Abductions*, affirmant la réalité des enlèvements[32]. Or John Mack, professeur à l'école de médecine de Harvard, intellectuel de gauche reconnu et prix Pulitzer, est victime, lors de la sortie de son livre, d'une campagne de presse si virulente qu'il manque perdre son poste. Le journaliste Edward Behr trace de lui un portrait humiliant dans son livre à succès, *Une Amérique qui fait peur*. Pire, un piège vicieux lui est tendu lors de l'une de ses enquêtes : on lui présente une fausse « abductée », la journaliste Donna Bassett. John Mack étudie effectivement son cas, mais ne le publie pas. L'affaire est divulguée dans un long article du magazine *Time*, quelques jours avant la parution de son livre, pour dénoncer la coupable crédulité de John Mack[33].

Défenseur des causes pacifiste et écologique, John Mack choisit de mettre l'accent sur les messages (reçus par les témoins) qui corroborent ses convictions. Au fil des récits apparaît une dimension de plus en plus spirituelle et ésotérique, qui rappelle le témoignage de Betty Andreasson-Luca. Bien que John Mack ne les y pousse pas, les témoins confirment l'inquiétant scénario gynécologique et génétique. Par certains aspects, les témoignages qu'il relate apparaissent même assez sinistres : mises en scène trompeuses, opérations douloureuses sans anesthésie, messages menaçants pour la survie de l'espèce humaine... Ces aspects inquiétants ne réussissent pourtant pas à détourner John Mack d'une vision résolument optimiste des interactions entre humains et aliens.

John Mack pense que nous devons écouter les messages de ces « visiteurs ». Ils élargissent notre champ de conscience et élèvent notre niveau spirituel. J'ai eu la chance de le rencontrer personnellement, en compagnie de Joël Mesnard, lors d'une de ses visites à Paris. Au bout d'une heure et demie d'entretien, il a fini par hocher la tête en signe d'assentiment lorsque j'ai souligné le côté sombre de tous ces témoignages.

Que contiennent ces étranges messages extraterrestres ? Dès le premier cas relaté par John Mack, une entité explique à Ed, un technicien de quarante ans, que l'humanité a choisi une voie destructrice, néfaste pour la planète. Elle lui assure qu'il ne sera plus traumatisé par des visites d'aliens négatifs. Cependant, sous hypnose, le même témoin se souvient de l'expérience humiliante d'un prélèvement de sperme, alors qu'il croyait avoir été séduit par une belle extraterrestre ! Le deuxième témoin, une assistante sociale de quarante-quatre ans, revit sous hypnose une « horrible pression » exercée sur son ventre par un objet rectangulaire, des aiguilles plantées dans son front, une « douleur intense » causée par un instrument sur son côté droit ; elle a le sentiment que les aliens « ne nous aiment pas ». John Mack veut voir le côté positif des choses :

> *Le programme d'enlèvement des aliens est une source potentielle d'information pour la compréhension de nous-mêmes et de l'univers qui nous entoure, dont nous faisons partie.*

Le troisième cas étudié décrit un fœtus à l'intérieur d'une bouteille. Le témoin se retrouve dans une caverne rocheuse – autre aspect récurrent des récits d'enlèvements.

Il apprend que les extraterrestres préparent leur installation sur Terre après que leur planète est devenue inhabitable. Ils s'installeront ouvertement lorsque nous serons moins nombreux, à la suite d'une épidémie d'un nouveau virus du sida, beaucoup plus contagieux que celui que nous connaissons, et qu'ils vont nous inoculer ! Leur intention est de vivre sur Terre sans nous, à moins qu'ils ne parviennent à nous modifier. De ces révélations effrayantes, Mack veut encore retenir un message positif : les extraterrestres nous montrent à quel point nous sommes dangereux pour toute forme de vie terrestre. D'autres cas révèlent un aspect encore plus inquiétant : celui des victimes coopérantes qui finissent par devenir solidaires de leurs ravisseurs – retournement bien connu dans les affaires de prises d'otages.

Le cas d'un professeur de dessin âgé de cinquante-cinq ans nous introduit de plain-pied dans l'ésotérisme. Comme Betty Andreasson-Luca, Carlos rencontre des êtres lumineux et se voit lui-même transformé en énergie lumineuse. Il dit avoir rencontré plusieurs sortes d'aliens. Des petites créatures lumineuses l'ont accompagné dans la visite d'un vaisseau spatial. Ces extraterrestres ont des yeux bleus brillants – ainsi la description classique de grands yeux noirs serait fausse : ils portent en fait une cagoule et des verres protecteurs ! Certaines créatures sont en réalité des robots. D'autres, enfin, très laids, ont une face de saurien. Ces « reptiliens » font désormais partie de la panoplie classique des descriptions d'aliens, ainsi qu'un autre type dit « mante religieuse », très grand et très impressionnant. Ces portraits sinistres ne rebutent pas John Mack, qui souligne, dans sa longue discussion du cas, les dons de voyant « chamanique » de ce témoin qui poursuit une remarquable expérience spirituelle, comparable aux états connus par certains témoins aux approches de la mort...

John Mack n'est pas le seul enquêteur à regarder de façon optimiste ces sombres récits d'enlèvements. Une véritable école s'est formée, dont les représentants les plus notables sont le docteur Sprinkle et Richard Boylan[34]. Cette vision « New Age » des enlèvements a trouvé un critique cinglant en la personne de Richard Hall, vétéran de l'ufologie américaine, pour qui ces messages des aliens sont trompeurs et ne présentent aucune cohérence. Quant à leurs actions sur les victimes – enlèvements, viols, opérations médicales sans le consentement du patient ! –, elles relèvent en droit des crimes contre l'humanité[35].

Pour être juste, il convient ici d'évoquer un autre aspect des contacts avec les « visiteurs » cosmiques : celui des cas de guérisons que ceux-ci auraient provoquées, ainsi que les dons de guérisseur qu'auraient développés certains témoins après leur enlèvement. Voici ce qu'en dit John Mack lui-même :

> *Certaines rencontres sont sinistres, traumatisantes et mystérieuses. D'autres semblent présenter une intention de soins et d'éducation [...]. Bien des « abductés » ont fait l'expérience ou ont été témoins de guérisons de petites blessures, voire d'une pneumonie ou d'une leucémie infantile, et même, dans un cas que j'ai personnellement étudié, de résorption d'une atrophie musculaire à une jambe due à la poliomyélite*[36].

Selon Preston Dennett, qui s'est penché sur cet aspect méconnu de l'ufologie et a recensé plus d'une centaine d'exemples, tous les enquêteurs ont eu à connaître de tels cas. Ils ne représentent cependant qu'une faible proportion des « abductés » : 13 sur 270 dans l'étude menée par Thomas Bullard, soit 4 % du nombre total. Ces guérisons semblent être le résultat d'une action délibérée des « visiteurs ». Il faut enfin évoquer les dons de guérison que semblent acquérir certains « abductés ». Marie-Thérèse de Brosses atteste de l'authenticité d'un cas qu'elle connaît personnellement, celui de Sarah Smith, qui a cumulé la guérison d'une vessie éclatée, non opérée, avec des dons de guérisseuse[37].

Bienfaiteurs ou docteurs Mengele ? Anges ou démons ? Et si les extraterrestres n'étaient rien de tout cela, suggère Budd Hopkins, qui a observé quelques cas de guérison, mais connaît aussi des « abductés » malades qui n'ont pas été guéris. Leurs intentions à notre égard, souligne-t-il, demeurent un mystère :

> *Il n'existe aucune preuve d'une conspiration malveillante et diabolique qui se tramerait dans le ciel contre nous. Je suis très optimiste sur l'issue finale. Les visiteurs de l'espace semblent s'intéresser avant tout à ce que je considère comme les meilleurs aspects de l'être humain [...]. Il n'y a cependant aucune certitude qu'ils sont ici pour nous aider*[38].

La question des implants

C'est un des points les plus discutés du dossier des enlèvements. Oui ou non, des implants d'origine non humaine ont-ils été découverts sur le corps de victimes d'enlèvements ? De même que l'on a constaté de nombreuses traces, marques et coupures sur le corps des abductés, il semble que l'on ait également trouvé de petits objets implantés dans leur corps. Un certain nombre d'entre eux ont été soumis à des analyses plus ou moins poussées en laboratoire, mais il n'a pas été possible de « prouver » l'origine non humaine de ces implants.

David Pritchard, professeur de physique au MIT (Massachusetts Institute of Technology), a présenté l'étude la plus poussée jamais réalisée sur un implant lors d'une conférence qui s'est tenue en 1992 dans les locaux du MIT. L'implant supposé, un objet de 4 millimètres de long et de 1 millimètre de diamètre, avait été découvert sous la peau du pénis d'un jeune garçon.

Au début de ses recherches, en 1989, Pritchard laisse entendre qu'il s'agit d'un objet étrange et remarquable. La déception est grande lorsqu'il annonce qu'il ne s'agit vraisemblablement que d'un simple bout de fil de coton ! Son rapport figure dans les actes de la conférence[39]. Dans son commentaire du cas, John Mack souligne, citant un cas d'implant nasal qu'il a étudié avec un ingénieur chimiste, combien il est difficile de « prouver » la nature non terrestre d'un matériau. Il est quand même permis de s'étonner qu'il ait fallu trois ans à un physicien de haut niveau, disposant d'un équipement des plus sophistiqués, pour identifier un fil de coton !

Autre cas : en août 1995, deux objets étranges sont recueillis par le docteur Roger Lair sur deux victimes supposées d'enlèvements. Les comptes rendus détaillés de l'opération, exécutée devant de nombreux témoins et enregistée sur vidéo, permettent d'accorder quelque crédit aux déclarations du docteur Lair[40]. Les objets qu'il décrit paraissent liés aux terminaisons nerveuses et il s'avère impossible de poursuivre l'intervention sous une anesthésie locale. Il n'y a aucune inflammation, sans doute à cause d'une couche de Kératine enrobant les mystérieux implants. Aucune preuve de leur origine extraterrestre ne peut être apportée, mais leur liaison avec les nerfs est cependant un détail intéressant qui renforce l'hypothèse selon laquelle les implants seraient reliés de quelque façon au cerveau. Impossible pour le moment de déterminer dans quel but.

Des abductés sous surveillance ?

Paranoïa ou réalité ? Depuis des années, certaines victimes d'enlèvements ont la certitude d'être placées sous surveillance. Elles décrivent le survol de leur habitation par des hélicoptères non identifiés, souvent juste après l'enlèvement, comme si des agents humains avaient connaissance de l'incident. Tel est notamment le cas de Betty Andreasson-Luca, Whitley Strieber et Kathie Davis. Voici de nouveau posée la question des connaissances acquises par certaines équipes spécialisées dans les questions relatives aux ovnis. Plusieurs témoignages convergents recueillis ces dernières années obligent à reconsidérer les rumeurs de contacts secrets et de coopération entre ces services et des représentants de civilisations extraterrestres...

Professeur d'anglais, mariée, mère et grand-mère, Karla Turner est à la fois enquêteuse sur des cas d'enlèvements et elle-même victime d'enlèvements. Dans son premier livre, *Into the Fringe*[41], elle raconte son histoire, qui débute en 1988 par l'observation d'un ovni et une série de « rencontres » avec des aliens. Plusieurs membres de sa famille, son mari, son fils, sa belle-fille, sans compter un ami de son fils, sont impliqués. Son récit, « classique », comporte l'intrusion de visiteurs nocturnes qui semblent se matérialiser (ou traverser les murs), les fameux *bedroom visitors* décrits aussi par Betty Andreasson-Luca et Whitley Strieber. Karla Turner rapporte des observations d'ovnis, certaines avec témoins multiples, mentionne des traces matérielles au sol, des marques sur son corps découvertes après un enlèvement, des pannes électriques survenues avant ou après le passage des mystérieux visiteurs cosmiques. Elle apprend que les « bons » visiteurs sont « interdimensionnels » et n'apparaissent pas tout à fait physiquement. D'autres sont bien réels et dangereux pour les humains, qu'ils considèrent à peu près comme des animaux de laboratoire. Notre esprit, lui révèlent les visiteurs de l'espace, peut quitter notre corps pour en habiter un autre. Nos « bons » visiteurs savent opérer ce transfert et ils lui annoncent que c'est ce qu'ils ont l'intention de faire pour elle et ses proches – ils sont en train de préparer leurs nouveaux corps [42] !

En 1991, James, l'ami de son fils, est prévenu par un « chœur de voix » d'une catastrophe prochaine, une sorte de choc psychique d'une grande importance pour l'humanité. Nous sommes sous contrôle, affirment les voix, et nos « contrôleurs » ont programmé cet événement mondial. « Les contrôleurs révéleront alors au monde entier leur réalité et leur présence [43]. »

Au cours de son récit, l'auteur insiste pour la première fois sur les mystérieux hélicoptères, ne portant aucune marque d'identification, qui survolent à plusieurs reprises la maison où elle habite, peu de temps après son enlèvement...

Dans un autre livre, *Taken*, qui réunit les témoignages de huit femmes victimes d'enlèvements [44], Karla Turner revient sur la question de l'intervention de services secrets à l'occasion d'enlèvements par des extraterrestres. Pat, le premier témoin, se souvient d'un incident survenu pendant son enfance, en 1954, dans une ferme de l'Indiana. Son frère et sa sœur, qu'elle a interrogés, témoins de certains épisodes de son aventure, corroborent son récit sur plusieurs points. Un jour, Pat voit descendre du ciel une boule de feu orange. Des aliens – des êtres gris, de petite taille, et d'autres, « blancs » et plus grands – pénètrent alors dans la ferme. Peu de temps après, des militaires font irruption. Pat se souvient de son enlèvement à bord d'un ovni, le premier d'une longue série, avec examen médical et divers prélèvements de tissus. On lui fait comprendre qu'elle a été « choisie » et qu'on va lui préparer un nouveau corps. A l'instar de bien d'autres « abductés », Pat se sent, dès ce moment, solidaire des aliens. Jésus apparaît dans un tube de lumière traversant le plafond de sa chambre et lui déclare : « N'aie pas peur, mon enfant, ils sont miens ! » Redoutable manipulation d'un esprit enfantin ! Immédiatement après le départ des aliens, des militaires investissent la ferme. Une équipe médicale, comprenant deux femmes médecins, vient interroger l'enfant. Elle refuse de leur révéler quoi que ce soit...

Que savent les militaires dès les années 50 ? Il est permis de se poser la question à la lumière de témoignages plus récents (qui se présentent d'abord comme des rêves, ou sont révélés en partie sous hypnose) d'enlèvements anciens réalisés par des équipes mixtes réunissant extraterrestres et humains ! Karla Turner cite les explications données à Amy, l'un des témoins qui a subi ce genre d'enlèvement « mixte », par une femme alien dont le visage était caché par un masque blanc :

L'alien masquée m'a dit que son espèce avait fait aux humains des choses qu'elle n'aurait pas dû faire. Elle-même et plusieurs groupes de son espèce ont voulu arrêter ces abus perpétrés par les siens sur l'espèce humaine. Ils travaillent avec certains représentants de la Terre pour stopper ce processus. Les autres humains présents dans la pièce étaient d'anciens pilotes, des représentants militaires officiels et d'autres professionnels.

Ils travaillaient tous ensemble pour arrêter les intrusions aliens[45].

Ces témoignages posent le problème de nos rapports secrets avec des civilisations non humaines. L'idée réapparaît selon laquelle notre propre espèce a fait l'objet de manipulations génétiques depuis un passé lointain. Rappelons qu'il s'agit là de l'une des « révélations » du « Briefing pour le président » divulgué par l'agent très spécial Richard Doty à la journaliste Linda Howe en 1983, document provenant du Bureau des enquêtes spéciales de l'armée de l'Air américaine, sur la base de Kirtland, au Nouveau-Mexique. Était-ce un vrai document ou un faux comportant certaines révélations authentiques ? Les informations qu'il contient apparaissent en tout cas compatibles avec les récits recueillis par Karla Turner.

Beth, née en 1942 à Porto Rico, où elle vit encore une partie de l'année, se souvient quant à elle d'une expérience de *missing time* vécue dans son enfance. Elle se rappelle aussi avoir vu des ovnis (on en voit beaucoup, et depuis longtemps, à Porto Rico) et avoir vécu un événement très étrange dans les années 50. Elle a aperçu dans le ciel une grosse boule de feu qui a disparu derrière une proche montagne. Elle en a parlé à son père, qui travaillait dans la Marine américaine. Celui-ci lui a promis de se renseigner, mais, lorsqu'elle lui a reparlé de l'incident quelques jours plus tard, il lui a intimé l'ordre de ne plus jamais en parler.

En 1987, Beth observe un ovni, tout comme trois membres de sa famille. Le lendemain, des hélicoptères non identifiés survolent l'endroit où elle habite. Une semaine plus tard, elle observe un appareil qui ressemble à un hélicoptère mais qui vole silencieusement. Au début de 1988, Beth se soumet à quatre séances d'hypnose pour tenter d'en savoir plus sur un souvenir remontant à 1978. Elle se voyait dans une pièce ronde, avec son mari, son enfant et trois étrangers. Elle se souvient alors d'avoir été enlevée, dans sa chambre, par plusieurs aliens qui l'ont terrifiée. L'un d'entre eux la calme pendant qu'on l'emmene vers l'ovni. Elle reste ensuite dans une petite pièce avec une table et des instruments, puis emprunte des couloirs incurvés menant à une salle d'opération, où on lui « ouvre » le cerveau. L'intervention la « remplit d'idées nouvelles sur Dieu et l'unité de la vie au sein de cette source suprême » ! Elle subit ensuite un examen médical comportant des « corrections » sur plusieurs organes, pour la préparer au « service de l'humanité », pour lequel elle a été choisie. Elle se retrouve enfin dans la première pièce, avec son mari.

Après plusieurs régressions hypnotiques, Beth se rappelle aussi un épisode particulièrement étrange. Elle se trouve à bord d'un petit disque qui pénètre dans une ville souterraine en passant par un tunnel menant dans une vaste caverne. Là, elle voit plusieurs ovnis et des aliens travaillant avec du personnel militaire humain ! Elle se souvient aussi avoir vu un énorme ovni émerger de l'eau d'un lac[46].

Tous les ingrédients d'une rêverie de science-fiction semblent être réunis. Karla Turner ne cesse de souligner, quant à elle, le risque de manipulation mentale par les aliens, capables d'implanter dans l'esprit humain de faux souvenirs qu'elle appelle des « scénarios de réalité virtuelle ». Whitley Strieber a rencontré le même problème, se souvenant d'avoir assisté à une fusillade sur le campus de l'université d'Austin, au Texas, alors qu'il était certain de n'avoir jamais été là. La convergence de récits venant de témoins qui ne se connaissent pas est par ailleurs remarquable. Sur les huit femmes qui ont témoigné dans le livre de Karla Turner, cinq – Amy, Angie, Lisa, Pat et Beth – se souviennent d'expériences impliquant du personnel militaire. Dans la plupart des cas, des extraterrestres travaillaient avec les humains.

L'un des aspects les plus troublants de l'expérience relatée par Angie implique une véritable « guerre » des implants. Angie, jeune mariée exploitant une ferme dans le Tennessee, semble avoir fait le cumul de toutes les expériences impliquant les ovnis. Ses souvenirs relatifs à une série d'enlèvements débutent en 1988 avec un enlèvement classique, dans sa chambre, par des entités du type « petits humanoïdes gris », dotés de grands yeux et de mains à trois doigts. Elle rencontre également des « grands blonds » qui dirigent les opérations. Angie, qui ne peut pas avoir d'enfant, apprend la raison de sa stérilité : elle est manipulée génétiquement ! Son sang, son système immunitaire et son système reproducteur ont été « légèrement altérés » de manière que ses ovules puissent être utilisés pour la conception d'une race nouvelle !

Angie se souvient d'un enlèvement dans une installation souterraine. Elle est accompagnée par des militaires ; ils lui indiquent qu'ils se trouvent dans le nord de l'Arizona et que d'autres installations de ce type existent au Nouveau-Mexique, au pôle Nord et en Afrique. Les opérations, auxquelles semblent participer des militaires, sont dirigées par des aliens ! Angie apprend que les implants ont différentes fonctions. Ils servent à enregistrer des données, à envoyer des instructions, et peuvent même stimuler les « sens spéciaux » des « abductés » pour leur permettre d'établir entre eux un contact à travers les rêves... Lors d'un autre enlèvement par des hommes en uniforme, des femmes médecins examinent Angie au moyen d'un matériel inusité et manifestent leur surprise en découvrant que l'implant qu'on lui a posé a été

« déprogrammé ». Elles déclarent n'avoir « jamais rien vu de tel jusqu'à présent ». Elles lui expliquent alors que leur groupe militaire travaille avec certains groupes d'aliens, mais pas avec ceux qui ont enlevé Angie et lui ont posé un implant. Les implants mis en place par les militaires servent à suivre les enlèvements et à repérer le lieu où ils se sont produits (voilà qui pourrait expliquer les mystérieux ballets d'hélicoptères). Mais les deux médecins découvrent qu'un implant alien a déprogrammé le leur : c'est la guerre des implants ! D'autre part, Angie garde l'impression que la coopération entre humains et aliens ne va pas sans quelques frictions...

Depuis bien des années, il est question d'études secrètes sur les techniques de manipulation de l'esprit humain. Des expériences ont été réalisées avec des drogues tel le LSD, dont la révélation a fait quelque bruit aux États-Unis ; on a fait aussi du « bon travail » avec la technologie des implants. La revue britannique *Fortean Times* a soulevé un coin du voile dans un article inquiétant sur les techniques secrètes de contrôle de l'esprit. L'article cite notamment un document officiel publié en 1996 par le Scientific Advisory Board de l'armée de l'Air américaine [47]. Le programme le plus connu à l'origine de ces recherches s'appelle MKULTRA (MK pour *Mind Kontrol*) : initié en 1953 sous les auspices de la CIA, il explorait l'usage des drogues, mais aussi des radiations, des chocs électriques, etc. La longue liste des recherches évoquées par le *Fortean Times* ne laisse guère de doute : la technologie des implants participe de ces préoccupations.

Bien que certaines scènes aient pu être implantées, souligne Karla Turner, plusieurs épisodes conscients indiquent une implication humaine dans ces incidents. Angie a fait l'objet d'une manœuvre d'intimidation par des hommes en uniforme qui l'ont arrêtée au bord d'une route quelques heures avant un enlèvement auquel participaient des militaires, au cours duquel elle se souvient d'avoir été menacée si jamais elle parlait. Lors de cet enlèvement, on lui a demandé de ne plus travailler avec Karla Turner[48].

Un autre incident bizarre est relaté par Karla Turner, qui en a été le témoin. Elle se trouve chez l'hypnothérapeute qui vient de terminer une séance avec Amy, lorsqu'ils reçoivent la visite inopinée d'un officier de marine haut gradé – une relation familiale de l'hypnotiseur. Celui-ci leur tient alors un discours en forme d'avertissement : non, l'armée ne s'intéresse nullement aux ovnis, aux aliens et aux « abductés », et ceux-ci ne devraient pas étaler leurs expériences publiquement avant d'avoir une « preuve scientifique » de ce qui leur est arrivé. Questionné par Karla Turner, l'homme admet qu'il ne peut en dire plus sur ces questions pour raisons de « sécurité nationale[49] ».

Le remarquable travail d'enquête de Karla Turner est prématurément arrêté par son décès, le 9 janvier 1996, à l'âge de quarante-neuf ans. Le témoignage de Leah Haley, mère de famille et expert-comptable de profession, rapporté dans son livre *Lost Was the Key*[50], est venu le corroborer. Lors de plusieurs séances d'hypnose avec le psychothérapeute John Carpenter, elle révèle elle aussi une série d'enlèvements dont certains remontent à son enfance. Un épisode recoupe parfaitement les récits de Karla Turner. Leah se rappelle s'être trouvée à l'entrée d'un bâtiment creusé dans une colline. C'est une entrée large comme celle d'un garage. Elle aperçoit dehors des hommes en treillis, une jeep, un hélicoptère dans le ciel. Un homme se tient près de l'entrée au côté d'une créature étrange, de petite taille. Sous hypnose, Leah résiste à ce souvenir, comme si elle n'avait pas le droit de se remémorer la scène, mais Carpenter insiste. Elle se souvient alors avoir été allongée sur une table et soumise à un interrogatoire agressif : on voulait savoir ce que les aliens lui avaient fait à bord de leur vaisseau spatial ! Elle explique à Carpenter qu'elle n'a rien révélé, par loyauté envers les aliens... Leah Haley se plaint que ceux-ci ne la laissent pas se rappeler entièrement ses enlèvements. Ils ont déjà répondu à cette requête : « Vous êtes surveillée de trop près par nos opposants. Vos souvenirs seraient nuisibles à notre mission. »

Ces témoignages soulèvent peut-être un coin du voile recouvrant des activités secrètes inavouables. Ils ont donné corps aux rumeurs dramatiques apparues à la fin des années 80 à propos d'une « conspiration » entre aliens et services secrets. Les récits de Karla Turner et de Leah Haley, parmi d'autres, évoquent une situation plus complexe et qui suscite beaucoup d'interrogations. Que savent les militaires et les agents des services spécialisés ? Ont-ils des contacts avec certains aliens « amis » ? Collaborent-ils avec eux ? Les enlèvements constituent-ils une menace pour l'humanité ? Nous n'avons actuellement aucune réponse à ces questions. Pour combien de temps ?

7

L'ÉTRANGE AFFAIRE DES ANIMAUX MUTILÉS

Lady était un petit cheval de selle âgé de trois ans. Le 9 septembre 1967, il est retrouvé mort dans la vallée de San Luis, dans le Colorado, à 800 mètres du ranch de Mme Nelly Lewis, sa propriétaire. Il est horriblement mutilé. La peau et la chair du cou ont été enlevées, laissant les os à nu. Le reste du corps, en revanche, est intact. Ce qui étonne le plus Mme Lewis est de ne découvrir aucune trace de lutte aux alentours. Les empreintes des sabots montrent que Lady a galopé vers la ferme, mais que quelque chose ou quelqu'un l'a stoppé dans son élan. Étrangement, sa dépouille gît à 100 mètres des dernières empreintes. Mais pas la moindre marque de pneus. Seuls deux buissons sont endommagés, comme s'ils avaient été écrasés. Près de l'un d'eux, huit trous profonds de 12 centimètres, espacés de manière régulière, ont été creusés. Quinze marques noires, impossibles à identifier, sont également découvertes un peu plus loin. Nelly Lewis aperçoit, accrochée à un buisson, une touffe de poils de la crinière de Lady, enrobée d'une substance molle formant comme une poche. Il s'en échappe une substance visqueuse, vert clair, qui lui brûle la peau. Les premiers témoins présents sur les lieux notent une étrange odeur, « douceâtre et écœurante » – rien à voir avec celle d'un corps en décomposition.

La mort de Lady est une énigme. Qui a bien pu mutiler ainsi l'animal ? Et pourquoi ? Nelly Lewis appelle le shérif du comté, qui refuse de se déplacer. Pour lui, vu l'absence de tout autre indice, il est clair que le cheval a été frappé par la foudre. Pourtant, il n'y a pas eu le moindre orage au cours des jours précédents, et pas un brin d'herbe n'est brûlé sur place.

C'est un garde forestier nommé Duane Martin qui vient examiner la dépouille de Lady. Il découvre un taux de radioactivité anormalement élevé autour des traces au sol – un point qui sera contesté par la suite. John Altshuler, un médecin, vient à la ferme quinze jours plus tard et étudie lui aussi le cadavre. La compétence professionnelle de John Altshuler ne peut être contestée : docteur en pathologie et en hématologie, il est professeur assistant au Centre d'études médicales de l'université du Colorado, à Denver. En examinant le corps de Lady, il constate que des organes internes ont été prélevés : cœur, poumons et thyroïde. Le médiasternum est complètement vide et sec. Comment a-t-on pu, se demande Altshuler, enlever le cœur sans répandre une goutte de sang ? En outre, les tissus prélevés sur Lady et étudiés en laboratoire révèlent une pathologie inhabituelle : symptômes de brûlure et absence de sang.

L'hypothèse de prédateurs est vite éliminée : on sait qu'ils n'abandonnent pas ainsi une carcasse tout juste entamée et qu'ils s'attaquent d'abord aux parties molles du bas-ventre. Nelly Lewis écrit aux journaux et accuse... les ovnis. Très vite, l'affaire se répand. Deux enquêtes sont diligentées, l'une par l'équipe de la commission Condon, l'autre par le NICAP (National Investigations Committee on Aerial Phenomena). Les rapports rendus sont négatifs : les mutilations subies par Lady sont « probablement le résultat d'une farce faite aux Lewis ! ». Le

NICAP se méfie des affaires d'ovnis trop spectaculaires, telles les relations de « rencontres rapprochées ». Quant à l'équipe d'enquêteurs qui se déplace dans la vallée de San Luis, elle comprend un officier du NORAD (North American Aerospace Defense Command). L'impartialité de ce militaire n'est pas prouvée[1]...

Un phénomène d'une ampleur considérable

L'affaire de la vallée de San Luis n'est que la première d'une longue série. On ne compte plus aujourd'hui les livres et les documents vidéo consacrés aux cas de mutilations étranges subies par des vaches et d'autres animaux d'élevage, signalés à travers toute l'Amérique du Nord, y compris au Canada. La réalité du phénomène ne fait aucun doute, étant donné le nombre et la qualité des enquêteurs et des témoins, ainsi que des documents photographiques rassemblés. La journaliste Linda Moulton Howe en a publié un certain nombre dans deux livres et a réalisé quatre films vidéo sur le sujet[2]. L'un d'eux, intitulé *A Strange Harvest*, diffusé par la télévision américaine en 1980, a connu une très large audience.

Apparu à la fin des années 60, le phénomène a pris des proportions considérables dans les années 70. Il n'a cessé depuis et des cas continuent d'être signalés un peu partout dans le monde. Aux États-Unis, la thèse « officielle » demeure, aujourd'hui encore, l'action d'animaux prédateurs. Cette explication qui défie le bon sens est une insulte aux fermiers victimes de ces inquiétantes déprédations. Il est en effet hors de doute qu'elles sont liées aux apparitions d'ovnis. On a pensé à une secte satanique ; il a fallu également abandonner cette idée. Non seulement les mutilations ne correspondent pas aux pratiques de ce type de sectes, mais aucune trace au sol n'a jamais été décelée. En dépit des récompenses offertes par la police et les fermiers, on ne réussit pas à mettre la main sur les coupables...

Dès 1967, les témoins observent des ovnis à proximité des lieux où les animaux sont découverts. C'est le cas du docteur Altshuler lui-même, juste avant qu'il entreprenne des investigations dans la région du parc national des Great Sand Dunes, dans le Colorado. John Altshuler a entendu parler d'observations d'ovnis effectuées dans la région. Il décide d'aller monter la garde de nuit dans le parc. Une nuit, entre 2 et 3 heures du matin, il voit des lumières blanches très brillantes qui se rapprochent lentement, volant un peu en dessous des montagnes Sangre de Christo. «Je savais qu'il n'y avait pas de routes au sommet de ces montagnes rocailleuses, a-t-il expliqué lui-même lors d'un entretien avec l'ufologue anglais Timothy Good. Ces lueurs ne pouvaient donc pas être produites par des phares de voitures. A un moment, j'ai eu l'impression qu'elles venaient vers moi car elles grandissaient. Puis, soudain, elles se sont élevées à toute vitesse et ont disparu.» Le docteur Altshuler est bouleversé par cette vision, comme par les cas de mutilations qu'il est conduit à étudier peu de temps après dans la région. Au point qu'il refuse que son nom soit cité dans la presse. «J'étais incroyablement effrayé, déclare-t-il à Timothy Good. Je ne pouvais manger ni dormir. J'avais peur d'être découvert, discrédité, de perdre ma crédibilité dans la communauté médicale. Mon expérience de 1967 fut si impressionnante que, par la suite, je l'ai complètement refoulée[3].»

A la fin des années 70, plus de dix mille cas inexpliqués de mutilations d'animaux d'élevage ont été signalés. Plus d'un quart de siècle plus tard, on serait bien en peine de proposer une estimation : les autorités ayant pris le parti de nier les faits de manière systématique, ces affaires ne sont même plus répertoriées.

La période pendant laquelle le phénomène se manifeste de la manière la plus intense se situe au milieu des années 70, avec un pic en 1975 – l'année où des ovnis survolent des bases de missiles nucléaires. Au cours de l'été 1975, environ mille six cents cas de mutilations sont constatés dans vingt-huit États de l'ouest des États-Unis.

De très nombreux cas semblables sont encore évoqués dans les années 80 et 90, dans les États de l'Ouest, principalement le Nouveau-Mexique et le Colorado, mais aussi dans les États de l'Est, au Tennessee et en Alabama notamment.

Il faut saluer le courage et l'indépendance d'esprit de nombreux enquêteurs, notamment Tom Adams, très actif dès les premières affaires de mutilations, ainsi que certains shérifs et officiers de police locaux, par exemple le capitaine Keith Wolverton, dans le Montana, qui a recensé de nombreux cas dans sa région [4]. A lui seul, le bureau du shérif du comté de Cascade a enregistré plus d'une centaine de cas de mutilations, d'août 1975 à mai 1976. Le capitaine Wolverton, quant à lui, a consacré de nombreuses nuits à patrouiller dans la région avec ses assistants, Arne Sand et Ken Anderson, afin de répondre aux nombreux appels des fermiers inquiets qui découvraient leurs bêtes mutilées en même temps qu'ils observaient des lumières brillantes dans le ciel, ou même apercevaient aux alentours de leur ranch de bien curieuses petites créatures. Ces recherches ont été d'autant plus éprouvantes que, plus d'une fois, les enquêteurs ont eu l'impression de se trouver confrontés à un phénomène insaisissable. On est frappé par la sincérité et l'honnêteté de nombreux témoins et enquêteurs qui ne cherchent certainement pas à se faire de la publicité.

Des plaies troublantes

Keith Wolverton est le premier à mettre en évidence, photographies à l'appui, l'aspect très particulier de certaines coupures à bords dentelés pratiquées sur les bêtes.

Le 16 octobre 1975, le bureau du shérif est appelé pour enquêter sur la mort d'une vache mutilée alors qu'elle était enfermée. Aucun indice n'a pu être découvert aux alentours. Pourtant le terrain est très humide et recouvert d'une couche de neige. La mâchoire de la vache en question a été dépouillée de sa peau, la langue coupée, l'œil droit prélevé en perçant l'os situé au-dessus. Le vétérinaire découvre une piqûre d'aiguille dans la partie supérieure de la patte gauche, suggérant l'injection d'une drogue, mais on ne décèle trace d'aucun anesthésiant à l'autopsie. L'étude des tissus en laboratoire révèle enfin que les bords des coupures sont non seulement dentelés, mais brûlés, comme après une découpe au laser.

La description des mutilations est à la fois impressionnante et monotone. Le même type de plaies est constaté dans des régions fort éloignées les unes des autres. Partout, les animaux sont vidés de leur sang, alors qu'il n'y a aucune tache au sol autour de l'animal, pas plus que de trace de véhicule ou de pas. En revanche, certaines bêtes sont retrouvées les pattes cassées, comme si elles avaient été jetées au sol d'une certaine altitude. Il arrive que l'on en retrouve dans des arbres aux branches cassées. Certaines vaches mutilées ont les cornes plantées dans le sol. Les yeux, la langue, le pourtour des mâchoires, les oreilles, l'anus, les organes génitaux, y compris internes, ont en général été prélevés. Les prélèvements de peau, quand il y en a, sont précis, quasi géométriques. On observe aussi des prélèvements d'organes internes qui ne peuvent pourtant pas passer – normalement – par l'orifice pratiqué !

Toutes les coupures sont extrêmement précises, chirurgicales. En outre, John Altshuler observe sur une trentaine de cas que les tissus ont été chauffés à haute température[5]. La seule technique humaine capable d'approcher une telle précision est la chirurgie par laser. La journaliste Linda Howe montre, dans son film *A Strange Harvest*, la mise en œuvre d'un tel appareillage – lourd – dans une salle d'opération traditionnelle : la découpe au laser, qui calcine la chair, n'apparaît pas aussi nette que les coupures constatées sur les animaux mutilés.

Howard Burgess, l'un des nombreux enquêteurs indépendants, ancien ingénieur des laboratoires Sandia à Albuquerque, fait quant à lui, avec l'officier de police Gabe Valdez, de Dulce, au Nouveau-Mexique (autre haut-lieu ufologique, proche de la vallée de San Luis), une découverte surprenante. Convaincu de l'implication des ovnis dans ces mutilations, Valdez relève notamment des marques circulaires, ou en tripode, près des carcasses mutilées. Burgess émet l'hypothèse que les ovnis marquent préalablement les bêtes qu'ils ont choisies avec de la peinture visible en lumière ultraviolette, puis procèdent aux prélèvements de nuit. Les deux hommes réussissent à convaincre Manuel Gomez, un fermier victime de nombreux cas de mutilations sur son bétail, de faire passer ses bêtes, une nuit, une par une, sous une lampe à ultraviolets. Sur cent vingt bêtes ainsi contrôlées, le 5 juillet 1978, cinq portent effectivement des marques fluorescentes sur le dos[6].

Un cliché d'un cas typique de mutilation, survenu dans l'Idaho en 1989, montre une vache dont la tête a été découpée comme au rasoir *. Aucun animal prédateur n'aurait pu faire cela. Un autre cliché montre une tête de bouvillon mutilé en 1992 au Kansas. Le découpage très net de la peau tout autour de la mâchoire est également remarquable. Ce cas a été signalé par un shérif à Chuck Pine, un enquêteur du MUFON (Mutual UFO Network), qui a pu prélever des échantillons de tissu autour des plaies, à la tête, sur les parties génitales et le rectum[7]. Il s'agit de l'un des cas étudiés par le docteur Altshuler, qui a révélé que l'hémoglobine du sang avait été cuite à haute température au niveau des coupures. Incidemment, Altshuler a découvert, en 1994, deux autres exemples de cuisson de l'hémoglobine qu'il a pu étudier moins de trente-six heures après la mort des animaux.

Citons encore une découverte remarquable dont Linda Howe a fait état au symposium du MUFON, en 1995. Un biologiste, le docteur Levengood, a étudié des échantillons d'herbe prélevés au Kansas, au Nouveau-Mexique et au Colorado. Certaines cellules présentent des altérations biologiques fondamentales qui ne peuvent être produites par une force physique, mais qui pourraient en revanche résulter de l'exposition à des micro-ondes de forte intensité[8]. Une analyse à rapprocher de celles du professeur Bounias sur des échantillons de Trans-en-Provence, dont les altérations pourraient, selon lui, avoir une cause semblable[9].

Les observations d'ovnis à proximité des sites de mutilations sont nombreuses et convergentes. Il s'agit en général de boules lumineuses, souvent orangées, équipées de feux pulsants, projetant des faisceaux de lumière vers le sol. Au printemps de 1975, le shérif Richards, du

* Voir cahier photos hors texte, p. VIII.

comté de Cochran au Texas, découvre une génisse mutilée au centre d'une large trace parfaitement circulaire. La dépouille n'a pas été touchée par des prédateurs, et il n'y a de trace de sang ni au sol ni sur le cadavre. A 10 mètres de là, on découvre un second bouvillon mutilé placé au centre d'un autre cercle ; l'herbe, cette fois, est brûlée. Le shérif Richards constate sur les lieux une faible radioactivité, confirmée par une équipe de la base aérienne de Reese.

Linda Howe signale également une remarquable série d'observations d'ovnis, à proximité de sites où du bétail a été retrouvé mutilé, dans la région de Sterling, non loin de Denver, dans le Colorado. Les observations y sont si nombreuses, de novembre 1976 jusqu'au printemps 1977, que de nombreux fermiers se sont organisés en groupes de surveillance nocturne. Ils observent une grande lumière blanche, planant dans le ciel, et voient même de petites lumières entrer et sortir de cet objet lumineux qu'ils surnomment « Big Mama » ! Le shérif Tex Graves, du comté de Logan, est convaincu qu'il existe un lien entre ces lumières et les mutilations. Il tente de s'approcher de la grande lumière dans un petit avion, sans succès. « Plusieurs fois, raconte Tex Graves, nous avons vu de petites lumières en sortir et descendre vers le sol. Cette énorme lumière brillante restait immobile dans l'air, puis elle se déplaçait très rapidement et de manière saccadée, vers le haut ou vers le bas, en avant ou en arrière. Peu après, les petites lumières la rejoignaient et tout disparaissait. » Le reporter Bill Jackson, du *Sterling Journal Advocate*, réussit même à photographier « Big Mama » au téléobjectif. Lors de l'une de ses tentatives, au moment où il sort son appareil du coffre de sa voiture, un flash de lumière blanche fonce sur lui, venant au ras du sol, et passe tout près avec une sorte de bruit de souffle[10]. Bill Jackson en est quitte pour une belle frayeur !

Des cas signalés en Europe et en Amérique du Sud

Les mutilations de bétail ne sont plus aujourd'hui une exclusivité nord-américaine. Outre le Canada et le Mexique, d'autres pays sont affectés de manière préoccupante, notamment en Amérique du Sud, mais aussi en Europe. En outre, les bovins et les chevaux ne sont plus seuls concernés.

En Suède, un certain nombre de cas suspects n'ont pu être expliqués par des causes naturelles. L'enquêteur Jan-Ove Sundberg a étudié cent trente-deux cas survenus de 1988 à 1991, dans des régions forestières peu habitées, telle celle de Hunneberg. Ainsi, une nuit d'août 1988, près de la ville de Venersborg, un grand élan est retrouvé mort, couché sur le ventre, les quatre pattes brisées. Il est trop loin de la route pour avoir été écrasé par un véhicule. Selon l'officier de police Lennart Karlson, l'animal a été tué par la foudre. Pourtant, les habitants de la région n'ont pas aperçu le moindre éclair dans le ciel, et aucun orage n'a eu lieu les jours précédents. En revanche, des lumières non identifiées ont été observées près du village de Vargon, à un peu plus de 2 kilomètres de là[11].

En Grande-Bretagne, les mutilations ont fait couler beaucoup d'encre. En 1991, des fermiers vivant aux alentours d'un petit village écossais découvrent de nombreux moutons mutilés. Selon une enquête de la revue anglaise *UFO Magazine*[12], la « bête » – on reparle en effet, pour l'occasion, d'un « vampire » – leur a fait une piqûre près d'une oreille. Un vétérinaire se déclare intrigué, à la fois par les coupures, très précises, et par le fait que les animaux ont perdu tout leur sang. D'autres cas remarquables sont observés dans les îles britanniques. Ils sont en tous points comparables aux mutilations américaines. Le 26 octobre 1994, une vache est trouvée morte et mutilée près d'une forêt à Newry, en Irlande du Nord. Le rectum et le pis ont été découpés avec précision. La peau de la mâchoire et de la face a été entièrement prélevée, ne laissant que les os. Et toujours aucune tache de sang ni aucune autre trace sur le sol.

Une trentaine de phoques sont également trouvés sur une plage des îles Orkney, décapités avec une précision chirurgicale et – détail impressionnant – toujours au même niveau, entre deux vertèbres. Mike Lynch, inspecteur de la société écossaise de protection des animaux, confie son trouble : « Nous nous perdons en hypothèses. Nous n'avons jamais rien vu de semblable. »

Autre dossier connu des ufologues : l'apparition, à partir des années 70, dans l'île de Porto Rico, de mystérieux « vampires » accusés de tuer les chèvres et de boire leur sang. Les Portoricains les surnomment les *chupacabras* (« suceurs de chèvres »). Ces êtres inconnus s'en prennent en réalité à bien d'autres animaux. De nombreux enquêteurs dignes de foi ont reconnu l'authenticité des mutilations constatées à Porto Rico. Officiellement, on ne les nie pas non plus, mais on invoque soit la présence de chiens sauvages, soit celle de chauves-souris géantes. Ainsi, dans un article paru en 1991[13], l'enquêteuse Magdalena Del Amo Freixedo rapporte un long entretien avec le colonel Nolla, directeur de la défense civile à Porto Rico. Celui-ci, après « une enquête approfondie », a conclu à la présence de chiens sauvages.

Un matin, Buenaventura Bello, habitant à Isla Verde, découvre que toutes ses oies sont mortes dans la cour de sa maison. Leurs cadavres sont disposés en cercle, entièrement vidés de leur sang. Buenaventura Bello appelle la police. Peu après, un minibus se gare devant sa porte. Une équipe de « techniciens », équipés de divers instruments qu'il ne peut identifier, investit la maison. Ils commencent par inspecter les lieux avec ce qui semble être des compteurs Geiger. Plusieurs membres de l'équipe endossent des combinaisons protectrices et se rendent dans la cour. D'autres patrouillent aux alentours et interdisent l'accès de la maison. Un peu plus tard survient un étrange appel téléphonique. Depuis une université du sud des États-Unis, un homme demande qu'on lui fasse parvenir une des oies mortes. Il se dit très intéressé par les enquêtes sur les mutilations animales. Peu de temps après, on vient chercher un des animaux pour l'emporter dans un sac en plastique. Buenaventura Bello est prié de quitter sa demeure : sa santé, lui suggère-t-on, pourrait être menacée. Il s'exécute. Dix-huit jours plus tard, sa jeune chienne meurt d'un cancer foudroyant, peut-être provoqué par les radiations reçues cette nuit-là. Le rapport d'autopsie des oies révèle deux perforations qui ont détruit leurs organes internes. Le sang a été complètement drainé sans laisser de trace, les plaies ayant été comme cautérisées par l'instrument qui les a pratiquées.

Magdalena Del Amo Freixedo a rapporté toute cette histoire au colonel Nolla. L'officier a déclaré ne rien savoir de cette affaire.

Controverses et dénégations officielles

A partir de 1974, dans certaines régions des États-Unis, les cas de mutilations deviennent si nombreux que des éleveurs, à la fois en colère et effrayés, organisent des veilles nocturnes, tirant sur tout ce qui vole, si bien qu'il faut bientôt interdire aux avions et aux hélicoptères de décoller. Les polices locales, débordées, réclament avec insistance des enquêtes, mais se heurtent à des refus catégoriques. Bill Clinton, alors sénateur de l'Arkansas, leur oppose notamment une fin de non-recevoir [14]... De son côté, le FBI ne semble pas s'émouvoir, arguant qu'il s'agit là d'affaires locales. Seul le sénateur républicain Harrison Schmitt, du Nouveau-Mexique, physicien de formation et ancien astronaute, membre de l'expédition lunaire Apollo 17, organise une conférence à Albuquerque, le 20 avril 1979, afin de « sensibiliser » le FBI à ce problème. On finit par confier une enquête à un agent qui vient juste de prendre sa retraite, Kurt Rommel. Après un an d'enquêtes, son rapport, long de cinq cents pages, conclut à l'action d'animaux prédateurs...

Toutes les explications proposées par les autorités paraissent bien légères pour peu que l'on veuille se pencher de près sur les récits et témoignages. Pourtant, même parmi les ufologues, l'unanimité est loin de prévaloir. Contrairement au MUFON, l'équipe du CUFOS, l'organisme rival, s'affirme d'emblée sceptique quant à l'intervention d'ovnis dans les cas de mutilations [15]. Pourquoi ces réticences ?

Tout d'abord, il s'agit d'un dossier pour le moins effrayant, qui inspire une répulsion instinctive. Ensuite, les mutilations sont devenues l'un des principaux arguments à l'appui des thèses, aussi sensationnelles que controversées, sur l'existence d'un complot liant les extraterrestres et les services secrets. Leurs partisans mettent en avant trois types d'indices, en premier lieu la politique de dénégation systématique des faits adoptée par les responsables politiques et la police : attitude suspecte qui suggère que l'on cherche à cacher quelque chose.

Mais il pourrait s'agir également de la poursuite de la politique préconisée par la commission Robertson, visant à rassurer les populations. Autre indice : la présence sur les lieux d'hélicoptères non identifiés, survenant peu après les mutilations – comme s'ils suivaient les ovnis à la trace. Deux interprétations sont possibles : ou bien les « hélicoptères » ne sont que des leurres mis en scène par de mystérieux visiteurs pour nous faire croire à des opérations conduites par des hommes – certaines descriptions d'hélicoptères bizarrement silencieux nous invitent à le supposer ; ou bien il s'agit de vrais hélicoptères appartenant aux services secrets qui s'efforcent de surveiller, et peut-être de contrecarrer les activités clandestines des aliens. Les témoignages donnent à penser que ces deux hypothèses pourraient bien coexister.

Ces mutilations pourraient-elles être perpétrées par des hommes postés à bord de ces hélicoptères ? Cette dernière hypothèse peut être aisément écartée. D'une part, les appareils n'arrivent qu'après le carnage ; d'autre part, les modèles observés en vol seraient incapables d'enlever les bovins mutilés et encore moins de transporter les lourds matériels laser, avec les batteries nécessaires pour leur alimentation électrique.

Des témoins sous surveillance

De nombreux indices laissent penser qu'une surveillance discrète mais étroite est exercée sur les témoins et les enquêteurs.

Le 18 septembre 1980, Iona Hoepner, professeur de sciences dans une petite ville du Colorado, procède à des prélèvements de tissus avec le shérif Harold Andrews. Au microscope, elle fait alors cette découverte stupéfiante :

l'incision passe entre les cellules, sans les abîmer ! Le lendemain, la porte de son laboratoire est forcée et ses échantillons volés. De son côté, le shérif a envoyé des échantillons à l'université du Colorado, mais ils seront « perdus »[16]...

Certains témoignages permettent de rapprocher les mutilations des enlèvements évoqués au chapitre 6 (page 230). Deux victimes d'enlèvements, Judy Doraty et Myrna Hansen, se sont rappelées sous hypnose avoir assisté à des mutilations à bord d'ovnis. Toutes deux disent avoir vu opérer ces mutilations sur des bêtes encore vivantes ! Ces deux témoignages pour le moins effrayants posent la question – déjà évoquée – de la mise en scène ; ce que Karla Turner appelle des scènes de « réalité virtuelle ». Linda Howe a filmé une séance d'hypnose menée par le docteur Leo Sprinkle sur Judy Doraty. La scène figure à la fin de *A Strange Harvest.* Soulignons que la sincérité de Judy Doraty, bouleversée par ce qu'elle voit, ne fait guère de doute.

Si le seul souci des extraterrestres était de procéder « tranquillement » à des prélèvements de sang et de tissus animaux, ils pourraient fort bien faire disparaître les carcasses. Or, celles-ci sont laissées en évidence, souvent à proximité des routes et des habitations. Tout porte à croire que cette mise en scène est destinée à faire peur. Le message pourrait être : « Sachez que nous faisons ce que bon nous semble sur cette planète ! » Un incident à l'appui de cette thèse a été rapporté par plusieurs auteurs, dont Jacques Vallée, qui accorde plus de crédit à ce dossier qu'à celui des enlèvements. Le 6 juillet 1975, un bœuf mutilé a été découvert devant les portes du centre des opérations du NORAD (North American Defense Command), dans le Colorado (Cheyenne Mountain). L'animal semblait avoir été lâché depuis les airs. Son cou était distendu comme s'il avait été transporté accroché par le cou[17]. « Les mutilations, quels qu'en soient les auteurs, conclut Jacques Vallée, sont calculées pour créer la terreur[18]. »

Les affaires de mutilations animales inexpliquées, quoique moins nombreuses que par le passé, n'ont toujours pas cessé. Des témoignages déconcertants continuent à être signalés, notamment dans la presse américaine.

En 1995, Terry et Gwen Sherman, citadins depuis toujours, décident d'aller vivre à la campagne. Après de longues recherches, ils finissent par découvrir dans l'Utah un ranch à leur goût, à un prix avantageux. La région se signale par un nombre assez exceptionnel d'observations d'ovnis. Blasés, les habitants n'en parlent même plus entre eux. Reste que, curieusement, le ranch des Sherman est resté inhabité depuis sept ans. Des incidents bizarres commencent à se produire alors que le couple n'est même pas encore complètement installé. Terry remarque des empreintes circulaires sur le sol d'un champ, non loin de la ferme. Il s'agit de dépressions larges de 1 mètre et profondes de 30 à 50 centimètres, comme si la terre avait subi une pression considérable. Puis les Sherman observent des ovnis et découvrent des vaches mutilées. Du début de l'année 1995 jusqu'en septembre, ils observent trois sortes d'ovnis : un petit engin en forme de boîte de 2,50 mètres de long, un engin de 12 mètres de long et un appareil énorme de la taille d'un terrain de football. Celui-ci fait à Terry une impression presque « diabolique », selon ses propres termes. Leur observation la plus spectaculaire est celle de lumières émergeant de « portes circulaires » qui semblent se matérialiser dans le ciel.

Après avoir retrouvé non loin de la maison un certain nombre de vaches mutilées, les Sherman, excédés, décident de vendre leur ferme au plus vite. Entre-temps, la presse a rapporté leur histoire. Robert Bigelow, un homme d'affaires de Las Vegas connu pour financer d'importantes études sur les ovnis, décide d'acheter la ferme. Bigelow, qui a la réputation d'être un homme assez secret, demande aux Sherman de s'engager par écrit à ne plus rien révéler de leur expérience. Depuis, une équipe d'enquêteurs s'est installée sur le ranch. Des hommes sont chargés de guetter en permanence ovnis et bêtes mutilées et d'interdire à quiconque de s'approcher de l'ancienne ferme des Sherman. D'aucuns suspectent l'homme d'affaires de collaborer avec les services secrets [19].

8

LA SUPER-PHYSIQUE DES OVNIS

Présence de véhicules aériens non identifiés aux performances extraordinaires, apparitions d'êtres inconnus, récits convergents d'enlèvements par des aliens, mutilations massives de bétail liées aux apparitions d'ovnis, indices manifestes du secret qui pèse sur tous ces phénomènes... Les faits observés depuis cinquante ans sont autant de défis lancés à notre besoin de comprendre le monde qui est le nôtre.

Qui sont ces êtres singuliers qui semblent nous surveiller et nous manipuler tout en manifestant leur présence ? D'où viennent-ils ? Que veulent-ils ? En un demi-siècle, de nombreuses hypothèses ont été avancées, la plus vraisemblable étant que nous sommes confrontés à des visiteurs appartenant à des civilisations nées sur d'autres étoiles.

Les pistes actuellement explorées par les physiciens reposent sur l'idée que des civilisations extraterrestres disposeraient d'une maîtrise de la science bien supérieure à la nôtre – hypothèse qui paraît évidente si l'on songe à l'ancienneté de l'univers, qui se chiffre en milliards d'années. De plus, les astrophysiciens savent que l'âge des étoiles « voisines » est très variable. Des systèmes planétaires « proches » peuvent par conséquent nous être antérieurs de plusieurs dizaines, voire centaines de millions d'années ! Nous savons aussi depuis peu que les systèmes planétaires sont relativement répandus dans l'univers.

La science moderne a commencé sur Terre il y a deux siècles, et elle a déjà connu une double révolution avec la théorie de la relativité et la théorie quantique, dont les conséquences sont loin d'être encore complètement explorées. Ces deux théories ont montré leur pertinence, chacune dans son domaine – gravitation et physique des particules. Reste à les marier en une théorie unifiée. L'entreprise présente des difficultés considérables. La science progresse sans cesse. A quand la prochaine révolution ? Cette question est en relation directe avec l'hypothèse d'une « super-physique » des ovnis.

Comment volent-ils ?

Les acrobaties aériennes des vaisseaux extraterrestres défient nos connaissances. Ils peuvent passer en un instant d'un vol stationnaire à des vitesses très élevées, ou encore tourner brutalement à angle droit. En 1990, l'armée de l'Air belge a mesuré au radar des accélérations de 80 g (c'est-à-dire quatre-vingts fois la pesanteur terrestre) que ne pourrait supporter un pilote humain. Les ovnis semblent également capables de rester des heures en vol stationnaire, très près du sol et en silence. Lorsqu'ils se déplacent, les témoins perçoivent souvent un léger bourdonnement. Dans certains cas, ils font beaucoup de bruit, tel l'ovni de Socorro (voir chapitre 5, p. 172). Cependant, même à grande vitesse, ils ne provoquent jamais de bang – un détail qui a déjà servi d'argument « décisif », dans les années 50, aux astrophysiciens Fritz Zwicky et Evry Schatzman pour réfuter leur existence.

Or on sait aujourd'hui comment l'effet de bang pourrait être supprimé...

Le physicien Jean-Pierre Petit a proposé un modèle explicatif, la propulsion MHD (magnétohydrodynamique), qui rend également compte des effets lumineux observés autour des ovnis [1]. Selon sa théorie, des champs électriques produits par l'ovni ionisent l'air autour de l'appareil. L'air ionisé, devenu conducteur, est écarté et rejeté de l'avant vers l'arrière par un champ magnétique convenablement orienté (c'est l'effet Hall) et fait ainsi office de moyen de propulsion.

Jean-Pierre Petit a démontré que le modèle MHD permet d'atteindre dans l'atmosphère les très grandes vitesses observées sur les ovnis en éliminant le problème de la traînée et de la compression de l'air. Les molécules ionisées à l'avant du vaisseau spatial sont « averties », à la vitesse de la lumière, d'avoir à se « réflecter » latéralement bien avant que l'ovni arrive sur elles, d'où l'absence d'onde de choc.

Cependant, le physicien a lui-même reconnu les limites de son modèle : ce mode de propulsion nécessite une énergie considérable et ne peut expliquer le vol hors de l'atmosphère. Par ailleurs, même dans l'atmosphère, certains aspects des évolutions observées demeurent inexplicables. C'est le cas, notamment, des fantastiques accélérations et de l'absence de courant d'air violent que devrait pourtant provoquer la MHD. En revanche, de nombreuses observations convergentes impliquent que l'ovni maîtrise le champ de gravitation, ou du moins crée un champ de force s'opposant à la gravitation par des moyens que nous ignorons. Ainsi, la propulsion magnétohydrodynamique est loin de rendre compte des évolutions d'ovnis, ni dans l'espace ni dans l'atmosphère terrestre.

Un cas français solidement établi suffit à donner la mesure du problème. Il s'agit d'une observation qui a fait l'objet d'une étude technique du GEPAN : l'« enquête 86/06 » du 21 mars 1983[2]. Un jeune biologiste, qui a gardé l'anonymat, a témoigné avoir observé dans son jardin un objet ovoïde, de 1,50 mètre de large et 80 centimètres d'épaisseur, d'apparence métallique (« comme du béryllium poli », précisa le témoin), qui était descendu du ciel. Il resta en vol stationnaire à environ 1 mètre du sol pendant 20 minutes, sans faire le moindre bruit. Selon le rapport de gendarmerie figurant dans la note technique du GEPAN, le témoin n'a constaté « aucun dégagement de fumée, de chaleur, de froid ni de rayonnement ». « Vers 12 h 56, l'engin s'est élevé rapidement à la verticale jusqu'à ce qu'il disparaisse. Le témoin s'en était approché à 0,50 m. Il a tenté de prendre une photo, mais son appareil s'est bloqué. » Détail intéressant : dans le jardin, l'herbe n'a été ni calcinée ni écrasée, « elle s'est dressée un instant pour revenir rapidement à sa position normale » quand l'engin s'est éloigné. Selon la note du GEPAN, il pourrait s'agir là de l'effet d'un champ électrique intense. Par ailleurs, les feuilles d'un buisson d'amarantes qui se trouvait très près de l'ovni ont été complètement déshydratées, un effet qui, selon la note du GEPAN, pourrait également avoir été causé par le champ électrique. Le Centre de physiologie végétale de l'université Paul-Sabatier à Toulouse, qui a étudié ces plantes, a constaté des altérations biochimiques inexplicables. Le cas de l'amarante suggère, une fois de plus, une mise en scène délibérée de nos mystérieux visiteurs, comme s'ils nous lançaient une énigme, un défi à notre intelligence...

L'antigravitation

L'idée est séduisante, mais elle ne repose sur aucune théorie physique connue ou concevable. La force de gravitation est la plus faible des quatre forces fondamentales de la physique, et seuls des corps aussi massifs que des étoiles et des planètes peuvent la produire en quantité significative. Comment, dans ces conditions, créer une force d'« antigravitation » ? L'écrivain Herbert George Wells a bien imaginé une substance, la cavorite, qu'il suffirait de peindre sur le véhicule spatial. Quant au baron de Münchhausen, il tirait sur la selle de son cheval pour s'élever dans les airs... Mais peut-on imaginer d'autres recours que ces inventions romanesques ?

Malgré l'interdit qui pèse sur la question, certains scientifiques ont joué avec l'idée d'antigravitation. Hermann Oberth, l'un des pionniers de l'astronautique, a formulé cette hypothèse dès 1954, en supposant que les ovnis se propulsent en manipulant le champ de gravitation et en convertissant la gravité en énergie utilisable.

Avant d'évoquer les théories les plus récentes, il convient de mentionner une démarche plus concrète : celle de Paul Hill, un physicien de la NASA qui a tenté de modéliser le fonctionnement d'un ovni disposant d'une force répulsive[3]. Hill a lui-même vu des ovnis à deux reprises. L'agence spatiale américaine lui a permis d'étudier la question tout en le réduisant au silence. Comme il le dit lui-même avec humour, il était condamné à rester « aussi non identifié que les objets volants » qu'il étudiait.

Le premier intérêt des recherches de Paul Hill réside dans son analyse minutieuse des observations mettant en évidence l'existence d'un champ de force autour des ovnis. L'étude de huit cas l'autorise à éliminer l'hypothèse d'un champ électrique ou magnétique. Reste la possibilité d'un champ répulsif antigravitationnel de nature inconnue. Elle expliquerait par exemple qu'un témoin se trouve projeté à terre, ou que les branches d'un arbre s'écartent sans contact direct, comme par magie, au passage d'un ovni.

Si la création d'un tel champ répulsif reste mystérieuse, l'analyse des témoignages permet au physicien de préciser le mode de mise en œuvre de cette force. Il attire l'attention sur de nombreux témoignages décrivant la partie en rotation de l'ovni et évoquant le bruit caractéristique d'une machine rotative montant en puissance juste avant le décollage. Il est tentant de supposer que le champ répulsif est engendré par un engin rotatif. Incidemment, les décollages très bruyants parfois observés seraient dus à des ondes stationnaires près du sol, qui cessent dès que l'ovni s'éloigne. Selon Paul Hill, en 1968, cette hypothèse de générateur rotatif a suscité l'intérêt de Robert Wood, docteur en physique de l'université de Cornell et longtemps directeur de la recherche de McDonnell-Douglas.

Paul Hill a analysé d'autres phénomènes observés par les témoins. Il semble prouvé, par exemple, que les ovnis émettent des radiations électromagnétiques, X ou même gamma, dangereuses à proximité immédiate. Les phénomènes d'ionisation de l'air, qui donnent faussement l'impression que l'ovni est flamboyant, pourraient ainsi être causés par ces radiations (et non pas par la MHD). On observe autour de l'ovni un halo lumineux, très visible de nuit, au point de masquer les contours de l'appareil. A une certaine vitesse apparaît à l'arrière une traînée ou un « panache » que l'on a confondu avec des gaz d'échappement alors qu'il s'agit probablement d'un plasma froid. Hill a aussi interprété les changements de forme du halo, qui devient un cône de plasma dans certaines positions, s'incline ou au contraire s'étale en éventail. Il en a déduit que l'ovni est capable d'orienter et de focaliser son champ de force répulsive. Cela lui permet de manœuvrer ou de voler à l'horizontale.

Autre propriété de première importance du champ de force : grâce à lui, les passagers résistent à de très fortes accélérations, pour peu que la géométrie interne du ou des faisceaux soit réglée à cet effet. C'est encore le champ de force qui permet d'obtenir un écoulement de l'air sans compression ni onde de choc, même à vitesse supersonique, à l'instar de la MHD. Le champ de force se propageant à la vitesse de la lumière, il devance toujours l'ovni pour écarter l'air ! Paul Hill imagine un agencement *ad hoc* pour ovni en forme de cigare, avec trois générateurs de champs de force : deux répulsifs à l'avant et à l'arrière, et un attractif au milieu pour un meilleur écoulement de l'air autour de l'engin.

Le « modèle » imaginé par Paul Hill présente, on le voit, des aspects séduisants, même si l'antigravité ne repose pour le moment sur aucune base théorique. Cela dit, comme dans le cas de la MHD, certains aspects des phénomènes observés lors des manifestations d'ovnis demeurent incompréhensibles. Ainsi des apparitions et disparitions d'engins, des changements de direction à angle droit sans changement de vitesse perceptible ou encore des déplacements instantanés que les accélérations très élevées des ovnis ne suffisent sans doute pas à expliquer.

Le second ovni que Paul Hill a pu observer a été pour lui l'occasion d'une interprétation remarquable. Un soir, il a aperçu un ovni en forme de cigare volant lentement le long de la baie de la Chesapeake. Soudain, l'engin a fortement accéléré après s'être légèrement incliné. En notant la distance et le temps, Hill a pu évaluer l'accélération : elle était énorme, de l'ordre de 100 g. Il en a conçu l'idée que la force d'antigravité créée par l'ovni, susceptible d'atteindre une très grande puissance, utilise de quelque façon la gravité terrestre, comme si elle « s'appuyait » sur elle.

Intéressons-nous à présent au principal problème posé par l'hypothèse extraterrestre : le voyage spatial interstellaire.

Comment viennent-ils des étoiles ?

Les distances entre les étoiles, même les plus proches de nous, sont immenses. Pour en donner juste une idée, rappelons que la lumière met 4 ans pour nous parvenir de l'étoile la plus proche, à la vitesse de 300 000 kilomètres par seconde, alors qu'elle arrive du Soleil en 8 minutes !

Pourtant, l'argument ancien de la trop grande distance entre les étoiles pour envisager aucun voyage interstellaire a fait l'objet, ces dernières années, de plusieurs commencements de réfutation. Un certain nombre d'idées nouvelles et de spéculations ont surgi, qui convergent toutes vers l'idée que notre physique est encore bien jeune pour être en mesure de prononcer un tel interdit.

Mentionnons pour mémoire le fameux scénario des « vaisseaux lents », bien connu des lecteurs de science-fiction, mettant en scène d'immenses vaisseaux partant pour des croisières interstellaires au long cours pouvant durer plusieurs centaines d'années. Des astrophysiciens tels Jean-Claude Ribes et Guy Monnet ont poussé le plus loin possible cette idée qui présente, selon eux, le mérite de rester dans le cadre de la physique actuelle[4]. Ils ont supposé que l'on pourrait construire ces villes de l'espace dans la ceinture des astéroïdes, entre Mars et Jupiter, où les matières premières, notamment métalliques, abondent. Cette partie du système solaire pourrait aussi servir de point d'arrivée pour une civilisation venue d'ailleurs.

On a aussi imaginé que l'exploration de l'espace pourrait être confiée à des vaisseaux automatiques, capables de se réparer eux-mêmes et de s'autodupliquer. Notre galaxie pourrait ainsi être entièrement explorée en quelques millions d'années. Les auteurs de ces spéculations en ont même tiré argument pour affirmer que nous sommes seuls dans l'univers – sinon, disent-ils, nous aurions déjà été visités.

D'autres idées sont aujourd'hui en lice, qui renouvellent le débat. Elles font appel à des notions de physique avancée.

A première vue, la théorie de la relativité semble interdire les voyages interstellaires en posant la limite infranchissable de la vitesse de la lumière. Pourtant, de cette théorie sont nées des spéculations permettant peut-être de contourner cet obstacle.

La première, déjà ancienne, consiste à parier sur le temps ralenti à une vitesse proche de celle de la lumière. Théoriquement, il serait possible de rejoindre les étoiles proches en quelques années, compte tenu du temps ralenti pour les voyageurs par effet relatif. Encore faut-il être capable d'atteindre une vitesse approchant celle de la lumière (à au moins 90 %)... Réussir une telle performance pose des problèmes redoutables, notamment celui de la source d'énergie. En outre, le risque est grand de rencontrer un obstacle. A cette vitesse, même les atomes deviennent des projectiles, or l'espace interstellaire n'est pas totalement vide.

Le physicien Paul Hill a aussi étudié la question des voyages à une vitesse proche de celle de la lumière.

Il avance l'idée que le vaisseau cosmique devrait exploiter au départ le champ de gravitation de sa planète (ou de son étoile) pour prendre son élan. Pour produire l'énergie nécessaire au reste du voyage, Hill imagine, comme d'autres théoriciens, des réactions nucléaires particulièrement énergétiques. Précisons que toutes les solutions de ce type comportent un inconvénient majeur : si le temps ralentit pour le voyageur, ce n'est pas le cas pour ceux qu'il a quittés et qu'il va retrouver à son retour bien plus âgés que lui. Voici un exemple audacieux proposé par Paul Hill : un voyage de cent années-lumière en accélérant à 140 g pour atteindre 99,9 % de la vitesse de la lumière ne durerait que quatre ans et demi pour l'astronaute [5]... alors qu'un siècle se serait écoulé pendant ce temps sur sa planète d'origine, sans même tenir compte de la durée nécessaire pour le voyage de retour. Les voyageurs s'embarquant pour une telle aventure devraient dire adieu au monde qu'ils ont connu... On peut également se demander ce qui pourrait inciter une civilisation à financer une telle expédition, forcément très coûteuse, et dont les bénéfices éventuels seraient assez lointains.

Des raccourcis dans l'espace-temps ?

Toujours à partir de la théorie de la relativité est apparue l'idée que l'on pourrait peut-être trouver des « raccourcis » de l'espace-temps, et contourner ainsi l'obstacle de la vitesse de la lumière. Une telle idée a été formulée pour la première fois en 1988 par deux physiciens américains, Kip Thorne, spécialiste de la relativité, et Michael Morris, du California Institute of Technology à Pasadena. Ils ont étudié cette hypothèse à la demande de l'astrophysicien Carl Sagan, à la fois hostile aux ovnis et ardent défenseur de la recherche de la vie extraterrestre. Sagan préparait alors son roman *Contact*[6], dans lequel il souhaitait donner une base scientifique plausible aux voyages interstellaires plus rapides que la lumière.

Selon les deux physiciens, les trous noirs (dont l'existence est encore hypothétique) pourraient constituer le point d'entrée d'un « raccourci » ou court-circuit de l'espace-temps. Il serait alors possible de franchir les années-lumière en quelques heures de notre temps, à l'instar des héros de *La Guerre des étoiles*...

Lorsqu'une étoile très massive finit par s'effondrer sur elle-même, ayant épuisé toutes ses réserves de combustible nucléaire, elle peut se transformer en un trou noir, où disparaissent la matière comme l'espace-temps. La lumière elle-même devient prisonnière de la courbure de l'espace ! L'hypothèse du trou noir découle de la théorie de la relativité générale. Sa genèse est complexe. « En décembre 1915, un mois après la parution des articles d'Einstein livrant les équations de la relativité générale, relate Jean-Pierre Luminet dans son livre *Les Trous noirs*, l'astrophysicien allemand Karl Schwarzschild découvre la solution qui décrit le champ gravitationnel d'une masse sphérique entourée de vide[7]. » Il découle de ce modèle que, si l'on imagine cette masse comme concentrée en un point, l'espace et le temps sont perturbés à proximité au point que, à l'intérieur d'un « rayon critique » ou « rayon de Schwarzschild », les notions d'espace et de temps n'ont plus de sens. La mécanique quantique a permis, quelques années après la formulation de cette théorie, de comprendre la possibilité d'un « effondrement gravitationnel » d'une étoile massive, aboutissant à une densité de matière extraordinairement élevée.

Les astrophysiciens en sont venus à considérer qu'il devrait exister, face au trou noir, une sorte de miroir, un autre « côté » de l'espace-temps, symétrique au trou noir, qui lui serait relié par un « pont » appelé « gorge de Schwarzschild » ou « pont Einstein-Rosen ». De l'autre côté du trou noir, dans une autre région de l'espace-temps, ou dans un autre « feuillet » d'univers, se trouverait un « trou blanc », par où jaillirait la matière avalée par le trou noir. Mais, dans le modèle du trou noir sphérique, ce pont est infranchissable ! Comment imaginer, si le vaisseau spatial est condamné à être écrasé, un scénario de voyage interstellaire qui passerait par un trou noir ?

La réflexion rebondit avec la découverte d'un autre modèle de trou noir, plus complexe, qui se formerait à partir d'une étoile en rotation sur elle-même. En 1962, le physicien néo-zélandais Roy Kerr calcule la solution exacte qui décrit le champ gravitationnel d'un trou noir en rotation. Il s'agirait en quelque sorte d'un « maelström cosmique » à la géométrie interne très complexe. Dans ce modèle, explique Jean-Pierre Luminet, « la singularité centrale, où la courbure devient infinie, n'est plus un point mais un anneau couché dans le plan équatorial. Cet anneau n'est plus un nœud d'espace-temps inexorable vers lequel toute la matière doit converger. Il devient possible de voyager à l'intérieur d'un trou noir en rotation en évitant l'anneau singulier, soit en le survolant au-dessus de son plan, soit en passant au travers[8] ! » Le pont de Einstein-Rosen devient alors une sorte de tunnel connectant deux régions de l'espace-temps, baptisé le « trou de ver » *(wormhole)*, par analogie avec la galerie invisible que fait un ver dans le bois.

Ce « trou de ver » en forme d'anneau pourrait-il servir de raccourci pour voyager entre deux points éloignés de l'espace-temps, et même, peut-être, voyager dans le temps ? Telle est bien l'une des « solutions » proposées par Thorne et Morris en 1988. Mais d'autres suppositions acrobatiques restaient indispensables pour étayer cette théorie. En effet, « toute matière introduite dans ce "trou de ver" acquiert une énergie tellement amplifiée par le champ gravitationnel du trou que sa propre gravité altère l'espace-temps et bouche le trou de ver[9] ». Thorne et Morris proposent une solution consistant à introduire de la matière « exotique » capable d'exercer une « pression négative » et de maintenir ainsi le trou de ver écarté ! Ce type de matière aurait existé tout au début de l'univers, juste après le Big Bang, et serait responsable de la période initiale d'inflation. Reste que nul ne sait si une telle matière existe encore. « Tout cela, conclut l'astrophysicien Jean-Pierre Luminet, est hautement spéculatif ; personne n'a la moindre idée si ce type de matière "négative" peut exister dans la nature. Pour utiliser efficacement ces "raccourcis" de l'espace-temps, il faudrait être capable de construire des trous de ver "négatifs", peut-être en faisant grossir un trou de ver négatif microscopique. Et même en admettant cette idée fantastique, rien ne nous dit qu'un vaisseau spatial constitué de matière normale pourrait traverser sans danger une région d'énergie négative[10] ! »

Malgré ces difficultés extrêmes, l'hypothèse du voyage interstellaire à travers un « trou de ver » continue à agiter les esprits. Le magazine *New Scientist* du 23 mars 1996 passe en revue les nouvelles spéculations qui tournent autour de l'idée de la « construction » d'un trou de ver artificiel – ce dont seraient peut-être capables des civilisations plus avancées que la nôtre. Claudio Maccone, physicien italien, suggère que l'on pourrait peut-être y parvenir grâce à des champs magnétiques. D'autres scientifiques continuent à spéculer sur la notion d'énergie ou de masse négative, qui aurait l'intéressante propriété de créer une force de gravitation répulsive. Ils observent que le vide recèle une énergie énorme : c'est l'« effet Casimir », découvert dès 1948 par le physicien hollandais Henrik Casimir. Cela dit, l'état actuel de la physique ne permet pas d'apporter une solution définitive à ce problème. Certains théoriciens n'hésitent pas à se tourner vers la « théorie du Tout » unifiant les deux piliers de la physique, la théorie de la relativité et la théorie quantique. Les tentatives les plus récentes, connues sous le nom de théories des « supercordes », supposent que l'espace aurait plus de trois dimensions. Nous serions plongés sans le savoir dans un « hyperespace » ! Autre idée forte qui émerge de ces spéculations audacieuses : l'existence d'un univers parallèle, qui ouvre des perspectives fantastiques.

Hyperespace et monde parallèle

Les amateurs de science-fiction sont familiers du voyage dans l'hyperespace : il suffit aux héros de *La Guerre des étoiles* et de *Star Trek* d'appuyer sur quelques boutons pour disparaître sous nos yeux, pulvérisant le mur de la vitesse de la lumière : ils sont passés dans une autre dimension de l'espace ! Selon certains physiciens, un scénario aussi fantastique n'est pas inconcevable dans le cadre d'une super-physique. La recherche d'une théorie unifiée est sans doute l'entreprise la plus difficile qui soit. Autant dire qu'elle n'est pas près d'aboutir. Il n'est toutefois pas impossible d'en esquisser certains traits.

Un point de vocabulaire : dans la théorie de la relativité, on parle d'espace-temps à quatre dimensions, le temps étant la quatrième. C'est pourquoi, quand les physiciens ont commencé à spéculer sur un espace doté d'une dimension supplémentaire, ils l'ont appelée « cinquième dimension». Il s'agit bien, en fait, d'une quatrième dimension spatiale.

La théorie mathématique d'un espace à quatre dimensions est formulée dès 1854 par le mathématicien allemand George Riemann. En physique, l'idée d'une cinquième dimension est proposée pour la première fois par l'Allemand Theodore Kaluza, dans une lettre adressée à Einstein dès avril 1919. En quelques lignes, Kaluza parvient à unifier la théorie de la gravitation d'Einstein et la théorie de l'électromagnétisme de Maxwell, en écrivant les équations d'Einstein avec un tenseur métrique en cinq dimensions. Einstein demeure hostile à cette idée. En 1926, un autre mathématicien, Oskar Klein, propose d'améliorer l'hypothèse de Kaluza en supposant que cette dimension supplémentaire est repliée sur elle-même dans l'infiniment petit. Dans les années 30, la découverte des forces nucléaires, fortes et faibles, qui régissent les noyaux atomiques fait reculer l'espoir d'une théorie unifiée. En revanche, la mécanique quantique progresse rapidement. L'unification des forces connaît même un succès encourageant avec la théorie unifiée des forces nucléaires faible et électromagnétique, élaborée en 1967. Dans les années 70, la théorie des forces nucléaires fortes est mise au point avec les champs de Yang-Mills, et l'on parvient à concevoir le modèle standard, décrivant la matière avec plusieurs familles de particules élémentaires. Cependant, les physiciens savent qu'ils ne sont pas au bout de leurs peines, car ce modèle est non seulement très compliqué, mais incomplet : il laisse de côté la théorie de la relativité générale, qui gouverne la quatrième force fondamentale, la gravitation.

Puis intervient ce que le physicien américain Michio Kaku désigne comme la « revanche d'Einstein », au début des années 80, dans son livre *Hyperspace*[11]. C'est le retour des modèles géométriques de l'univers, après que tout le monde a échoué à faire entrer la gravité dans le cadre de la physique quantique :

Les physiciens étaient si frustrés dans leurs tentatives d'unifier la gravité avec les autres forces quantiques qu'ils commencèrent à surmonter leur préjugé quant aux dimensions invisibles et à l'hyperespace. Ils étaient prêts pour une alternative, et ce fut la théorie de Kaluza-Klein[12].

En fait, les choses ont déjà beaucoup avancé à partir des années 60, par les étapes de plus en plus audacieuses que sont la « supergravité » et la « supersymétrie », mais les théoriciens se heurtent alors à des difficultés insurmontables. La première théorie qui propose un modèle unifiant la physique quantique et la gravitation est celle des « supercordes », dans les années 80, selon laquelle l'espace possède... dix dimensions. Les dimensions supplémentaires sont censées être repliées dans l'infiniment petit, comme la cinquième dimension de Kaluza-Klein, au point que l'un des tenants de cette théorie, le physicien américain Edward Witten, de l'université de Princeton, suppose même qu'elles ne sont peut-être que des conventions mathématiques. Quant aux « supercordes », il s'agirait des constituants ultimes de la matière, bien plus petits que les particules élémentaires connues. Ils auraient la forme de cordes dont les vibrations dans ces dimensions supplémentaires seraient responsables de toutes les propriétés de la matière. En revanche, une quatrième dimension spatiale serait entièrement déployée dans l'espace comme les trois que nous connaissons. Nous serions donc plongés dans un hyperespace à quatre dimensions. Cette quatrième dimension spatiale serait pour nous invisible, comme le serait la troisième dimension aux yeux des habitants d'une Terre plate. C'est dans cet hyperespace, explique Michio Kaku, que les voyages interstellaires du type « trou de ver » seraient concevables. Ce physicien va même jusqu'à avancer l'idée que certaines super-civilisations scientifiques ont déjà atteint ce stade, mais il se garde bien d'aborder la question des ovnis...

Les théoriciens des supercordes parlent aussi d'« univers fantôme » : il pourrait exister « une nouvelle sorte de matière qui n'interagit pas, ou interagit seulement très faiblement, avec la matière ordinaire qui nous est familière[13] ». Pour Michael Green, l'un des théoriciens des « supercordes », nous pourrions quand même détecter cet univers fantôme par ses effets gravitationnels[14]. Jean-Pierre Petit, quant à lui, est arrivé à l'hypothèse analogue d'un univers « jumeau », ou gémellaire, dans le cadre d'une théorie totalement différente, fondée sur les travaux du physicien russe Andreï Sakharov. Cet univers jumeau serait fait d'antimatière, ce qui expliquerait la disparition apparente de l'antimatière censée avoir été créée lors du Big Bang, en même quantité que notre matière. Cette théorie permet également de répondre à l'une des plus troublantes questions de l'astrophysique, celle de la « matière manquante » de l'univers. La formation et la géométrie des galaxies exigent la présence de bien plus de matière que celle que l'on observe au moyen des télescopes : pour Jean-Pierre Petit, c'est l'univers d'antimatière, emboîté avec le nôtre, qui manifeste ainsi sa présence invisible. Petit suppose que les ovnis pourraient effectuer des voyages interstellaires en passant dans cet univers d'antimatière, où il imagine que la vitesse de la lumière est plus grande que dans le nôtre[15].

Ainsi, des théories révolutionnaires, difficiles à maîtriser, sont en cours d'élaboration. Certains scientifiques doutent que de telles spéculations deviennent un jour vérifiables, arguant notamment qu'il est impossible de tester la théorie des « supercordes » puisqu'il faudrait pour cela disposer d'énergies colossales, hors de portée de nos plus puissants accélérateurs. Ils remarquent également que cette théorie ne semble pas permettre de faire ce que les scientifiques nomment des « prédictions », par exemple de déterminer la valeur de telle ou telle constante ou valeur fondamentale. En revanche, d'autres chercheurs, parmi les plus éminents, soutiennent l'effort de leurs audacieux collègues. C'est le cas de Murray Gell-Mann [16], inventeur de la théorie des quarks et prix Nobel de physique en 1969. Edward Witten qualifie pour sa part la théorie des « supercordes » de « théorie du XXIe siècle trouvée par hasard au XXe » !

Peut-être nos mystérieux visiteurs cosmiques nous souffleront-ils la démonstration susceptible de faire l'unanimité... Après tout, comme le reconnaît le prix Nobel de physique Ilya Prigogine : « Nous ne sommes qu'au début de la science. »

NOTES

CHAPITRE 1

1. a) Walter Andrus, « Argentina Airlines UFO Sighting », in *MUFON UFO Journal*, n° 332, décembre 1995, MUFON, 103 Oldtowne Road, Seguin, Texas, 78155-4099, USA ; b) Jane Thomas Guma, « Argentine Jet Air-Liner in UFO Near-Miss » (July 1995), in *Flying Saucer Review*, vol. 40, n° 3, automne 1995, FSR Publications, P.O. Box 162, High Wycombe Bucks HP 13 5DZ, Grande-Bretagne ; c) Joël Mesnard, « Remise de gaz à San Carlos », in *Lumières dans la nuit*, n° 333, mai-juin 1995, BP 3, 77123 Le Vaudoué.

2. Dépêches AFP des 16 et 17 août 1995 et enquête de Thierry Wathelet, UFOCOM, 86, rue de Charleroi, 5650 Yves-Gomézée, Belgique.

3. SOBEPS, *Vague d'ovnis sur la Belgique*, 2 vol. Vol. 1 : *Un dossier exceptionnel*, 1991 ; vol. 2 : *Une énigme non résolue*, SOBEPS asbl, avenue Paul-Janson, 74, B – 1070, Bruxelles, Belgique.

4. *Ibid.*, vol. 1, p. 24.

5. *Ibid.*, pp. 416 à 418.

6. *Ibid.*, vol. 2, pp. 234 à 240.

7. *Ibid.*, vol. 2, pp. 224 et 242.

8. *Ibid.*, vol. 1, pp. 225 à 230.

9. *Ibid.*, pp. 233 et 234.

10. Enquête de Thierry Wathelet, UFOCOM (voir note 2).

11. a) Pierre Fliecx, « Ovnis : Ils ont tous vu ça ! », in *Le Figaro Magazine* du 13 avril 1991 ; b) SOBEPS, *Vague d'ovnis sur la Belgique, op. cit.*, vol. 1, pp. 271 et 272.

12. Revue *Lumières dans la nuit*, BP 3, 77123 Le Vaudoué. Voir notamment les numéros 303, 304, 310.

13. Nick Pope, *Open Skies, Closed Minds*, Simon & Schuster, Londres, 1996, pp. 134 à 141.

14. Omar Fowler, *The Flying Triangle Mystery*, The Phenomenon Research Association, 94 The Circle, Sinfin, Derby DE24 9HR, Grande-Bretagne.

15. Omar Fowler, vidéocassette *Unidentified Triangles,* Quest Publications International *(UFO Magazine)*, Wharfebank House, Wharfebank Business Centre, Otley-near-Leeds, LS21 3JP, Grande-Bretagne.

16. Allen Hynek, Philip Imbrogno et Bob Pratt, *Night Siege. The Hudson Valley UFO Sightings*, Ballantine Books, New York, 1987.

17. Graham Birdsall, « The Flying Triangle Mystery. A genuine security threat ? », in *UFO Magazine*, juillet-août 1996, 1st Floor, 66 Boroughgate, Otley-near-Leeds, LS21 1AE, Grande-Bretagne.

18. a) *The Times*, Londres, 2 février 1996 ; b) *The Daily Mail*, 3 février 1996 et 9 mars 1996 ; c) David Boras, « UFO nearly collides with British airliner », in *International UFO Reporter*, printemps 1996, Allen Hynek Center for UFO Studies (CUFOS), 2457 West Peterson Avenue, Chicago, Illinois, 60659, USA.

19. *UFO Magazine* (Grande-Bretagne), *op. cit.*, novembre-décembre 1996, p. 8.

20. Jean-Jacques Velasco et Jean-Claude Bourret, *Ovnis. La science avance*, Robert Laffont, Paris, 1993.

21. Nick Pope, *Open Skies, Closed Minds*, *op. cit.*, pp. 235 et 236.

CHAPITRE 2

1. United States General Accounting Office, Government Records. *Results of a Search for Records Concerning the 1947 Crash Near Roswell*, New Mexico, juillet 1995, GAO, Washington D.C. 20548-0001, USA.

2. Jack Anderson et Michael Binstein, « Roswell Incident revisits Air Force », *Washington Post*, 1er juin 1995.

3) Headquarters United States Air Force, *The Roswell Report. Fact versus Fiction in the New Mexico Desert*, US Government Printing Office, Superintendent of Documents, Mail Stop : SSOP, Washington D.C., 20402-9328, USA.

4. a) Kevin Randle et Donald Schmitt, *UFO Crash at Roswell*, Avon Books, New York, 1991 ; b) Kevin Randle et Donald Schmitt, *The Truth about the UFO Crash at Roswell*, M. Evans and Company, New York, 1994 ; c) Kevin Randle, *Roswell UFO Crash Update. Exposing the Military Cover-up of the Century*, Global Communications, P.O. Box 753, New Brunswick, NJ 08903, USA, 1995.

5. Cité par Philip Klass dans *The Skeptic UFO Newsletter*, 404 "N" St. SW, Washington DC 20024, n° 38, mars 1996.

6. Kevin Randle et Donald Schmitt, « What Happened in Ramey's Office », *MUFON UFO Journal*, avril 1991.

7. Gildas Bourdais, *Sont-ils déjà là ? Extraterrestres : l'affaire Roswell*, Presses du Châtelet, Paris, 1995.

CHAPITRE 3

1. a) Donald Keyhoe, *The Flying Saucers Are Real*, Fawcett Publications, New York, 1950 ; b) Frank Scully, *Behind the Flying Saucers*, Henry Holt, New York, 1950 (*Le Mystère des soucoupes volantes*, Les Éditions Mondiales, Paris, 1951).

2. L'enquête sur cette affaire a été relatée notamment par Grant Cameron et Scott Crain, dans *UFOs, MJ-12 and the Government. A Report on Government Involvement in UFO Crash Retrievals*, Mutual UFO Network (MUFON), 1991.

3. *Ibid.*, pp. 4 et 5.

4. Ces documents du FBI et beaucoup d'autres figurent dans un dossier disponible au Fund for UFO Research (FUFOR). On peut aussi les demander directement au FBI (voir note suivante).

5. Note USAF du 30 juillet 1947, « Flying Discs », figurant seulement dans les documents divulgués par le FBI. Ce document, ainsi que beaucoup d'autres cités dans ce chapitre, peut être obtenu auprès du FBI, et aussi auprès du Fund for UFO Research (FUFOR) : a) Documents du FBI sur les UFOs : écrire au Federal Bureau of Investigation (FBI), US Department of Justice, Freedom of Information-Privacy Acts Section, Information Resources Division, Washington D.C., 20535, USA. Le FBI fournit actuellement environ 1 600 pages de documents pour la somme de 150 dollars (délai total : environ six mois) ; b) On peut obtenir une sélection de documents de diverses sources (USAF, FBI, CIA, etc.) auprès du Fund for UFO Research (FUFOR) : UFO/Government Documents : vol. I to III. Environ 600 pages, actuellement au prix de 80 dollars. Écrire au Fund for UFO Research, P.O. Box 277, Mt Rainier, Md 20712, USA.

6. Don Berliner, *UFOs and the U.S. Government*, 1947-1953, Fund for UFO Research, 1994, pp. 47 à 53.

7. David Saunders et Roger Harkins, *UFOs ? Yes ! Where the Condon Committee Went Wrong*, Signet Books, New York, 1968.

8. Philip Klass, *UFOs. The Public Deceived*, Prometheus Books, Buffalo, 1983, p. 281.

9. Edward Ruppelt, *The Report on Unidentified Flying Objects*, Doubleday, New York, 1956. Édition en livre de poche : Ace Books, New York. Ce livre a fait l'objet d'une seconde édition, réorientée vers un point de vue sceptique, en 1958. Il a été traduit en français dans une version entachée d'erreurs.

10. *Ibid.*, p. 53 de l'édition de poche.

11. *Ibid.*, pp. 57 et 58 de l'édition de poche.

12. *Ibid.*, p. 58 de l'édition de poche.

13. *Ibid.*, p. 59 de l'édition de poche.

14. Michael Swords, « The Lost Words of Edward Ruppelt », in *International UFO Reporter* (IUR), mars-avril 1995, p. 14. Allen Hynek Center for UFO Studies (CUFOS).

15. Edward Ruppelt, *op. cit.*, p. 64 de l'édition de poche.

16. Michael Swords, « The McCoy Letter », in *International UFO Reporter*, printemps 1997.

17. Michel Meurger, « Qui a inventé les soucoupes volantes ? », in *Ciel et Espace*, avril 1996.

18. Edward Ruppelt, *op. cit.*, p. 83 de l'édition de poche.

19. *Ibid.*, p. 87 de l'édition de poche.

CHAPITRE 4

1. Jerome Clark, *The UFO Encyclopedia*, vol. 2. *The Emergence of a Phenomenon : UFOs from the Beginning through 1959*, p. 182, Omnigraphics, Inc., Detroit, 1992. Pour acheter ce livre, on peut s'adresser au CUFOs (voir notes du chapitre 3), ou à la librairie Arcturus Books, 1443 S.E. Port St. Lucie Blvd, Port St. Lucie, FL 34952, USA.

2. Document du FBI : « Office Memorandum », n° 65-58300 du 13 février 1949, de l'agent en poste à El Paso au Directeur du FBI. Sujet : Protection of Vital Installations (« Protection des installations vitales »). Pour se procurer les documents du FBI, voir plus haut, note 5 du chapitre 3.

3. Document de l'armée de l'Air (USAF) figurant dans les papiers divulgués par le FBI: note n° (24-28)-28 du 17e District de l'OSI (Office of Special Investigations), à Kirtland (base de l'USAF), du 25 mai 1950, adressé par le lieutenant-colonel Doyle Rees, chef du District, au général Joseph F. Carroll, directeur des enquêtes spéciales (Special Investigations) au Quartier général de l'USAF à Washington. Sujet : « Résumé des observations de phénomènes aériens dans la région du Nouveau-Mexique, décembre 1948-mai 1950 ».

4. Septième rapport, du 23 mai 1950, sur les « phénomènes lumineux anormaux » (Anormalous Luminous Phenomena), du docteur Lincoln LaPaz, directeur de l'Institut des météorites (université du Nouveau-Mexique à Albuquerque), adressé au lieutenant-colonel Doyle Rees, chef du 17e District de l'OSI (Office of Special Investigations).

5. Document du FBI : Office memorandum n° 65-58300 du 22 mars 1949, de l'agent de San Antonio au directeur du FBI. Sujet : « Protection of Vital Installations ».

6. Jerome Clark, *The UFO Encyclopedia*, vol. 2, *op. cit.*, pp. 186 et suivantes.

7. Jerome Clark, *op. cit.*, vol. 2, p. 188.

8. Bruce Maccabee, « Still in default », in *MUFON Symposium Proceedings*, 1986, p. 145.

9. Allen Hynek, *The Hynek UFO Report*, Dell, New York, 1977 ; *Nouveau Rapport sur les O.V.N.I.*, Belfond, 1979 ; J'ai Lu, pp. 74 à 76.

10. Edward Ruppelt, *op. cit.*, pp. 81, 82.

11. a) Harry Barnes, in *New York World Telegram*, 29 juillet 1952, cité par Jerome Clark in *The UFO Encyclopedia*, vol. 2, *op. cit.*, p. 396 ; b) *Time Magazine*, 4 août 1952.

12. Jerome Clark, *The UFO Encyclopedia*, vol. 2, *op. cit.*, p. 399.

13. *Ibid.*, p. 399.

14. *Ibid.*, p. 399.

15. Edward Ruppelt, *op. cit.*, pp. 217-218.

16. *Ibid.*, pp. 219 à 223.

17. « Blips on the Scopes », *Time Magazine*, 4 août 1952, p. 41.

18. Philip Klass, *UFOs. The Public Deceived*, *op. cit.*, pp. 17-18.

19. Edward Ruppelt, *op. cit.*, pp. 304 à 308.

20. Jerome Clark, *op. cit.*, vol. 2, p. 273.

21. Allen Hynek, *The Hynek UFO Report*, *op. cit.*, J'ai Lu, pp. 321 à 329.

22. Allen Hynek, *The UFO Experience. A Scientific Inquiry*, Henry Regnery, Chicago, 1972 (*Les Objets volants non identifiés : mythe ou réalité ?*, Belfond, Paris, 1974).

23. Allen Hynek et Jacques Vallée, *The Edge of Reality : A Progress Report on Unidentified Flying Objects*, Henry Regnery, Chicago, 1975, p. 204 (*Aux limites de la réalité*, Albin Michel, Paris, 1978, p. 223).

24. James McDonald, *UFOs : Greatest Scientific Problem of Our Times ?*, Tucson, Arizona, 1967 (traduction française de René Fouéré, *Objets volants non identifiés. Le plus grand problème scientifique de notre temps ?*, Phénomènes spatiaux, Paris, 1969, p. 45. Cette traduction est encore disponible chez Mme Francine Fouéré, 69, rue de la Tombe-Issoire, 75014, Paris).

25. Allen Hynek, *The UFO Experience. A Scientific Inquiry, op. cit.*, p. 103 (*Les Objets volants non identifiés : mythe ou réalité ?, op. cit.*, p. 129).

26. *Ibid.*, pp. 107-108 (pp. 134-135).

27. Evry Schatzman, « La grande démystification », in *Ciel et Espace*, avril 1992, p. 38.

28. Edward Condon, « Conclusions and Recommendations », in *Scientific Study of Unidentified Flying Objects*, dirigé par Edward Condon et édité par D. Gillmor, University of Colorado. Bantam Books, New York, janvier 1969.

29. a) James McDonald, *UFOs : Greatest Scientific Problem of Our Times.* (*Objets volants non identifiés. Le plus grand problème scientifique de notre temps ?), op. cit.*, pp. 49-50 ; b) Donald Menzel, « UFO's – The Modern Myth », in *UFO's. A Scientific Debate*, édité par Carl Sagan et Thornton Page, Cornell University. Publié par Norton and Company, New York, 1972, p. 130.

30. Lawrence Fawcett et Barry Greenwood, *The UFO Cover-Up. What the Government Won't Say*, Fireside (Simon & Schuster), New York, 1992 (première édition publiée sous le titre *Clear Intent*, par Prentice Hall, 1984).

31. *Ibid.*, chap. 2 : « Intrusions at Loring ».

32. *Ibid.*, p. 45.

33. Lettre du Department of the Air Force, du 4 octobre 1977, in *Documents Describing UFO/Helicopter Overflights of the USAF Bases in 1975, obtained by CAUS (Citizens against U.F.O. Secrecy)*, Publication du CUFOS.

34. Fawcett et Greenwood, *op. cit.*, pp. 23-24.

35. Document de l'état-major américain, CJCS Comments Re UFO Incident, 11 novembre 1975 (CJCS : Chief, Joint Chiefs of Staff), in *Documents Describing UFO/Helicopter Overflights, op. cit.*

36. *International UFO Reporter*, mars-avril 1983, CUFOs, 2457, West Peterson Avenue, Chicago, Illinois, 60659, USA.

37. Fawcett et Greenwood, *op. cit.*, p. 29 (citation de Raymond Fowler, *Casebook of a UFO Investigator*, pp. 186-187).

38. Boris Chourinov, *Ovnis en Russie. Les deux faces de l'ufologie russe*, éditions Guy Trédaniel, Paris, 1995, p. 223.

39. a) Don Berliner, Marie Galbraith et Antonio Huneeus, *Unidentified Flying Objects Briefing Document. The Best Available Evidence*, The UFO Research Coalition (CUFOS, FUFOR, MUFON), décembre 1995, pp. 103 à 107 ; b) Boris Chourinov, *ibid.*, pp. 319 à 331.

40. Don Berliner, *ibid.*, p. 107.

41. Boris Chourinov, *ibid.*, pp. 239-240.

CHAPITRE 5

1. Timothy Good, *Beyond Top Secret. The World Wide Security Threat*, Sidgwick & Jackson (Macmillan Publishers), Londres, 1996, p. 68.

2. Nick Pope, *Open Skies, Closed Minds*, Simon & Schuster, Londres, 1996, p. 148

3. *Ibid.*, p. 145.

4. Timothy Good, *op. cit.*, pp. 73-74.

5. *Ibid.*, pp. 76-77.

6. *Ibid.*, p. 62.

7. Robert Leach, « Col. L. Gordon Cooper Speaks Out », in *UFO Magazine* (USA), juillet-août 1996, P.O. Box 1053, Sunland, CA 91041-1053, USA.

8. Allen Hynek, *Le Nouveau Rapport sur les ovnis*, *op. cit.*, pp. 58-59 et 344-345.

9. a) Jerome Clark, *The UFO Encyclopedia*, 3 vol., *op. cit.* ; b) Kevin Randle, *A History of UFO Crashes*, Avon Books, New York, 1995.

10. Denis Stacy, in *Omni*, mars 1995.

11. a) Jerome Clark, *The UFO Encyclopedia*, vol. 3, *op. cit.*, pp. 128 à 131 ; b) Kevin Randle, *A History of UFO Crashes*, *op. cit.*, pp. 79 à 94.

12. Kevin Randle, *op. cit.*, p. 94.

13. Paul Hill, *Unconventional Flying Objects. A Scientific Analysis*, 1995, Hampton Roads Publishing Company, 134 Burgess lane, Charlottesville, VA 22902, USA.

14. Chris Styles, « Shag Harbor in Perspective », in *MUFON International UFO Symposium Proceedings*, 1996, MUFON.

15. a) *UFO Magazine* (Grande-Bretagne), septembre-octobre 1996 ; b) *Lumières dans la nuit* (LDLN), n° 340.

16. John Carpenter, vidéocassette *Aliens Captured in Brazil ?*, Carpenter Research, 1996. Diffusé en Europe par *UFO Magazine* (Grande-Bretagne).

17. Compte rendu d'entretiens avec Edgar Mitchell en 1996, à la télévision (NBC, avec Dennis Murphy) et à la radio (Art Bell Dreamland Radio, avec Linda Howe), in *OHIO UFO Notebook*, n° 12, MidOhio Research Associates, Box 162, 5837 Karric Square Drive, Dublin, Ohio 4306-42167, USA.

18. Lettres du sénateur Barry Goldwater reproduites notamment dans la brochure *UFO Crash !* publiée par Quest Publications, 1st Floor, 66 Boroughgate, Otley-near-Leeds, LS21 1AE, Grande-Bretagne.

19. Leonard Stringfield, *Retrievals of the Third Kind, Status Report 1*, 1978 (publié par l'auteur). *UFO Crash/Retrieval Syndrome, Status Report II*, 1980 (publié par le MUFON). *Status Report III*, 1982 (publié par l'auteur). *Status Report IV*, 1985 (publié par l'auteur). *Status Report V*, 1989 (publié par le MUFON). *Status Report VI*, 1991 (publié par l'auteur). *Status Report VII*, 1994 (publié par l'auteur). Les rapports n° II, III et VI sont disponibles au MUFON.

20. Jerome Clark, *The UFO Encyclopedia*, vol. 3, *op. cit.*, pp. 126-127.

21. a) Robert Emenegger, *UFO's, Past, Present and Future*, Ballantine Books, New York, 1974 ; b) Linda Moulton Howe, *An Alien Harvest*, 1989, Linda Moulton Howe Productions, P.O. Box 300, Jamison, PA 18929-0300, USA ; c) Jerome Clark, *The UFO Encyclopedia*, *op. cit.*, vol. 1 : « UFOs in the 1980s », pp. 86 et suivantes.

22. Bruce Maccabee, *UFO Landings near Kirtland AFB, or Welcome to the Cosmic Watergate*, 1985, Fund for UFO Research (FUFOR), P.O. Box 277, Mount Rainier, Maryland, 20712, USA.

23. Document « Majestic 12 », voir notamment : a) Linda Moulton Howe, *An Alien Harvest*, *op. cit.*, pp. 165 à 172 ; b) Timothy Good, *Above Top Secret*, Sidgwick & Jackson (Macmillan), Londres, 1987 (republié par Collins en 1989), réédité sous le titre *Beyond Top Secret*, Sidgwick & Jackson, Londres, 1996.

24. Linda Moulton Howe, *An Alien Harvest*, *op. cit.*, pp. 133 à 174.

25. Stanton Friedman, *Top Secret / Majic*, Marlowe and Company, New York, 1996.

26. Kevin Randle, « The MJ-12 Operation Manual : Another Forgery ? », in *International UFO Reporter*, CUFOS, printemps 1996.

27. George Knapp, « Area 51 : Setting the Record Straight », in *UFO Magazine* (USA), septembre-octobre 1996 (vol. 11, n° 5).

28. Voir notamment Jerome Clark, *The UFO Encyclopedia*, vol. 1, *op. cit.*, pp. 85 à 109.

CHAPITRE 6

1. Philip J. Klass, *UFO Abductions. A Dangerous Game*, Prometheus Books, Buffalo et New York, 1988, p. 10.

2. John Fuller, *The Interrupted Journey : Two Lost Hours « Aboard a Flying Saucer »*, The Dial Press, New York, 1966 (*Le Voyage interrompu*, Éditions du Rocher, 1982). Voir aussi Betty Hill, *A Common Sense Approach to UFOs*, 1955, publié par Betty Hill, P.O. Box 55, GreenLand, New Hampshire, 03840, USA.

3. Jerome Clark, *The UFO Encyclopedia*, *op. cit.*, vol. 1, p. 51.

4. *Ibid.*, p. 55.

5. Lire notamment le témoignage du professeur Almeida Garrett, reproduit dans le livre du R. P. De Marchi, *Témoignages sur les apparitions de Fatima*, Diffusion Pierre Téqui, Paris, 4e éd., 1982, pp. 199 à 202.

6. Charles Bowen, *The Humanoids*, Neville Spearman, Londres, 1969. S'adresser à *Flying Saucer Review*, FSR Publications, P.O. Box 162, High Wycombe, Bucks HP13 5 DZ, Grande-Bretagne.

7. J. Kendall, « Two Anglers See Spaceman and It's Called No Fish Story », in *International Herald Tribune*, 16 octobre 1973.

8. Travis Walton, *Fire in the Sky. The Walton Experience*, Marlowe & Company, New York, 1996.

9. Jerome Clark, *The UFO Encyclopedia*, *op. cit.*, vol. 1, pp. 53 et 198.

10. Walter Webb, *Encounter at Buff Ledge : A UFO Case History*, CUFOS, 1994.

11. Irene Granchi, *UFOs E Abducoes No Brasil*, 1992 (traduit du portugais sous le titre *UFOs and Abductions in Brazil*, Horus House Press, P.O. Box 55185, Madison, Wisconsin, 53705, USA, 1995).

12. Joël Mesnard, « Abductions en France », in *Lumières dans la nuit* (LDLN), n° 314 et 317 (1992 et 1993).

13. Philip Mantle et Carl Naigitis, *Without Consent*, Ringpull Press, Queensway House, London Road South, Poynton, Chershire, SK12 1 NJ, Grande-Bretagne, 1994.

14. a) *Ibid.*, pp. 63 à 78 ; b) *Flying Saucer Review* (*op. cit.*, cf. note 6), vol. 23, n° 6, avril 1978.

15. Irene Granchi, *op. cit.*, pp. 141 à 144.

16. *Lumières dans la nuit*, *op. cit.*, n° 317.

17. Raymond Fowler, *The Andreasson Affair*, Prentice Hall, Englewoods Cliffs, New Jersey, 1979.

18. Raymond Fowler, *The Andreasson Affair, Phase II*, Prentice Hall, 1982. *The Watchers*, Bantam Books, New York, 1990. *The Watchers II*, Wild Flower Press, P.O. Box 726, Newberg, Or 97132, USA.

19. Budd Hopkins, *Missing Time*, Richard Marek Publishers, New York, 1981 ; édition de poche, Ballantine Books, New York, 1988 (*Enlèvements extraterrestres. Les témoins parlent*, éditions du Rocher, 1995).

20. Budd Hopkins, *Intruders. The Incredible Visitations at Copley Woods*, Random House, New York, 1987 ; édition de poche, Ballantine Books, New York, 1987.

21. Elizabeth Slater, Ph.D., Addendum to « Conclusions on Nine Psychologicals » (1983), in *Final Report on the Psychological Testing*

of UFO « Abductees » (Bloecher, Clamar, Hopkins), Fund for UFO Research (FUFOR), 1985.

22. Thomas E. Bullard, *UFO Abductions : The Measure of a Mystery*, 2 vol., Fund For UFO Research (FUFOR), 1987. Une étude résumée (*On Stolen Time*, 1987) est également disponible à la même adresse.

23. Whitley Strieber, *Communion : A True Story*, Beach Tree/William Morrow, New York, 1987.

24. Debbie Jordan et Kathy Mitchell, *Abducted !, The Story of the Intruders Continues*, Dell Publishing (Bantam), New York, 1994.

25. Voir notamment la revue anglaise *New Scientist*, novembre 1994.

26. Raymond Fowler, *The Allagash Abductions. Undeniable Evidence of Alien Intervention*, Wild Flower Press, 1993, P.O. Box 230893, Tigard, Or 97281, USA.

27. *International UFO Reporter*, septembre/octobre 1994, éd. CUFOS, Center for UFO Studies ; *MUFON UFO Journal*, novembre 1996.

28. *International UFO Reporter*, septembre/octobre 1994, *op. cit.*

29. David Jacobs, Ph.D., *Secret Life. Firsthand Accounts of UFO Abductions*, Simon & Schuster, New York, 1992 (*Les Kidnappeurs d'un autre monde*, Presses de la Cité).

30. Budd Hopkins, introduction au livre de Debbie Jordan et Kathy Mitchell, *op. cit.*

31. Budd Hopkins, *Witnessed. The True Story of the Brooklyn Bridge UFO Abductions*, Pocket Books, Simon & Schuster, New York, 1996, p. 378.

32. John Mack, M.D., *Abduction. Human Encounters with Aliens*, Scribners, New York, 1994 (*Dossier extraterrestres. L'affaire des enlèvements*, Presses de la Cité).

33. James Willwerth, *The Man from Outer Space*, in *Time*, 25 avril 1994.

34. Richard Boylan, Ph. D. et Lee Boylan, *Close Extraterrestrial Encounters. Positive Experiences With Mysterious Visitors*, Wild Flower Press, 1994, P.O. Box 726, Newberg, Or 97132, USA.

35. Richard Hall, « Questers Supplant Science with Self-Delusion », in *UFO Magazine* (USA), P.O. Box 1053, Sunland, CA 91041, USA.

36. John Mack, cité par Preston Dennett, in *MUFON UFO Journal*, octobre 1996.

37. Marie-Thérèse de Brosses, *Enquête sur les enlèvements extraterrestres*, Plon, 1995.

38. Hopkins, cité par Preston Dennett, in *MUFON UFO Journal*, octobre 1996.

39. David Pritchard, Ph. D., *Physical Evidence and Abductions, in Alien Discussions. Proceedings of the Abduction Study Conference*, North Cambridge Press, Cambridge, MA, 1994, pp. 279 à 295.

40. *UFO Magazine*, mars/avril et mai/juin 1996, P.O. Box 1053, Sunland, CA 91041, USA. *MUFON UFO Journal*, avril, MUFON, 1996.

41. Karla Turner, Ph. D., *Into the Fringe. A True Story of Alien Abduction*, Berkley Publishing, New York, 1992.

42. *Ibid.*, pp. 51, 57 et 85.

43. *Ibid.*, p. 234.

44. Karla Turner, *Taken. Inside the Alien-Human Abduction Agenda*, Kelt Works, P.O. Box 32, Roland, Arkansas, 72135, USA.

45. *Ibid.*, introduction, p. VIII.

46. *Ibid.*, pp. 98 à 116.

47. « Police State of Mind », in *Fortean Times*, février 1997. L'article cite la publication *New World Vistas* (1996) du Scientific Advisory Board de l'US Air Force.

48. Karla Turner, *Taken, op. cit.*, pp. 172 et 254.

49. *Ibid.*, pp. 254-255.

50. Leah A. Haley, *Lost Was the Key*, Greenleaf Publications, P.O. Box 70563, Tuscaloosa, Al 35407-0563, USA.

CHAPITRE 7

1. Sources utilisées : Linda Moulton Howe, *An Alien Harvest, op. cit.* ; Jerome Clark, *The UFO Encyclopedia*, vol. 3, *op. cit.*; Michel Granger, *Le Grand Carnage*, éditions Vertige du Nord/ Carrère, 1986. La question des mutilations a été également étudiée par Jean Sider dans *Ultra Top-Secret. Ces ovnis qui font peur*, Axis Mundi, 1990.

2. Linda Moulton Howe : a) Livres : *An Alien Harvest* (grand format avec nombreuses photographies en couleurs), *op. cit.* ; *Glimpses of Other Realities*, vol. 1 : « Facts and Eyewitnesses », 1993. Vol. 2 à paraître. Écrire à Linda Moulton Howe Productions, P.O. Box 300, Jamison Pa, 18929-0300, USA., ou à la librairie Arcturus Books, 1443 SE Port Saint Lucie Blvd. Port St. Lucie Fl 34952 USA ; b) vidéos : *A Strange Harvest*, 1re édition, 1980, nouvelle édition, 1993 ; *Earth Mysteries : Alien Life Forms.* Même diffusion, au format NTSC. Versions Pal-Secam : s'adresser à Quest Publications, Wharfebank House, Wharfebank Business Centre, Otley-near-Leeds, LS21 3JP, Grande-Bretagne.

3. Linda Howe, *An Alien Harvest, op. cit.*, pp. 3 à 5.

4. Roberta Donovan et Keith Wolverton, *Mystery Stalks the Prairie*, T.H.A.R. Institute, Raynesford, Montana 59469, 1976.

5. Linda Howe, *An Alien Harvest, op. cit.*, pp. 99 à 102 ; *Glimpses of Other Realities, op. cit.*, p. 184.
6. Jerome Clark, *The UFO Encyclopedia, op. cit.*, vol. 3, p. 25.
7. Linda Howe, *Glimpses of Other Realities, op. cit.*, p. 183.
8. Linda Howe, « Animal Mutilation Research Grant : Summary of Case Studies », in *MUFON Symposium Proceedings*, 1995.
9. Centre national d'études spatiales (CNES), note technique n° 16 : Enquête 81/01, « Analyse d'une trace », 1983. Écrire au CNES / SEPRA à Toulouse.
10. Linda Howe, *An Alien Harvest, op. cit.*, pp. 35 à 42.
11. Jan-Ove Sundberg, *Last Night of the Moose and Other Animal Mutilations in Sweden*, in *UFO Magazine* (Grande-Bretagne), septembre/octobre 1996.
12. Tony Dodd, « Phantom Killers », in *UFO Magazine* (Grande-Bretagne), mars/avril 1997.
13. Magdalena Del Amo-Freixedo, « Puerto-Rico : An Area of Extraterrestrial Experimentation ? », in *Flying Saucer Review*, vol. 39, n° 1, printemps 1994 (traduit de la revue espagnole *Espacio y Tiempo*, n° 17, juillet 1992, Madrid).
14. Michel Granger, *Le Grand Carnage, op. cit.*, p. 124.
15. Jerome Clark, *The UFO Encyclopedia, op. cit.*, vol. 3, p. 22.
16. *Ibid.*, p. 35, et Michel Granger, *op. cit.*, pp. 201-202.
17. Jacques Vallée, *Messengers of Deception. UFO Contacts and Cults*, And/Or Press, Berkeley, California, 1979, p. 174 (*La Grande Manipulation*, éditions du Rocher, 1983).
18. Jacques Vallée, *Revelations. Alien Contact and Human Deception*, Ballantine Books, New York, 1991, p. 57 (*Révélations*, Robert Laffont, Paris, 1991, p. 77).
19. Zack Van Eyck, « Utah Ranch Assailed With UFO Activity, Mutilations », in *UFO Magazine* (USA), janvier/février 1997, P.O. Box 1053, Sunland, CA 91041-1053, USA.

CHAPITRE 8

1. Jean-Pierre Petit, livres traitant de la MHD : a) *Enquête sur les ovnis. Voyage aux frontières de la science*, Albin Michel, 1990 ; b) *Enquête sur des extraterrestres qui sont déjà parmi nous*, Albin Michel, 1991
2. Centre national d'études spatiales (CNES), note technique n° 17 – Enquête 86/06, « L'Amarante », 1983. Écrire au CNES/ SEPRA à Toulouse.

3. Paul Hill, *Unconventional Flying Objects. A scientific analysis*, 1995, Hampton Roads Publishing Company, 134 Burgess Lane, Charlottesville, VA 22902, USA.

4. Jean-Claude Ribes et Guy Monnet, *La Vie extraterrestre*, Larousse, 1990.

5. Paul Hill, *Unconventional Flying Objects, op.cit.*, p. 271.

6. Carl Sagan, *Contact,* Simon and Schuster, New York, 1985 (traduit en français en 1986).

7. Jean-Pierre Luminet, *Les Trous noirs*, Belfond, 1987 ; Le Seuil, 1992, p. 161.

8. *Ibid.*, p. 204.

9. *Ibid.*, p. 237.

10. *Ibid.*, pp. 237-238.

11. Michio Kaku, *Hyperspace. A Scientific Odyssey Through Parallel Universes, Time Warps, and The Tenth Dimension*, Oxford University Press, New York, 1994.

12. *Ibid.*, p. 140.

13. P.C.W. Davies et J. Brown, *Superstrings. A Theory of Everything ?*, Cambridge University Press, Cambridge, 1988, entretiens avec John Schwarz, p. 80.

14. *Ibid.*, pp. 133-134.

15. Jean-Pierre Petit, *Le Mystère des Ummites. Une science venue d'une autre planète ?*, Albin Michel, Paris, 1995.

16. Murray Gell-Mann, *The Quark and the Jaguar*, 1994 (*Le Quark et le Jaguar. Voyage au cœur du simple et du complexe*, Albin Michel, 1994, chap. 14).

ANNEXES

1. La curieuse histoire du Gepan

En France, la situation est assez bizarre et ambiguë en ce qui concerne les ovnis. Il existe bien un service au sein du CNES (Centre national d'études spatiales), appelé le SEPRA, chargé d'étudier les « rentrées atmosphériques », une expression qui désigne en premier lieu les retombées de fusées et satellites dans l'atmosphère, mais qui recouvre aussi l'étude des observations d'ovnis. En l'occurrence, le SEPRA est censé étudier notamment les rapports de gendarmerie, qui doivent lui être communiqués. Cependant, ses moyens sont plus que limités, puisque ce service n'est composé que d'un ingénieur, Jean-Jacques Velasco, et d'une secrétaire. Une situation assez curieuse, donc, mais l'histoire de ce service l'est également, avec des zones d'ombre, dès sa création en 1977, sous le nom de GEPAN (Groupement d'étude des phénomènes aérospatiaux non identifiés).

On a constaté une forte recrudescence d'observations d'ovnis à partir de 1973, en France comme ailleurs, et une large médiatisation, due en particulier à Jean-Claude Bourret dans des émissions de radio en 1974, et à un entretien avec le ministre de la Défense Robert Galley, suivis de plusieurs ouvrages à succès. D'autre part, un ingénieur du CNES, Claude Poher, qui se passionnait pour la question, s'est lancé dans son étude à titre personnel. Il y eut alors une conjonction favorable pour créer un service d'étude des ovnis : la pression publique, les démarches de Claude Poher auprès du président du CNES, Hubert Curien, et peut-être surtout la pression de l'armée, qui avait sans doute ses propres raisons. D'après des sources bien informées, l'armée souhaitait recueillir discrètement des informations utiles par le biais du CNES, pour orienter ses recherches en matière de nouveaux moyens de propulsion, telle la MHD. Ainsi, de différents côtés poussa-t-on à la création de ce service d'étude. Mais les motivations divergeaient. La plupart des universitaires étaient hostiles au projet, dont ils craignaient qu'il officialise la réalité des ovnis, à laquelle ils ne croyaient pas. A défaut de pouvoir s'y opposer, ils voulurent au moins espérer que ce pourrait être là un moyen de prouver une fois pour toutes que le dossier ovni était vide. Les militaires désiraient bien entendu que les retombées éventuelles du projet ne soient pas rendues publiques. Et le gouvernement ne voulait pas être impliqué, désirant avant tout calmer le jeu médiatique. Le GEPAN fut donc créé de manière non officielle, juste comme un service au sein du CNES et non pas comme un organisme d'État qui aurait présenté l'inconvénient de laisser croire que le gouvernement s'intéressait aux ovnis. Il fut « conseillé » à Hubert Curien de prendre lui-même la « décision » de mettre sur pied le GEPAN, ce qu'il fit en 1977, d'aucuns disent à son corps défendant. Claude Poher fut nommé chef de ce service. Le CNES donna au GEPAN pour mission, lors de sa séance inaugurale, de calmer le jeu dans les médias et de chercher des explications naturelles pour toutes les observations d'ovnis, au besoin par la découverte de phénomènes physiques nouveaux. Une mission somme toute assez semblable à celle de l'ancienne commission Blue Book de l'armée de l'Air américaine !

Il se trouve que Claude Poher voulait, lui, vraiment étudier les ovnis. Assisté d'un personnel assez nombreux, il parvint, après trois années d'études et d'enquêtes, à la conclusion que les ovnis existaient réellement et se présentaient comme des « véhicules » volants aux performances non reproductibles par notre technologie. Ces résultats furent présentés au conseil scientifique du GEPAN, un aréopage de personnalités de différentes disciplines, extérieures au CNES, à qui le chef du GEPAN devait rendre compte chaque année. Mais ils ne furent pas rendus publics. Cependant, il ne faisait mystère pour personne que Poher s'« égarait » dangereusement en présentant de telles conclusions. Le lobby « rationaliste » commença alors une violente campagne de presse contre le GEPAN. Il semble que Poher comprit à ce moment-là qu'il ne pourrait pas aller plus loin. Il partit en croisière sur son bateau pour une année sabbatique.

Son successeur Alain Esterle, jeune polytechnicien au caractère vif, était conscient qu'il devait « marcher sur des œufs », et il se garda bien d'être aussi affirmatif que Poher à propos des « véhicules » volants. Peut-être pour se protéger d'éventuelles critiques, il décida de mettre l'accent, plus que Poher, sur le contexte psychosociologique des témoignages. Mais, se trouvant confronté à deux cas remarquables, celui de l'atterrissage d'un ovni à Trans-en-Provence, puis celui d'un quasi-atterrissage d'un autre engin dans le jardin d'un universitaire (l'affaire de « l'Amarante »), il publia honnêtement les conclusions des enquêtes du GEPAN sur ces cas, en particulier l'étude des marques au sol à Trans-en-Provence, et les analyses biochimiques des altérations subies par la végétation sur les lieux des deux incidents. Ces études furent résumées dans les deux notes techniques n° 16 et 17 destinées au public. En dépit des précautions prises par Esterle pour ne jamais employer le mot « ovni », il était clair, pour qui lisait ces notes, que les analyses confirmaient la réalité physique d'un phénomène « de grande ampleur » lié aux objets volants qu'avaient décrits les deux témoins – des soucoupes volantes de petites dimensions. Toute explication par quelque engin secret de l'armée était totalement exclue. Les journalistes prirent connaissance des notes n° 16 et 17. C'en était sans doute trop : quelques semaines plus tard, Esterle était démis de son poste, et il ne fut pas véritablement remplacé. C'est son assistant Jean-Jacques Velasco qui fut alors nommé responsable, avec très peu de moyens. Les enquêtes de terrain furent pratiquement arrêtées, à de rares exceptions, alors que les rapports de gendarmerie continuaient pourtant à affluer au CNES par centaines. Au fait, que sont-ils devenus ?

Un autre épisode tout à fait curieux est le changement de statut du GEPAN, devenu le SEPRA en 1988. Comme on l'a dit plus haut, le GEPAN devait rendre compte chaque année de son activité à un conseil scientifique. Or, au cours des années 80, celui-ci cessa d'être convoqué, au point que l'un de ses membres, Christian Perrin de Brichambaut, directeur à la Météorologie nationale, écrivit plusieurs lettres, en 1987 et 1988, lettres qui restèrent sans réponse. Finalement, le CNES prononça la dissolution du GEPAN en 1988, pour créer aussitôt le SEPRA, qui n'avait plus à rendre compte devant un conseil scientifique. Que de précautions autour de ces ovnis qui n'existent pas ! L'ambiguïté du SEPRA a persisté ces dernières années, avec cependant un fait nouveau. Jean-Jacques Velasco a écrit un livre, cosigné avec Jean-Claude Bourret et publié en 1993, dans lequel il admet, du bout des lèvres, la réalité des ovnis, ce qui peut être considéré comme une pierre blanche sur la longue route de l'ufologie. Mais attention, ce n'est pas une position officielle, a-t-il souligné, tout en reconnaissant qu'il avait soumis son manuscrit à sa hiérarchie et avait eu le feu vert pour le publier !

GAO

United States
General Accounting Office
Washington, D.C. 20548

National Security and
International Affairs Division

B-262046

July 28, 1995

The Honorable Steven H. Schiff
House of Representatives

Dear Mr. Schiff:

On July 8, 1947, the Roswell Army Air Field (RAAF) public information office in Roswell, New Mexico, reported the crash and recovery of a "flying disc." Army Air Forces personnel from the RAAF's 509th Bomb Group were credited with the recovery. The following day, the press reported that the Commanding General of the U.S. Eighth Air Force, Fort Worth, Texas, announced that RAAF personnel had recovered a crashed radar-tracking (weather) balloon, not a "flying disc."

After nearly 50 years, speculation continues on what crashed at Roswell. Some observers believe that the object was of extraterrestrial origin. In the July 1994 Report of Air Force Research Regarding the Roswell Incident, the Air Force did not dispute that something happened near Roswell, but reported that the most likely source of the wreckage was from a balloon-launched classified government project designed to determine the state of Soviet nuclear weapons research. The debate on what crashed at Roswell continues.

Concerned that the Department of Defense (DOD) may not have provided you with all available information on the crash, you asked us to determine the requirements for reporting air accidents similar to the crash near Roswell and identify any government records concerning the Roswell crash.

We conducted an extensive search for government records related to the crash near Roswell. We examined a wide range of classified and unclassified documents dating from July 1947 through the 1950s. These records came from numerous organizations in New Mexico and elsewhere throughout DOD as well as the Federal Bureau of Investigation (FBI), the Central Intelligence Agency (CIA), and the National Security Council. The full scope and methodology of our work are detailed at the end of this report.

Page 1 GAO/NSIAD-95-187 Government Records

2. Première page du rapport du GAO au député Steven Schiff : « Le débat sur ce qui s'est écrasé à Roswell continue. » (28 juillet 1995.)

AFFIDAVIT

(1) My name is Robert R. Porter.

(2) My address is: [redacted]

(3) I am (X) retired ( ) employed as: ____________________

(4) In July 1947, I was a Master Sergeant in the U.S. Army Air Force, stationed at Roswell, New Mexico. I was a flight engineer. My job entailed taking care of the engines in flight, maintaining weight and balance, and I was responsible for fuel management. We mostly flew B-29s.

(5) On this occasion, I was a member of the crew which flew parts of what we were told was a flying saucer to Fort Worth. The people on board included: Lt. Col. Payne Jennings, the Deputy Commander of the base; Lt. Col. Robert I. Barrowclough; Maj. Herb Wunderlich; and Maj. Jesse Marcel. Capt. William E. Anderson said it was from a flying saucer. After we arrived, the material was transferred to a B-25. I was told they were going to Wright Field in Dayton, Ohio.

(6) I was involved in loading the B-29 with the material, which was wrapped in packages with wrapping paper. One of the pieces was triangle-shaped, about 2 1/2 feet across the bottom. The rest were in small packages, about the size of a shoe box. The brown paper was held with tape.

(7) The material was extremely lightweight. When I picked it up, it was just like picking up an empty package. We loaded the triangle-shaped package and three shoe box-sized packages into the plane. All of the packages could have fit into the trunk of a car.

(8) After we landed at Fort Worth, Col. Jennings told us to take care of maintenance of the plane and that after a guard was posted, we could eat lunch. When we came back from lunch, they told us they had transferred the material to a B-25. They told us the material was a weather balloon, but I'm certain it wasn't a weather balloon. I think the government should let the people know what's going on.

(9) I have not been paid or given anything of value to make this statement, which is the truth to the best of my recollection.

Robert R. Porter
(Signature)

June 7, 1991
(Date)

Signature witnessed by:

Ruth N. Ford 6/7/91
(Name)

3. Déclaration sous serment de Robert Porter.

AFFIDAVIT

(1) My name is Thomas Jefferson DuBose.

(2) My address is: [redacted]

(3) I retired from the U.S. Air Force in 1959 with the rank of Brigadier General.

(4) In July 1947, I was stationed at Fort Worth Army Air Field [later Carswell Air Force Base] in Fort Worth, Texas. I served as Chief of Staff to Major General Roger Ramey, Commander, Eighth Air Force. I had the rank of Colonel.

(5) In early July, I received a phone call from Maj. Gen. Clements McMullen, Deputy Commander, Strategic Air Command. He asked what we knew about the object which had been recovered outside Roswell, New Mexico, as reported by the press. I called Col. William Blanchard, Commander of the Roswell Army Air Field and directed him to send the material in a sealed container to me at Fort Worth. I so informed Maj. Gen. McMullen.

(6) After the plane from Roswell arrived with the material, I asked the Base Commander, Col. Al Clark, to take possession of the material and to personally transport it in a B-26 to Maj. Gen. McMullen in Washington, D.C. I notified Maj. Gen. McMullen, and he told me he would send the material by personal courier on his plane to Benjamin Chidlaw, Commanding General of the Air Materiel Command at Wright Field [later Wright Patterson AFB]. The entire operation was conducted under the strictest secrecy.

(7) The material shown in the photographs taken in Maj. Gen. Ramey's office was a weather balloon. The weather balloon explanation for the material was a cover story to divert the attention of the press.

(8) I have not been paid or given anything of value to make this statement, which is the truth to the best of my recollection.

T. J. DuBose
(Signature)

9/16/91
(Date)

Signature witnessed by:

Linda R. Setit
(Name)

Notary Public, State of Florida
My Commission Expires Dec. 2, 1993
Bonded Thru Troy Fain - Insurance Inc.

Notary Public
State of Florida
County of Orange

4. Déclaration sous serment du général Thomas DuBose.

AFFIDAVIT OF GEORGE "JUD" ROBERTS

(1) My name is George "Jud" Roberts.

(2) My address is: [redacted]

(3) I am (X) retired ( ) employed as: ______________________.

(4) In July 1947, I was a minority stockholder and manager of KGFL Radio in Roswell, New Mexico. We did an interview with W.W. "Mac" Brazel, the rancher who found some debris on his property. We hid him out at the home of the station owner, W.E. Whitmore, Sr., and recorded the interview on a wire recorder.

(5) The next morning, I got a call from someone in Washington, D.C. It may have been someone in the office of Clinton Anderson or Dennis Chavez. This person said, "We understand that you have some information, and we want to assure you that if you release it, it's very possible that your station's license will be in jeopardy, so we suggest that you not do it." The person indicated that we might lose our license in as quickly as three days. I made the decision not to release the story.

(6) I made an attempt to go out to the crash site to see it for myself, but I was turned back by a military person who said we were in a restricted area.

(7) At that time, there was quite a clamp on any discussion concerning this event. We just decided for Walter Haut's sake that we should sit tight and not say anything, even though in our own minds, we had some question about the validity of the weather balloon explanation. Weather balloons were launched about a block from our station every day. We didn't accept the official explanation, but we had no evidence to the contrary.

(8) I have not been paid or given anything of value to make this statement, which is the truth to the best of my recollection.

George F. "Jud" Roberts
(Signature)

12/30/91
(Date)

Signature witnessed by:

SIGNATURE GUARANTEED
SUNWEST BANK OF ROSWELL, N.M.
(Name) ROSWELL, NEW MEXICO
BY Nancy Montgomery
Assistant Cashier

5. Déclaration sous serment de George « Jud » Roberts.

WASHINGTON INSTITUTE OF TECHNOLOGY

OCEANOGRAPHIC AND PHYSICAL SCIENCES

DR. ROBERT I. SARBACHER
PRESIDENT AND CHAIRMAN OF BOARD

Answer
from Dr. Sarbacher
Received 12-5-83
Wm Steinman

November 29, 1983

Mr. William Steinman
15043 Rosalita Drive
La Mirada, California 90638

Dear Mr. Steinman:

I am sorry I have taken so long in answering your letters. However, I have moved my office and have had to make a number of extended trips.

To answer your last question in your letter of October 14, 1983, there is no particular reason I feel I shouldn't or couldn't answer any or all of your questions. I am delighted to answer all of them to the best of my ability.

You listed some of your questions in your letter of September 12th. I will attempt to answer them as you had listed them.

1. Relating to my own experience regarding recovered flying saucers, I had no association with any of the people involved in the recovery and have no knowledge regarding the dates of the recoveries. If I had I would send it to you.

2. Regarding verification that persons you list were involved, I can only say this:

John von Neuman was definitely involved. Dr. Vannever Bush was definitely involved, and I think Dr. Robert Oppenheimer also.

My association with the Research and Development Board under Doctor Compton during the Eisenhower administration was rather limited so that although I had been invited to participate in several discussions associated withthe reported recoveries, I could not personally attend the meetings. I am sure thatthey would have asked Dr. von Braun, and the others that you listed were probably asked and may or may not have attended. This is all I know for sure.

500 BRAZILIAN AVENUE PALM BEACH, FLORIDA 33480 305-833-1116

6. Pages 296 et 297 : Lettre du physicien Robert Sarbacher confirmant le mémorandum canadien de 1950 : les soucoupes volantes sont le sujet le plus secret, « deux points au-dessus de la bombe H » (29 novembre 1983).

Mr. William Steinman
November 29, 1983 - Page 2

3. I did receive some official reports when I was in my office at the Pentagon but all of these were left there as at the time we were never supposed to take them out of the office.

4. I do not recall receiving any photographs such as you request so I am not in a position to answer.

5. I have to make the same reply as on No. 4.

I recall the interview with Dr. Brenner of the Canadian Embassy. I think the answers I gave him were the ones you listed. Naturally, I was more familiar with the subject matter under discussion, at that time. Actually, I would have been able to give more specific answers had I attended the meetings concerning the subject. You must understand that I took this assignment as a private contribution. We were called "dollar-a-year men." My first responsibility was the maintenance of my own business activity so that my participation was limited.

About the only thing I remember at this time is that certain materials reported to have come from flying saucer crashes were extremely light and very tough. I am sure our laboratories analyzed them very carefully.

There were reports that instruments or people operating these machines were also of very light weight, sufficient to withstand the tremendous deceleration and acceleration associated with their machinery. I remember in talking with some of the people at the office that I got the impression these "aliens" were constructed like certain insects we have observed on earth, wherein because of the low mass the inertial forces involved in operation of these instruments would be quite low.

I still do not know why the high order of classification has been given and why the denial of the existence of these devices.

I am sorry it has taken me so long to reply but I suggest you get in touch with the others who may be directly involved in this program.

Sincerely yours,

Dr. Robert I. Sarbacher

P. S. It occurs to me that Dr. Bush's name is inccorrect as you have it. Please check the spelling.
and as I spell it.

DQUARTERS, ARMY AIR FORCES
WASHINGTON

IN REPLY REFER TO AFBIR-CC

5 SEP 1947

Director
Federal Bureau of Investigation
Department of Justice
Washington 25, D. C.

Dear Sir:

Attention: Liaison Section

In answer to a verbal request of your Mr. S. W. Reynolds, a complete survey of research activities discloses that the Army Air Forces has no project with the characteristics similar to those which have been associated with the Flying Discs.

Yours sincerely,

Geo F Schulgen

GEO. F. SCHULGEN
Brigadier General, U.S.A.
Deputy, Ass't. Chief of Air Staff-2

62- 83894-87

7. Note du général Schulgen au directeur du FBI : « [...] un tour d'horizon complet des activités de recherche nous informe que l'armée de l'Air n'a aucun projet avec des caractéristiques semblables à celles qui sont attribuées aux disques volants » (5 septembre 1947).

No. 10-814 (Rev 10 Sep 46)

CAS NND 760168 5-4-78

~~SECRET~~

SAVE

HEADQUARTERS
AIR MATERIEL COMMAND

IN REPLY ADDRESS BOTH COMMUNICATION AND ENVELOPE TO COMMANDING GENERAL, AIR MATERIEL COMMAND, ATTENTION FOLLOWING OFFICE SYMBOL:

TSDIN

TSDIN/HMM/ig/6-4100
WRIGHT FIELD, DAYTON, OHIO

SEP 23 1947

SUBJECT: AMC Opinion Concerning "Flying Discs"

TO: Commanding General
Army Air Forces
Washington 25, D. C.
ATTENTION: Brig. General George Schulgen
AC/AS-2

1. As requested by AC/AS-2 there is presented below the considered opinion of this Command concerning the so-called "Flying Discs". This opinion is based on interrogation report data furnished by AC/AS-2 and preliminary studies by personnel of T-2 and Aircraft Laboratory, Engineering Division T-3. This opinion was arrived at in a conference between personnel from the Air Institute of Technology, Intelligence T-2, Office, Chief of Engineering Division, and the Aircraft, Power Plant and Propeller Laboratories of Engineering Division T-3.

2. It is the opinion that:

a. The phenomenon reported is something real and not visionary or fictitious.

b. There are objects probably approximating the shape of a disc, of such appreciable size as to appear to be as large as man-made aircraft.

8. Pages 299 à 301 : Lettre secrète du général Nathan Twining, responsable des services techniques de l'armée de l'Air, au général commandant les forces aériennes au Pentagone, confirmant la réalité des « disques volants ».

c. There is a possibility that some of the incidents may be caused by natural phenomena, such as meteors.

d. The reported operating characteristics such as extreme rates of climb, maneuverability (particularly in roll), and action which must be considered evasive when sighted or contacted by friendly aircraft and radar, lend belief to the possibility that some of the objects are controlled either manually, automatically or remotely.

e. The apparent common description of the objects is as follows:-

(1) Metallic or light reflecting surface.

SECRET U-39552

SECRET

Basic Ltr fr CG, AMC, WF to CG, AAF, Wash. D. C. subj "AMC Opinion Concerning "Flying Discs".

(2) Absence of trail, except in a few instances when the object apparently was operating under high performance conditions.

(3) Circular or elliptical in shape, flat on bottom and domed on top.

(4) Several reports of well kept formation flights varying from three to nine objects.

(5) Normally no associated sound, except in three instances a substantial rumbling roar was noted.

(6) Level flight speeds normally above 300 knots are estimated.

f. It is possible within the present U. S. knowledge — provided extensive detailed development is undertaken — to construct a piloted aircraft which has the general description of the object in subparagraph (e) above which would be capable of an approximate range of 7000 miles at subsonic speeds.

g. Any developments in this country along the lines indicated would be extremely expensive, time consuming and at the considerable expense of current projects and therefore, if directed, should be set up independently of existing projects.

h. Due consideration must be given the following:-

(1) The possibility that these objects are of domestic origin - the product of some high security project not known to AC/AS-2 or this Command.

(2) The lack of physical evidence in the shape of crash recovered exhibits which would undeniably prove the existence of these objects.

(3) The possibility that some foreign nation has a form of propulsion possibly nuclear, which is outside of our domestic knowledge.

3. It is recommended that:

a. Headquarters, Army Air Forces issue a directive assigning a priority, security classification and Code Name for a detailed study of this matter to include the preparation of complete sets of all available and pertinent data which will then be made available to the Army, Navy, Atomic Energy Commission, JRDB, the Air Force Scientific Advisory Group, NACA, and the RAND and NEPA projects for comments and recommendations, with a preliminary report to be forwarded within 15 days of receipt of the data and a detailed report thereafter every 30 days as the investi-

~~SECRET~~

-2- U-39552

~~SECRET~~

Basic Ltr fr CG, AMC, WF to CG, AAF, Wash. D.C. subj "AMC Opinion Concerning "Flying Discs"

gation develops. A complete interchange of data should be effected.

4. Awaiting a specific directive AMC will continue the investigation within its current resources in order to more closely define the nature of the phenomenon. Detailed Essential Elements of Information will be formulated immediately for transmittal thru channels.

N. F. Twining

N. F. TWINING
Lieutenant General, U.S.A.
Commanding

~~SECRET~~

-3- U-39552

AAG 000 GENERAL "C"

~~TOP SECRET~~

Air Intelligence Report No. 100-203-79

ANALYSIS OF FLYING OBJECT INCIDENTS IN THE U. S.

Air Intelligence Division Study No. 203
10 December 1948

Directorate of Intelligence and Office of Naval Intelligence

DISTRIBUTION "C"

WARNING: This document contains information affecting the national defense of the United States within the meaning of the Espionage Act, 50 U.S.C., 31 and 32, as amended. Its transmission or the revelation of its contents in any manner to an unauthorized person is prohibited by law. Reproduction of the intelligence in this publication, under the provisions of Army Regulation 380-5, is authorized for United States military agencies provided the source is indicated.

Directorate of Intelligence
Headquarters United States Air Force

Office of Naval Intelligence
Navy Department

Washington, D. C.

DECLASSIFIED
Authority AF INA Memo 5 Apr 85
By ... NARS Date 3/7/85

~~TOP SECRET~~

9. Pages 302 à 304 : Rapport top-secret du Renseignement aérien s'interrogeant encore sur la possibilité que les ovnis soient des engins « domestiques », ou étrangers (c'est-à-dire soviétiques) (10 décembre 1948).

~~TOP SECRET~~

ANALYSIS OF FLYING OBJECT INCIDENTS IN THE U. S.

SUMMARY AND CONCLUSIONS

PROBLEM

1. TO EXAMINE pattern of tactics of "Flying Saucers" (hereinafter referred to as flying objects) and to develop conclusions as to the possibility of existence.

FACTS AND DISCUSSION

2. A DETAILED discussion of information bearing on the problem as set forth above is attached as Appendix "A". The main points established therein are summarized below.

3. THE FREQUENCY of reported incidents, the similarity in many of the characteristics attributed to the observed objects and the quality of observers considered as a whole, support the contention that some type of flying object has been observed. Approximately 210 incidents have been reported. Among the observers reporting on such incidents are trained and experienced U.S. Weather Bureau personnel, USAF rated officers, experienced civilian pilots, technicians associated with various research projects and technicians employed by commercial airlines.

4. THE POSSIBILITY that reported observations of flying objects over the U.S. were influenced by previous sightings of unidentified phenomena in Europe, particularly over Scandinavia in 1946, and that the observers reporting such incidents may have been interested in obtaining personal publicity have been considered as possible explanations. However, these possibilities seem to be improbable when certain selected reports such as the one from U.S. Weather Bureau at Richmond are examined. During observations of weather balloons at the Richmond Bureau, one well trained observer has sighted strange metallic disks on three occasions and another observer has sighted a similar object on one occasion. The last observation of unidentified objects was in April, 1947. On all four occasions the weather balloon and the unidentified objects were in view through the theodolite. These observations at the Richmond Bureau occurred several months before publicity on the flying saucers appeared in a U.S. newspaper.

5. DESCRIPTIONS OF the flying objects fall into three configuration categories: (1) disk-shaped (2) rough cigar-shaped (3) balls of fire. Varying conditions of visibility and differences in angles at which the objects may have been viewed introduces a possibility that a single type object may have been observed rather than three different types. This possibility is further substantiated by the fact that in the areas where such objects have been observed the ratio of the three general configurations is approximately the same.

6. THEREFORE, IT appears that some object has been seen; however, the identification of that object cannot be readily accomplished on the basis of information reported on each incident. It is possible that the object, or objects, may have been domestically launched devices such as weather balloons, rockets, experimental flying wing aircraft, or celestial phenomena. It is necessary to obtain information on such domestic activity to confirm or deny this possibility. Depending upon the degree with which this may be accomplished, foreign devices must then be considered as a possibility.

7. THE PATTERN of sightings is definable. Sightings have been most intense throughout the states bordering the Atlantic and Pacific coast lines, and the central states of Ohio and Kentucky. A map showing location of sightings is attached as Appendix "B"

~~TOP SECRET~~

- 1 -

8. THE ORIGIN of the devices is not ascertainable. There are two reasonable possibilities: (1) The objects are domestic devices, and if so, their identification or origin can be established by a survey of all launchings of airborne objects. Domestic flying wing type aircraft observed in various aspects of flight might be responsible for some of the reported flying objects, particularly those described as disks and rough cigar shapes. (See Appendices "C" and "D".) Among those which have been operational in recent years are the XF5U-1 ("Flying Flapjack") developed by Chance-Vaught, the Northrup B-35, and the turbo-jet powered Northrup YB-49. The present existence of any privately developed flying-wing type aircraft has not been determined but one such aircraft, the Arup tailless monoplane, was operational at South Bend, Indiana, prior to 1935. (2) Objects are foreign, and if so, it would seem most logical to consider that they are from a Soviet source. The Soviets possess information on a number of German flying-wing type aircraft such as the Gotha P60A, Junkers EF 130 long-range, high-speed jet bomber and the Horten 229 twin-jet fighter, which particularly resembles some of the description of unidentified flying objects (See Appendix "D"). As early as 1924 Tscheranowsky developed a "Parabola" aircraft, an all wing design, which was the outcome of considerable Soviet experimentation with gliders of the same general form. Soviet aircraft based on such designs might have speeds approaching transsonic speeds attributed to some flying objects or greater over-all performance assuming the successful development of some unusual propulsion device such as atomic energy engine.

9. THAT THE Soviets have a current interest in flying-wing type aircraft is suggested by their utilization of Dr. Guenther Bock who, at the end of World War II, was in charge of the flying-wing program in Germany (See Appendix "A", paragraph 3, page 4). Achievements satisfactory to the U.S.S.R. are indirectly indicated by the personal recognition he is reported to be receiving in the U.S.S.R. Recently it has been reported that the U.S.S.R. is planning to build a fleet of 1,800 Horten flying-wing aircraft. Information of low evaluation has been received stating that a regiment of jet night fighters, Model Horten XIII, is at Kuzmikha, an air base two miles southwest of Irkutsk. Kuzmikha is identified as one of a number of airfields for the protection of an atomic energy plant at Irkutsk. The Horten XIII as developed by Germany was a glider.

10. ASSUMING THAT the objects might eventually be identified as foreign or foreign-sponsored devices, the possible reason for their appearance over the U.S. requires consideration. Several possible explanations appear noteworthy, viz:

a. To negate U.S. confidence in the atom bomb as the most advanced and decisive weapon in warfare.

b. To perform photographic reconnaissance missions.

c. To test U. S. air defenses.

d. To conduct familiarization flights over U.S. territory.

CONCLUSIONS

11. SINCE the Air Force is responsible for control of the air in the defense of the U.S., it is imperative that all other agencies cooperate in confirming or denying the possibility that these objects have a domestic origin. Otherwise, if it is firmly indicated that there is no domestic explanation, the objects are a threat and warrant more active efforts of identification and interception.

12. IT MUST be accepted that some type of flying objects have been observed, although their identification and origin are not discernable. In the interest of national defense it would be unwise to overlook the possibility that some of these objects may be of foreign origin.

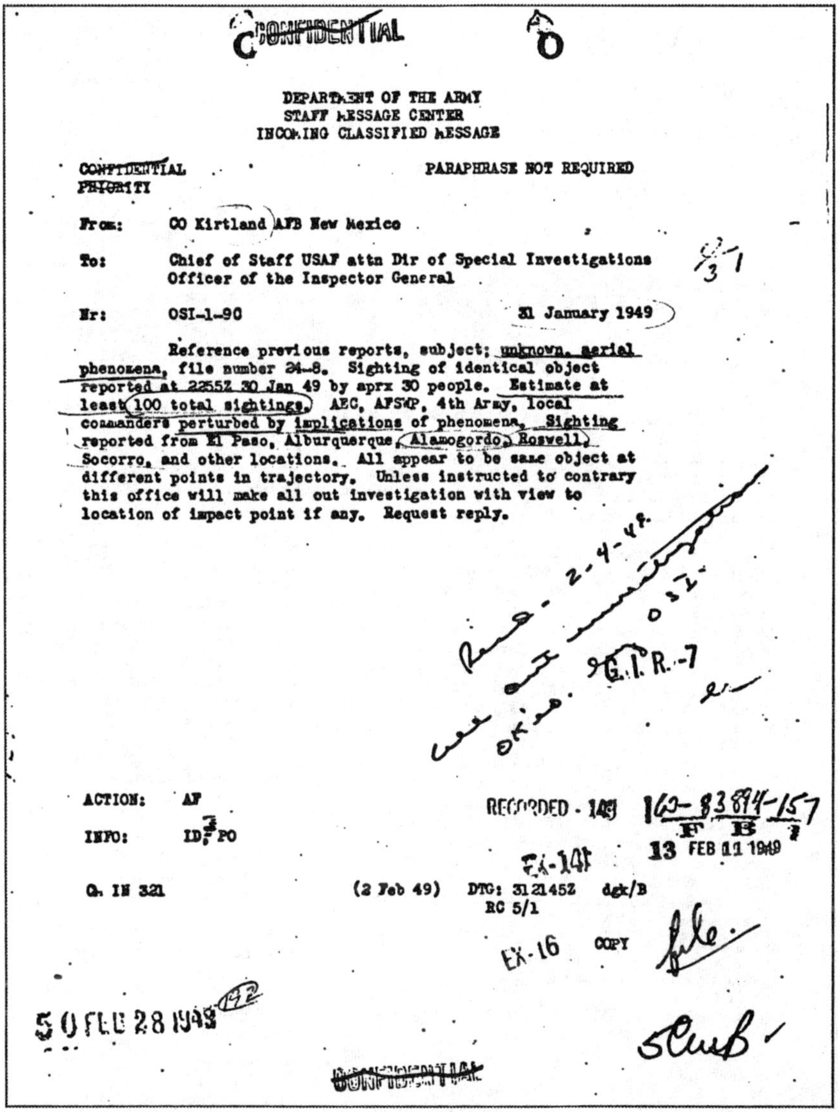
CONFIDENTIAL

DEPARTMENT OF THE ARMY
STAFF MESSAGE CENTER
INCOMING CLASSIFIED MESSAGE

CONFIDENTIAL
PRIORITY

PARAPHRASE NOT REQUIRED

From: CO Kirtland AFB New Mexico

To: Chief of Staff USAF attn Dir of Special Investigations Officer of the Inspector General

Nr: OSI-1-90

31 January 1949

Reference previous reports, subject; unknown aerial phenomena, file number 24-8. Sighting of identical object reported at 2255Z 30 Jan 49 by aprx 30 people. Estimate at least 100 total sightings. AEC, AFSWP, 4th Army, local commanders perturbed by implications of phenomena. Sighting reported from El Paso, Alburquerque, Alamogordo, Roswell, Socorro, and other locations. All appear to be same object at different points in trajectory. Unless instructed to contrary this office will make all out investigation with view to location of impact point if any. Request reply.

G.I.R.-7

ACTION: AF

INFO: ID, PO

RECORDED - 149

FEB 11 1949

EX-141

CM IN 321 (2 Feb 49) DTG: 312145Z dgk/B

RC 5/1

EX-16 COPY

50 FEB 28 1949

CONFIDENTIAL

10. Note de la base de Kirtland à l'état-major signalant une centaine d'observations d'ovnis au Nouveau-Mexique (31 janvier 1949).

Office Memorandum • UNITED STATES GOVERNMENT

TO : DIRECTOR, FBI

DATE: January 31, 1949

FROM : SAC, SAN ANTONIO

SUBJECT: PROTECTION OF VITAL INSTALLATIONS
BUREAU FILE # 65-58300

CONFIDENTIAL

At recent Weekly Intelligence Conferences of G-2, ONI, OSI, and F.B.I., in the Fourth Army Area, Officers of G-2, Fourth Army have discussed the matter of "Unidentified Aircraft" or "Unidentified Aerial Phenomena" otherwise known as "Flying Discs", "Flying Saucers", and "Balls of Fire". This matter is considered top secret by Intelligence Officers of both the Army and the Air Forces.

It is well known that there have been during the past two years reports from the various parts of the country of the sighting of unidentified aerial objects which have been called in newspaper parlance "flying discs" and "flying saucers". The first such sightings were reported from Sweden, and it was thought that the objects, the nature of which was unknown, might have originated in Russia.

In July 1948 an unidentified aircraft was "seen" by an Eastern Airlines Pilot and Co-Pilot and one or more passengers of the Eastern Airlines Plane over Montgomery, Alabama. This aircraft was reported to be of an unconventional type without wings and resembled generally a "rocket ship" of the type depicted in comic strips. It was reported to have had windows; to have been larger than the Eastern Airlines plane, and to have been traveling at an estimated speed of 2700 miles an hour. It appeared out of a thunderhead ahead of the Eastern Airlines plane and immediately disappeared in another cloud narrowly missing a collision with the Eastern Airlines plane. No sound or air disturbance was noted in connection with this appearance.

During the past two months various sightings of unexplained phenomena have been reported in the vicinity of the A.E.C. Installation at Los Alamos, New Mexico, where these phenomena now appear to be concentrated. During December 1948 on the 5th, 6th, 7th, 8th, 11th, 13, 14th, 20th and 28th sightings of unexplained phenomena were made near Los Alamos by Special Agents of the Office of Special Investigation; Airline Pilots; Military Pilots, Los Alamos Security Inspectors, and private citizens. On January 6, 1949, another similar object was sighted in the same area.

b7c [redacted] a Meteorologist of some note, has been generally in charge of the observations near Los Alamos, attempting to learn characteristics of the unexplained phenomena.

Up to this time little concrete information has been obtained.

JEJ:md
SA-100-7545
cc: El Paso (2)
Dallas (2)
Houston (2)
Little Rock (2)
Oklahoma City (2)

RECORDED - 62 - 151

F B I

43 MAR 16 1949

FILED IN

declassified 2010 8/31/77

11. Mémorandum du FBI rendant compte au directeur d'une réunion avec les officiers responsables du Renseignement militaire, des armées de Terre et de l'Air : la question des ovnis est classée top-secret et de nombreuses observations ont été faites au-dessus d'installations atomiques (31 janvier 1949).

HEADQUARTERS UNITED STATES AIR FORCE
WASHINGTON

THE INSPECTOR GENERAL USAF
17TH DISTRICT OFFICE OF SPECIAL INVESTIGATIONS
KIRTLAND AIR FORCE BASE, NEW MEXICO

DR/ms

25 May 1950

File No: (24-8)-28

SUBJECT: Summary of Observations of Aerial Phenomena in the New Mexico Area, December 1948 - May 1950

TO: Brigadier General Joseph F. Carroll
Director of Special Investigations
Headquarters USAF
Washington 25, D. C.

1. In a liaison meeting with other military and government intelligence and investigative agencies in December 1948, it was determined that the frequency of unexplained aerial phenomena in the New Mexico area was such that an organized plan of reporting these observations should be undertaken. The organization and physical location of units of this District were most suitable for collecting these data, therefore, since December 1948, this District has assumed the responsibility for collecting and reporting basic information with respect to aerial phenomena occurring in this general area. These reports have been distributed to the Air Materiel Command, USAF, in accordance with Air Intelligence Requirements No. 4, and to other interested military and government agencies.

2. There is attached, as a part of this summary, a compilation of aerial phenomena sightings that have occurred mostly in the New Mexico area and have been reported by this District Office subsequent to December 1948. This compilation of sightings is not a complete record of all reported observations, but includes only those in which sufficient information was available to justify their inclusion. The observers of these phenomena include scientists, Special Agents of the Office of Special Investigations (IG) USAF, airline pilots, military pilots, Los Alamos Security Inspectors, military personnel, and many other persons of various occupations whose reliability is not questioned. This compilation sets forth the most important characteristics with respect to each observation and evaluates each sighting into one of three classifications, (1) green fireball phenomenon, (2) disc or variation, and (3) probably meteoric.

62-13914-75

3. There is also attached an analysis of the green fireball occurrences in this area made by Dr. Lincoln LaPaz. Dr. LaPaz is the [redacted]

28 1950

CONFIDENTIAL

12. Pages 307 et 308 : Note du colonel Doyle Rees, responsable du Renseignement aérien au Nouveau-Mexique, au Quartier général de Washington, soulignant le caractère préoccupant des nombreuses observations d'ovnis au-dessus des installations « sensibles » depuis dix-huit mois (20 mai 1950).

File No: (24-8)-28
Subj: Summary of Observations of Aerial Phenomena in the New Mex. Area, December 1948 - May 1950

25 May 1950

Director of the Institute of Meteoritics and Head of the Department of Mathematics and Astronomy at the University of New Mexico. He was Research Mathematician at the New Mexico Proving Grounds under an OSRD appointment in 1943 and 1944, and Technical Director of the Operations Analysis Section, Headquarters, Second Air Force, 1944-45. Since 1948, Dr. LaPaz has served on a voluntary basis as consultant for this District in connection with the green fireball investigations.

4. On 17 February 1949 and again on 14 October 1949, conferences were held at Los Alamos, New Mexico, for the purpose of discussing the green fireball phenomena. Representatives of the following organizations were present at these meetings: Fourth Army, Armed Forces Special Weapons Project, University of New Mexico, Federal Bureau of Investigation, U. S. Atomic Energy Commission, University of California, U. S. Air Force Scientific Advisory Board, Geophysical Research Division Air Materiel Command USAF, and the Office of Special Investigations (IG) USAF. A logical explanation was not proffered with respect to the origin of the green fireballs. It was, however, generally concluded that the phenomena existed and that they should be studied scientifically until these occurrences have been satisfactorily explained. Further, that the continued occurrence of unexplained phenomena of this nature in the vicinity of sensitive installations is cause for concern.

5. The Geophysical Research Division, Air Materiel Command, Cambridge, Massachusetts, has recently let a contract to Land-Air, Inc., Holloman AFB, Alamogordo, New Mexico, for a limited scientific study of green fireballs. The results of this scientific approach to the problem will undoubtedly be of great value in determining the origin of these phenomena.

6. This summary of observations of aerial phenomena has been prepared for the purpose of re-emphasizing and reiterating the fact that phenomena have continuously occurred in the New Mexico skies during the past 18 months and are continuing to occur, and, secondly, that these phenomena are occurring in the vicinity of sensitive military and government installations.

Doyle Rees
DOYLE REES
Lt Colonel, USAF
District Commander

4 Incls
1. Summary of Sightings
2. Photo of Sighting No. 175 w/comments
3. Ltr fr Dr. LaPaz to Lt Col Rees, dtd 23 May 50
4. Graph indicating maximums

2

CONFIDENTIAL

[redacted]

3-5093

DEC 2 1952

MEMORANDUM FOR: Director of Central Intelligence

THRU : Deputy Director for Intelligence

SUBJECT : Unidentified Flying Objects

1. On 20 August, the DCI, after a briefing by OSI on the above subject, directed the preparation of an NSCID for submission to the Council stating the need for investigation and directing agencies concerned to cooperate in such investigations.

2. In attempting to draft such a directive and the supporting staff studies, it became apparent to DD/I, Acting AD/SI and AD/IC that the problem was largely a research and development problem, and it was decided by DD/I to attempt to initiate action through R&DB. A conference was held between DI/USAF, Chairman of R&DB, DD/I, Acting AD/SI and AD/IC at which time it was decided that Dr. Whitman, Chairman of R&DB, would investigate the possibility of undertaking research and development studies through Air Force agencies.

3. On approximately 6 November, we were advised by Chairman, R&DB, that inquiries in the Air Staff did not disclose "undue concern" over this matter, but that it had been referred to the Air Defense Command for consideration. No further word has been received from R&DB.

4. Recent reports reaching CIA indicated that further action was desirable and another briefing by the cognizant A-2 and ATIC personnel was held on 25 November. At this time, the reports of incidents convince us that there is something going on that must have immediate attention. The details of some of these incidents have been discussed by AD/SI with DDCI. Sightings of unexplained objects at great altitudes and travelling at high speeds in the vicinity of major U.S. defense installations are of such nature that they are not attributable to natural phenomena or known types of aerial vehicles.

5. OSI is proceeding to the establishment of a consulting group of sufficient competence and stature to review this matter and convince the responsible authorities in the community that immediate research and development on this subject must be undertaken. This can be done expeditiously under the aegis of CENIS.

[redacted]

Declassified by 006887
date 24 JAN 1975

13. Note au directeur de la CIA signalant que les nombreuses observations d'ovnis au-dessus des installations militaires importantes requièrent une « attention immédiate » (2 décembre 1952).

THE JOINT STAFF

N M C C

THE NATIONAL MILITARY COMMAND CENTER
WASHINGTON, D.C. 20301

29 October 1975
0605 EST

MEMORANDUM FOR RECORD

Subject: AFB Penetration

1. At 290200 EST AFOC informed NMCC that an unidentified helicopter, possibly two, had been sighted flying low over Loring AFB Maine, in proximity to a weapons storage area.

2. An Army National Guard helo was called in to assist in locating the unidentified helo(s).

3. NORAD was informed of the incident by SAC, requested and recieved authority from Canadian officials to proceed into Canadian airspace if necessary to locate the intruder.

4. At 0404 SAC Command Center informed NMCC that the army helo assisting on the scene had not sighted the unidentified helo(s).

5. A similar incident was reported at Loring the evening of 28 October 1975.

C. D. ROBERTS, JR.
Brigadier General, USMC
Deputy Director for
Operations (NMCC)

CHIEF, JOINT CHIEFS OF STAFF

Distribution:

CJCS (5)	CSA	PA REP
DJS (3)	CNO CHIEF NAVAL OPERATIONS	WEST HEM DESK (HEMISPHERE)
J-30	CSAF	NWSB
J-31	CMC COMMANDANT MARINE CORP	NMCC BRIEFER
J-32	CH, WWMCCS OPS & EVAL DIV	
J-32A	DDO (NMCC) DEPUTY DIRECTOR OF OPERATIONS	
J-33	ADDO (NMCC) ASST DEPUTY DIRECTOR OF OPERATIONS	
J-34	CCOC (NMCC)	
J-35	DIA REP FOR NMIC	
J-38	NSA REP NATIONAL SECURITY AGENCY	
	CIA REP	

4

14. Mémorandum du général Roberts au Centre des opérations militaires du Pentagone signalant des intrusions d'« hélicoptères » non identifiés au-dessus de la base stratégique de Loring, dans le Maine (29 octobre 1975).

DEPARTMENT OF THE AIR FORCE
HEADQUARTERS 81ST COMBAT SUPPORT GROUP (USAFE)
APO NEW YORK 09755

REPLY TO ATTN OF: CD — 13 Jan 81

SUBJECT: Unexplained Lights

TO: RAF/CC

1. Early in the morning of 27 Dec 80 (approximately 0300L), two USAF security police patrolmen saw unusual lights outside the back gate at RAF Woodbridge. Thinking an aircraft might have crashed or been forced down, they called for permission to go outside the gate to investigate. The on-duty flight chief responded and allowed three patrolmen to proceed on foot. The individuals reported seeing a strange glowing object in the forest. The object was described as being metalic in appearance and triangular in shape, approximately two to three meters across the base and approximately two meters high. It illuminated the entire forest with a white light. The object itself had a pulsing red light on top and a bank(s) of blue lights underneath. The object was hovering or on legs. As the patrolmen approached the object, it maneuvered through the trees and disappeared. At this time the animals on a nearby farm went into a frenzy. The object was briefly sighted approximately an hour later near the back gate.

2. The next day, three depressions 1 1/2" deep and 7" in diameter were found where the object had been sighted on the ground. The following night (29 Dec 80) the area was checked for radiation. Beta/gamma readings of 0.1 milliroentgens were recorded with peak readings in the three depressions and near the center of the triangle formed by the depressions. A nearby tree had moderate (.05-.07) readings on the side of the tree toward the depressions.

3. Later in the night a red sun-like light was seen through the trees. It moved about and pulsed. At one point it appeared to throw off glowing particles and then broke into five separate white objects and then disappeared. Immediately thereafter, three star-like objects were noticed in the sky, two objects to the north and one to the south, all of which were about 10° off the horizon. The objects moved rapidly in sharp angular movements and displayed red, green and blue lights. The objects to the north appeared to be elliptical through an 8-12 power lens. They then turned to full circles. The objects to the north remained in the sky for an hour or more. The object to the south was visible for two or three hours and beamed down a stream of light from time to time. Numerous individuals, including the undersigned, witnessed the activities in paragraphs 2 and 3.

CHARLES I. HALT, Lt Col, USAF
Deputy Base Commander

15. Compte rendu officiel du colonel Halt au ministère britannique de la Défense au sujet de l'observation rapprochée d'un ovni à proximité de la base aérienne de Rendlesham (31 janvier 1981).

Cet ouvrage composé
par D.V. Arts Graphiques 28000 Chartres
a été achevé d'imprimer sur presse Cameron
dans les ateliers de Brodard et Taupin
à La Flèche (Sarthe)
en mai 1997
pour le compte des Presses du Châtelet
département éditorial de la SARL
Écriture-Communication.

Imprimé en France
N° d'édition : 22 – N° d'impression : 1463S-5
Dépôt légal : mai 1997